CLAIRE MASSIEU
MONIKA PETER

WORKSHOP

NÄHEN

LEARNING BY DOING

GRUNDLAGEN,
TECHNIKEN UND
MODELLE

CLAIRE MASSIEU
MONIKA PETER

WORKSHOP NÄHEN

LEARNING BY DOING
GRUNDLAGEN,
TECHNIKEN UND
MODELLE

INHALT

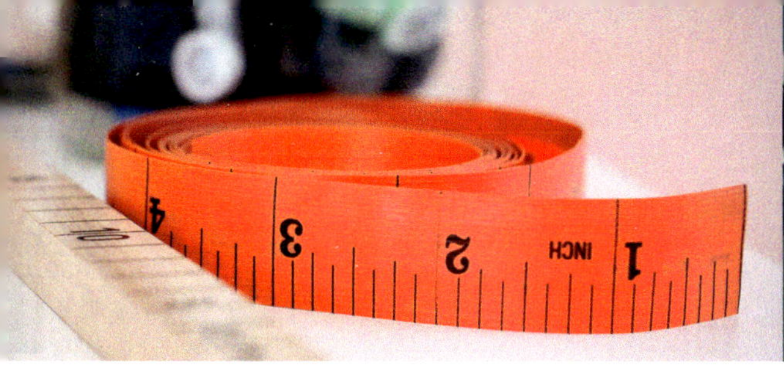
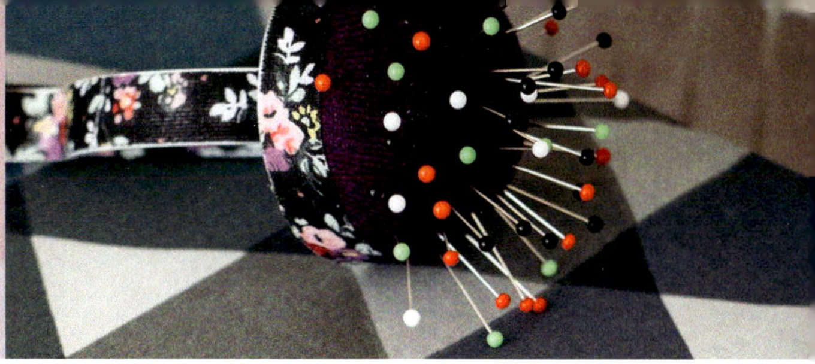

QUALITÄTS GU GARANTIE

DIE GU-QUALITÄTS-GARANTIE

Wir möchten Ihnen mit den Informationen und Anregungen in diesem Buch das Leben erleichtern und Sie inspirieren, Neues auszuprobieren. Bei jedem unserer Produkte achten wir auf Aktualität und stellen höchste Ansprüche an Inhalt, Optik und Ausstattung. Alle Informationen werden von unseren Autoren und unserer Fachredaktion sorgfältig ausgewählt und mehrfach geprüft. Deshalb bieten wir Ihnen eine 100 %ige Qualitätsgarantie.

Darauf können Sie sich verlassen:
Wir legen Wert auf artgerechte Tierhaltung und stellen das Wohl des Tieres an erste Stelle. Wir garantieren, dass:

- alle Anleitungen und Tipps von Experten in der Praxis geprüft und
- durch klar verständliche Texte und Illustrationen einfach umsetzbar sind.

Wir möchten für Sie immer besser werden:
Sollten wir mit diesem Buch Ihre Erwartungen nicht erfüllen, lassen Sie es uns bitte wissen! Wir tauschen Ihr Buch jederzeit gegen ein gleichwertiges zum gleichen oder ähnlichen Thema um. Nehmen Sie einfach Kontakt zu unserem Leserservice auf. Die Kontaktdaten unseres Leserservice finden Sie am Ende dieses Buches.

GRÄFE UND UNZER VERLAG
Der erste Ratgeberverlag – seit 1722.

H

MANIK

DO IT OHLALA!

Nähen macht Spaß! Viele Nähkurs-Teilnehmer haben uns erzählt, wie gut sie sich beim Nähen entspannen können – sogar als meditativ wurde es beschrieben. Uns ist es wichtig und man sollte es nie vergessen, dass man das Ganze zum Spaß macht und dass Nähen nicht ein weiterer Punkt auf unserer schon so vollen »To-do-Liste« sein soll. Deswegen sollte man bei ungeraden Nähten nicht zu kritisch mit sich sein und so manchen kleinen Fehler als Kosmetik- oder Übungsfehler sehen. Wir möchten Ihnen Alternativen zu strikten Nähregeln zeigen und Sie anspornen, kleine Abweichungen kreativ einzubauen. Wir zeigen Ihnen, wie Sie nicht an Schnittmustern verzweifeln und wie Ihnen somit der Einstieg zum Nähen von Kleidungsstücken leichter fällt. Mit diesem Workshop für zu Hause möchten wir erreichen, dass Sie mit Lust und Freude Ihre individuelle Garderobe nähen.

RAN ANS NÄHEN!

Claire Massieu

Monika Peter

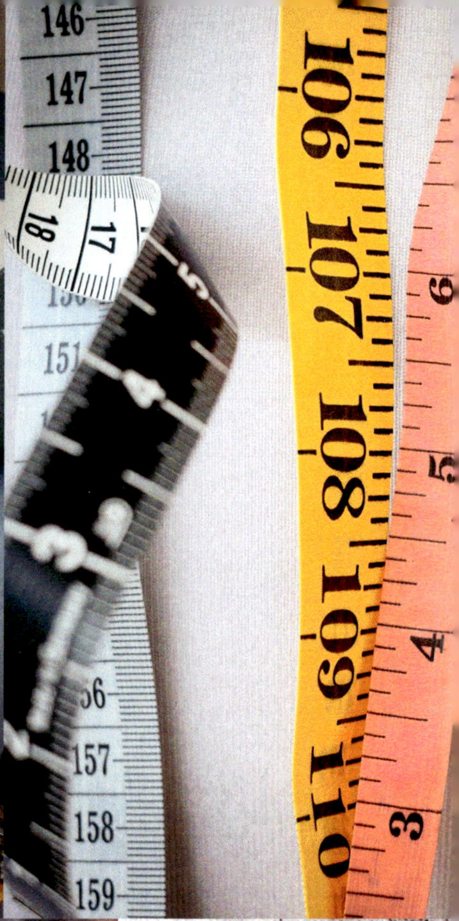
146
147
148
151
157
158
159
106
107
108
109
110

14
10

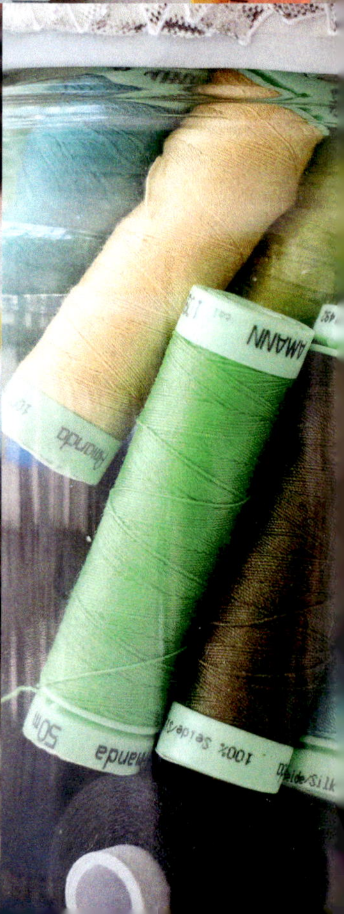
100% Seide

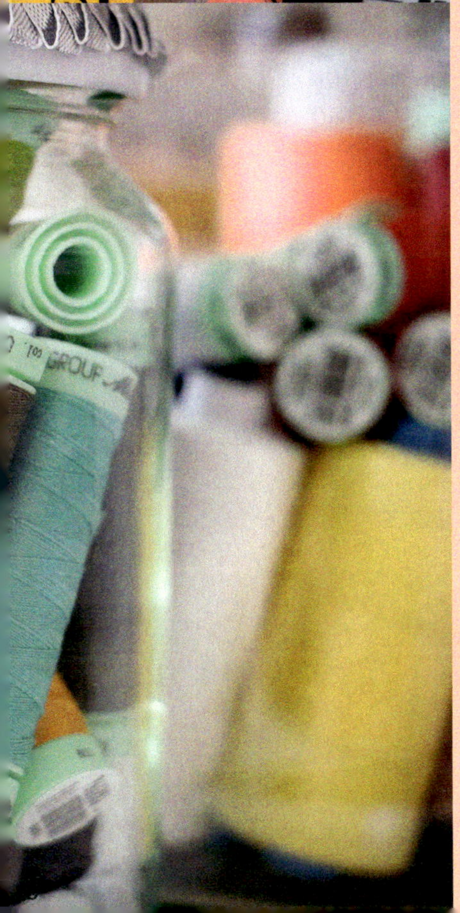

DIE BASICS

Bevor Sie den ersten Stich an der Nähmaschine tätigen, bekommen Sie auf den nächsten Seiten die wichtigsten Basics vorgestellt. Sie erfahren, welches Nähzubehör unverzichtbar ist und welche Nähmaschine sich für Ihre Ansprüche am besten eignet. Tipps für die Auswahl des richtigen Stoffes sowie Infos, was Sie rund um das Thema Schnittmuster beachten müssen, runden das Kapitel ab. Auch Kenner an der Nähmaschine erfahren in diesem Kapitel wichtige Tipps und Tricks. Mit der Zeit werden Sie diese Grundlagen im Schlaf kennen und mit den zusätzlichen Erfahrungen, die Sie beim Nähen machen, werden Sie von Modell zu Modell zum Profi.

ALS BASIS

1»
2»
3»
4»
«5
«6

NÄHWERKZEUG

Eine solide Grundausstattung von Nähwerkzeug sollten Sie parat haben, wenn Sie sich entscheiden, mit dem Nähen durchzustarten. Auf dieser Seite erfahren Sie, welche Must-have-Werkzeuge Sie zum Nähen benötigen und welches Zubehör zusätzlich hilfreich ist. Alle aufgeführten Utensilien gibt es in gut sortierten Nähbedarfsläden und im Internet.

DAS IST UNVERZICHTBAR

1. **Nähen von Hand:** Für jegliches Nähen mit der Hand, wie zum Beispiel für Handstiche, Knöpfe oder Applikationen, sind **Handnähnadeln** nötig. Erhältlich sind sie in verschiedenen Größen und Stärken. Mithilfe von Sicherheitsnadeln können Sie Gummibänder in einen Tunnelzug fädeln.
2. **Stecken:** Es gibt **Stecknadeln** mit und ohne Glaskopf. Nutzen Sie die Variante, die Ihnen am meisten zusagt. Für empfindliche Stoffe wie Seide eignen sich extradünne Stecknadeln. Wenn Sie oft Stoffe dieser Art verarbeiten, raten wir Ihnen, sich diese besonderen Nadeln zuzulegen. Müssen Sie den Rand von dickerem Material fixieren, zum Beispiel mehrere Lagen beim Quilten oder bei Filz, dann bieten sich spezielle **Stoffklammern** an. Beim Verarbeiten von Leder haben sie den Vorteil, dass Sie damit keine Löcher ins Leder stechen. Alternativ zu den Stoffklammern eignen sich auch Büroklammern. Nicht abgebildet, aber für alle hilfreich, die häufiger quilten, sind spezielle gebogene **Quilt-Sicherheitsnadeln** oder **Stecknadeln**, die länger als die normalen sind (▸ Seite 171).
3. **Schneiden:** Um den Stoff zuzuschneiden, ist eine **Stoffschere** nötig. Wichtig ist, dass Sie diese Schere nur zum Schneiden von Stoff verwenden, damit sie nicht stumpf wird. Eine **Bastelschere** eignet sich zum Beispiel zum Schneiden von Kunststoff-Reißverschlüssen (▸ Seite 37). Zum Abschneiden von Fäden können Sie eine filigrane **Fadenschere** verwenden oder alternativ die Bastelschere. Eine **Zickzackschere** kann entweder zu dekorativen Zwecken eingesetzt werden oder zum Versäubern von Stoffen, die nicht so stark ausfransen. Beim fortgeschrittenen Nähen wird sie weniger eingesetzt. Kurze gerade Strecken können Sie auch mit einem **Rollschneider** statt mit der Schere schneiden. Schneiden Sie damit entlang eines langen Lineals, wird die Schnittkante besonders sauber. Wichtig ist es, unter den Stoff eine Schneidematte zu legen, damit Sie die Oberfläche Ihres Tisches nicht zerkratzen und die Klinge nicht stumpf wird. Die Benutzung des Rollschneiders ist Geschmackssache, Sie müssen ihn nicht verwenden, er kann aber den einen oder anderen Schritt beschleunigen.
4. **Messen:** Ein **Maßband** ist gut geeignet zum Messen von Körpermaßen (▸ Seite 17). Längere Strecken können Sie sowohl damit als auch mit einem **normalen Lineal** abmessen. Wenn das Lineal noch lang (50 bis 60 cm) und transparent ist, sind Sie bestens zum Messen gewappnet. Mithilfe eines speziellen **Quilt-Lineals** oder **Geodreiecks** (nicht abgebildet) können Sie parallele Linien auf Ihrem Stoff einzeichnen, um zum Beispiel eigene Schrägbänder oder Paspeln herzustellen oder um parallele Linien als Vorlage für ein geometrisches Quiltmuster auf Ihren Stoff zu zeichnen.
5. **Markieren:** Um Markierungen (zum Beispiel vom Schnittmuster) auf den Stoff oder ein anderes Material zu übertragen, wird üblicherweise **Schneiderkreide** oder ein **Markierstift** verwendet. Beide lassen sich beim Bügeln oder Waschen problemlos entfernen. Probieren Sie aus, womit Sie besser zurechtkommen. Sie können auch mit **Stecknadeln** bestimmte Stellen markieren (etwa ein Knopfloch) oder mit einem **Kopierrädchen und Kopierpapier**. Letztere eignen sich auch, um Schnittteile auf den Stoff zu übertragen. Stattdessen können Sie ebenso durchsichtige Malerfolie oder Seidenpapier verwenden.
6. **Sonstiges:** Ein **Nahttrenner** hilft Ihnen, misslungene Nähte aufzutrennen. Er ist unverzichtbar, da dies hin und wieder jedem passiert. Mit dem **Bügeleisen** glätten Sie Stoff, bügeln Nahtzugaben auseinander oder zur Seite und formen Nähte und Säume. Mithilfe eines **Schrägbandformers** können Sie selbst aus Ihrem Wunschstoff ein Schrägband herstellen.

INFOS ZUR NÄHMASCHINE

Wenn Sie mit dem Nähen erst beginnen, benötigen Sie keine komplizierte Maschine und auch kein Arsenal an verschiedenen Modellen. Alle im Buch vorgestellten Projekte lassen sich mit einer »normalen« Nähmaschine anfertigen.

Um in die Welt des Nähens hineinzuschnuppern, können Sie sich zum Beispiel eine Nähmaschine leihen (bei Freunden/Bekannten) oder in einem Nähatelier in Ihrer Umgebung einen Nähplatz mieten. Sollten Sie sich doch dazu entscheiden, sich eine eigene Nähmaschine zuzulegen, möchten wir Ihnen hier ein paar hilfreiche Tipps dazu geben.

EINE NÄHMASCHINE KAUFEN

Generell empfehlen wir, eine Nähmaschine im Fachhandel zu kaufen. Dort erhalten Sie (meist) eine solide Beratung und – viel wichtiger – eine Nähmaschineneinweisung. So lernen Sie die Grundfunktionen Ihrer Nähmaschine am besten kennen. Sollten nach dem Kauf noch Fragen auftauchen, können Sie sich in der Regel mit Ihrem Anliegen an den Händler wenden. Das gilt auch im Falle eines Defekts, einer Reparatur oder Wartung.

Wir werden oft gefragt, was eine gute Hobby-Nähmaschine kostet. Es ist schwer, diese Frage zu beantworten, denn jeder stellt einen anderen Anspruch und hat ein anderes Budget zur Verfügung. Ein bisschen kann der Nähmaschinenkauf mit einem Autokauf verglichen werden: Es gibt Modelle mit viel Schnickschnack und Komfort, für die man einen gewissen Preis zahlt – günstige Modelle erfüllen aber ebenfalls ihren Zweck und können auch sehr gut sein. Möchten Sie eine solide Nähmaschine für den Hobbygebrauch, die Sie mehrere Jahre begleiten soll, liegt der Preis zwischen 300 und 500 Euro. Wichtig ist, dass im Inneren der Maschine vorwiegend Metall- und keine Plastikteile verbaut sind. Möchten Sie zusätzliche Features wie Fadenabschneider, Zierstiche oder Stickfunktionen, dann kosten die Modelle natürlich mehr – hier gibt es fast keine Grenze nach oben.

Doch auch mit Modellen, die weniger als 300 Euro kosten, kann man gut nähen. Allerdings wird hierfür gewöhnlich die Lebenserwartung etwas kürzer ausfallen. Erfahrungsgemäß lohnt es sich bei den günstigeren Maschinen nicht, sie reparieren zu lassen, wenn ein größerer Fehler auftreten sollte.

Mit einer soliden Hobby-Nähmaschine (links) sind Sie bestens ausgestattet! Wenn Sie viel nähen, ist eine Overlock (rechts) unverzichtbar.

IST NÄHMASCHINE GLEICH NÄHMASCHINE?

Gab es früher nur »die eine« Nähmaschine, können Sie heute zwischen verschiedenen Varianten wählen.

»NORMALE« NÄHMASCHINE

Alle Nähmaschinen weisen die gleichen Grundfunktionen auf – egal ob günstiges Einsteigermodell vom Discounter oder die Highclass-Variante. Im Allgemeinen wird zwischen mechanischen und elektronischen

Nähmaschinen unterschieden. Während bei Ersteren Stiche per Hand eingestellt werden, übernimmt dies bei den elektronischen ein integrierter Computer. Elektronische Maschinen sind meist komfortabler. Preislich beginnen sie etwa bei 300 Euro.
Die genauen Funktionen der Nähmaschine werden meist in mehr oder weniger ausführlichen Gebrauchsanleitungen beschrieben. Deren Lektüre wappnet Sie für den Start ins Näh-Abenteuer.

OVERLOCK-MASCHINE

Sie ersetzt nicht die normale Nähmaschine, sondern ergänzt sie. Mit der Overlock lassen sich Stoffkanten versäubern oder zwei elastische Stoffe zusammennähen, wobei die Kante gleichzeitig abgeschnitten und versäubert wird. Man kann auch ohne Messer nähen, um zum Beispiel eine Flachnaht (▸ Seite 160) zu erhalten. Mit Overlock-Maschinen lassen sich auch Rollsäume herstellen, was bei dünnen Stoffen wie Seide und Chiffon sehr schön aussehen kann.
Bei vielen Hobbynähern taucht irgendwann einmal die Frage auf, ob sie sich eine Overlock-Maschine zulegen sollen. Wir raten dazu, wenn Sie vorwiegend mit dehnbaren Stoffen wie Jersey oder Sweat nähen oder wenn Sie Ihre Kleidung fortgeschrittener verarbeiten möchten. Versäuberungsnähte (▸ Seite 160) wirken mit der Overlock professioneller und vieles näht man mit ihr auch schneller.
Die Overlock darf nicht mit der **Coverlock-Maschine** verwechselt werden. Mit diesem Typ Maschine lassen sich elastische Stoffe perfekt säumen.

NÄHMASCHINENZUBEHÖR

Dazu zählen Nadeln, Nähfüße und Unterspulen.

NÄHMASCHINENNADELN

Die Auswahl an Nähmaschinennadeln (6) ist riesig.

- Unverzichtbar ist eine **Universalnadel** (Stärke 80), die bei jeder Nähmaschine enthalten ist. Ansonsten gibt es Nadeln in verschiedenen Stärken von 60 (fein) bis 100 (dick). Je feiner der Stoff ist, desto dünner sollte die Nadel sein.
- Für Strickstoffe wie Jersey gibt es Nadeln mit Kugelspitze, auch **Stretch-** oder **Jerseynadel** genannt.
- Eine **Zwillingsnadel** eignet sich zum Beispiel zum Absteppen und Säumen von dehnbaren Stoffen wie Jersey oder Sweat.

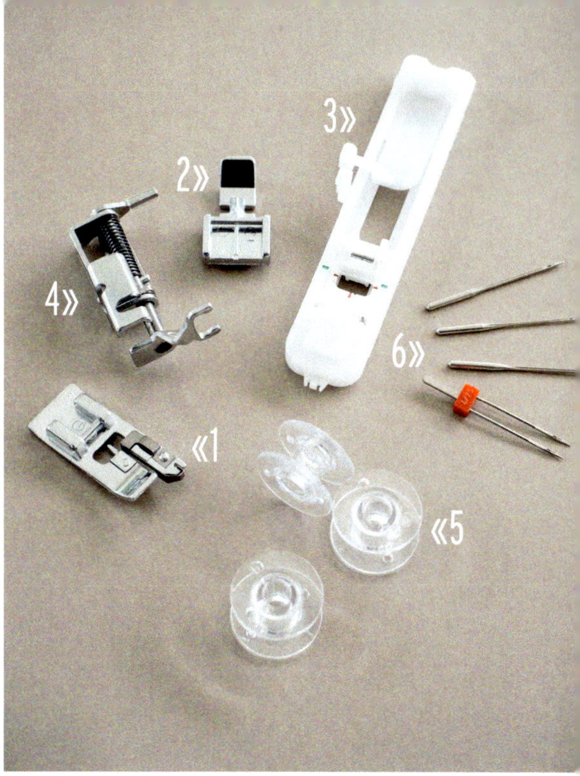

Bei Unterspulen (5) sollten Sie immer zum Originalzubehör Ihres Nähmaschinenherstellers greifen. Nähmaschinenzubehör (siehe Text).

NÄHMASCHINENFÜSSE

Es gibt viele Füßchen für bestimmte Arbeiten an der Nähmaschine. Sie sind von Hersteller zu Hersteller unterschiedlich in Form und Handhabung. Deshalb geben wir hier nur einen kleinen Überblick. Die genaue Funktionsweise entnehmen Sie bitte der Gebrauchsanleitung Ihrer Nähmaschine.

- Der **Standard-Nähfuß** (1) kann für die meisten Nähte verwendet werden.
- Mit dem **Reißverschluss-Fuß** (2) können Sie dicht an Reißverschluss-Zähnen vorbeinähen sowie Paspeln einnähen, da er sehr schmal ist (▸ Seite 37).
- Neuere Maschinen haben auch einen **Knopfloch-Fuß** (3). Damit lassen sich Knopflöcher oft vollautomatisch einnähen (▸ Seite 27), was das mühsame Knopflochnähen per Hand überflüssig macht.
- Der **Überwendlings-Nähfuß** unterstützt Sie beim Nähen von Versäuberungsnähten (▸ Seite 25).
- Mit einem **Freihand-Fuß** (4) können Sie Freihand-Applikationen (▸ Seite 131) erstellen und mit der Nähmaschine »malen«, um Ihr Stück zu verzieren.
- Ein **Paspel-Nähfuß** kann beim Paspelnähen sehr komfortabel sein (▸ Seite 112).

«2
«1
6»
7»
«5
«3
4»

KLEINE STOFFKUNDE

Beim Aussuchen des richtigen Stoffes hat man die Qual der Wahl. Deshalb dient Ihnen diese kleine Auswahl an gängigen Stoffen sowie deren Verwendungszweck und Eigenschaften als Wegweiser.

STOFFWAHL

Fragen Sie sich bei der Stoffwahl, ob die Eigenschaften des Stoffes zu Ihrem Projekt passen:

- **Fühlt sich der Stoff gut an bzw. möchten Sie ihn auf der Haut tragen?** Weiche Stoffe und Naturfasern sind angenehmer auf der Haut als zum Beispiel Polyester, in dem man schnell schwitzt. Wenn ein Futter vernäht wird, sollte der Futterstoff den »angenehmen« Tragekomfort übernehmen.
- **Wie fällt der Stoff?** Rollen Sie den Stoff ein Stück vom Ballen ab und halten Sie ihn vor sich. So können Sie erkennen, ob er zum Beispiel locker genug fällt für eine Bluse oder steif genug ist für eine Jacke. Aber nicht nur die Festigkeit, auch das Gewicht ist entscheidend. Ein Mantelstoff darf schwer sein, wohingegen ein schwerer Rock mit Gummizug schon mal über die Hüfte rutschen könnte.
- **Lässt sich der Stoff einfach verarbeiten?** Als Nähanfänger sollten Sie es sich nicht unnötig schwer machen. Es gibt Stoffe, die einfacher zu verarbeiten sind als andere. Baumwolle lässt sich hervorragend vorbügeln und verarbeiten. Dagegen eignen sich rutschige Stoffe wie Seide und dehnbare Stoffe wie Jersey eher für fortgeschrittene Näher.

GÄNGIGE STOFFARTEN

1. **Dehnbare Stoffe** wie Jersey, Sweat, Lycra: Die Stoffe sind dehnbar, da sie entweder Elasthan enthalten oder gestrickt sind (Strickstoff). Sie müssen mit der Overlock-Maschine oder mit einem extra Jersey-Stich an der Nähmaschine genäht werden. Ansonsten geht es auch mit einem engen und schmalen Zickzackstich. Baumwoll-Jersey und Sweatstoff eignen sich hervorragend für Kinderkleidung, aber auch für T-Shirts, Sweatshirts und gemütliche Hosen für die Großen. Mehr dazu lesen Sie ab Seite 158.
2. **Baumwollstoffe:** Hier werden Sie voraussichtlich die größte Auswahl finden mit den unterschiedlichsten Prints und Farben. Popeline ist der »Standard«-Baumwollstoff. Er ist in vielen Bereichen einsetzbar. Vor allem Nähanfängern empfehlen wir für die ersten Nähwerke einen reinen Baumwollstoff (100 Prozent Baumwolle, nicht dehnbar!), um es sich nicht unnötig schwer zu machen. Baumwollstoffe können von Griff und Fall sehr unterschiedlich sein. Im Allgemeinen eignen sie sich hervorragend für Kleidung.
3. **Weitere Naturfasern:** Viskose wird aus Zellulose (Gerüstsubstanz pflanzlicher Zellwände) hergestellt. Sie eignet sich für luftige Blusen und Kleider. Bei Leinen sollten Sie beachten, dass es schnell knittert. An Seide sollten sich eher fortgeschrittene Näher versuchen. Manche Stoffe bestehen aus einer Kombination aus verschiedenen Naturfasern. Sie können sehr angenehm zu tragen sein.
4. **Kunstfasern:** Stoffe aus Kunstfasern wie Polyester sind oft günstiger, aber manchmal von geringerer Qualität. Sie sind vielseitig einsetzbar, sollten aber nicht für Kleidungsstücke verwendet werden, die direkt auf der Haut liegen, weil man schnell schwitzt. Für Röcke, Jacken oder Accessoires sind sie geeignet.
5. **Futterstoffe:** Diese oft dünnen, fließenden Stoffe lassen ein Kleidungsstück beim Anziehen besser rutschen. Zudem werten sie das Innenleben eines Teils auf und können es, wenn sie gemustert oder bunt sind, sogar »aufpeppen«. Futterstoffe sind oft aus Polyester, Acetat, Viskose oder einer Mischung. Je nach Bedarf können auch andere Stoffarten als Futter eingesetzt werden. Mehr dazu ab Seite 140.
6. **Woll- und Filzstoffe:** Sie eignen sich für Wohndeko und -accessoires sowie für Taschen. Ist der Filz dicker als 5 mm, lässt er sich leider mit den meisten Nähmaschinen nicht mehr verarbeiten. Bastelfilz ist sehr stabil und günstig, besteht allerdings aus Polyester. Wollfilz und Loden sind hochwertig und eignen sich gut für Kleidung wie Mäntel und Jacken.
7. **Einrichtungsstoffe:** Diese Stoffe sind vorwiegend griffig und robust. Durch ihre Festigkeit eignen sie

Bei der Auswahl des richtigen Stoffes sollten Sie nicht nur auf Farben und Muster achten, sondern vorrangig darauf, dass der Stoff zu Ihrem Nähprojekt passt. Dabei spielt eine große Rolle, woraus der Stoff besteht, wie er fällt und wie fest er ist.

sich nicht nur hervorragend für Wohnaccessoires und Taschen, sondern auch für Kleidungsstücke, die Stand benötigen (▸ Faltenrock, Seite 82). Achten Sie auf die Pflegehinweise. Sie müssen zu Ihrem Vorhaben passen. Einrichtungsstoffe finden Sie im Möbel- oder Kaufhaus, meist auf Bestellung, aber auch in gut sortierten Stoffläden und bei Heimtextilien.

DEN STOFF VORBEREITEN

Vorwäsche: Bevor Sie einen Stoff verarbeiten, sollten Sie ihn waschen. Dabei gehen Stoffe oft ein, und das sollte passieren, bevor Sie den Stoff vernähen. Richten Sie sich beim **Waschgang** danach, wie Sie auch Ihr fertiges Nähprodukt waschen würden. Ist es ein empfindlicher Stoff, zum Beispiel Seide oder Wolle, sollten Sie auch beim Vorwaschen den entsprechenden Schonwaschgang benutzen. Generell empfehlen wir auch einen schonenden Schleudergang – schließlich möchten Sie sich möglichst lange an dem Teil erfreuen. Die **Waschtemperatur** hängt von der Zusammensetzung des Stoffes ab. Die meisten Baumwollstoffe kann man bei 30 bis 40 °C waschen. Lassen Sie ein Kleidungsstück nur chemisch reinigen, etwa eine Spitzenbluse oder einen Wollmantel, dann müssen Sie den Stoff dafür nicht vorwaschen. Ob und wie ein Stoff gewaschen werden darf, steht meist auf dem Stoffballen. Fragen Sie den Verkäufer danach.
Bügeln: Nach der Wäsche empfiehlt es sich, den Stoff zu bügeln. Zum einen wird er dadurch glatt, was beim Nähen unerlässlich ist, zum anderen können Sie dabei den Stoff auf Fehler überprüfen. Ab und an kann es vorkommen, dass sich ein Webfehler eingeschlichen hat. Sollten Sie keine Zeit für eine Stoffwäsche haben, können Sie alternativ den Stoff auch mit einem Dampfbügeleisen und viel Dampf bügeln. Dadurch wird der Stoff ebenfalls eingehen.
Farbe fixieren: Ist Ihnen beim Waschen des Stoffes aufgefallen, dass dieser abfärbt (»ausblutet«), sollten Sie beim nächsten Waschen – etwa wenn das Teil fertig genäht ist – die Farben fixieren. Dazu fügen Sie der Wäsche 3–5 Esslöffel Essigessenz bei. Um zu testen, ob der Stoff ausblutet, können Sie auch eine kleine Stoffprobe für eine Stunde in lauwarmes Wasser legen. Färbt der Stoff ab, fügen Sie bereits bei der Vorwäsche die Essigessenz zu.

DAS PASSENDE GARN

Mit einem Universal-Polyestergarn liegen Sie meist richtig. Es ist reißfest und franst nicht schnell aus. Universal-Garne aus Baumwolle können nicht die gleiche Reißfestigkeit gewährleisten und beim Waschen auch eingehen. Sollten Sie das Kleidungsstück färben wollen, dann sollten Sie zu einem Garn aus Naturfasern greifen. Zwirn eignet sich zum Stopfen und Knöpfeannähen. Er ist wesentlich reißfester als Einfach-Garne, weil er aus mehreren Garnen zusammengedreht ist. Garn unterscheidet sich in der Stärke. Es gibt dünneres (150) und dickeres (30) Garn. Die Standardstärke ist 100. Besonders feine Stoffe wie Seide sollten mit speziellem (Seiden-)Garn genäht werden.
Es gibt Garnrollen in verschiedenen Größen – angegeben wird die Länge des aufgewickelten Fadens (meist 200 bis 1000 Meter). Für Overlock-Maschinen gibt es auch große Konen mit 5000 Metern.

MASS NEHMEN

Die Konfektionsgrößen unterscheiden sich oftmals von Hersteller zu Hersteller – so ist es auch bei Schnittmustern. Deshalb zeigen wir Ihnen hier, wie Sie Ihre Maße ganz einfach bestimmen, um Ihre Konfektionsgröße zu definieren.

Das Schöne am Selbernähen ist, dass man sich mit der Zeit immer mehr traut, Schnittmuster den eigenen Körpermaßen anzupassen. Damit kann kein Bekleidungshersteller konkurrieren!

SO GEHEN SIE VOR

Um Maß zu nehmen, sollten Sie entweder nur Unterwäsche tragen oder eine enges Oberteil und eine Leggings. Benutzen Sie zum Messen ein flexibles Maßband mit einer Länge von 150 bis 200 cm. Genauere Maße erhalten Sie, wenn das Messen eine zweite Person übernimmt.

DIE KONFEKTIONSGRÖSSE BESTIMMEN

1. **Brustumfang:** Messen Sie über den Rücken und an der weitesten Stelle der Brust.
2. **Taillenumfang:** Die Taille ist üblicherweise die schmalste Stelle des Oberkörpers. An dieser Stelle sitzen oft Röcke.
3. **Hüftumfang:** Die Hüfte ist im Allgemeinen die weiteste Stelle Ihres Gesäßes.
4. **Rückenlänge:** Sie reicht vom untersten Halswirbel bis zur Taille.
5. **Ärmellänge:** Beginnen Sie am obersten Punkt der Armkugel. Winkeln Sie Ihren Arm leicht an und messen Sie über den Ellbogen bis zum Handknöchel.
6. **(Seitliche) Beinlänge:** Sie reicht von der definierten Taille bis zum Knöchel (oder bis zu Ihrer gewünschten Hosenlänge).

Vergleichen Sie Ihre ermittelten Maße mit der Maßtabelle in den Schnittmustern. Dabei kann Ihre Größe unter Umständen für Oberbekleidung anders ausfallen als für Röcke oder Hosen.

DIE GRÖSSE ANPASSEN

→ Sollten Ihre Maße zwischen zwei Konfektionsgrößen liegen, entscheiden Sie sich für die größere – enger nähen lässt sich das Kleidungsstück später immer noch, vergrößern meist nicht mehr.

→ Um Ärmel- oder Beinlängen zu kürzen, können Sie die jeweilige Saumzugabe entsprechend im Schnittmuster direkt verkürzen. Das ist eine der üblichsten Änderungen, bevor Sie die Schnittteile ausschneiden.

Keine Sorge, wenn Ihre Größe unerwartet ausfällt. Die Modeindustrie beschönigt Konfektionsgrößen gern.

SCHNITTMUSTER & CO.

Schnittmuster nennt man die Vorlagen von Nähanleitungen, nach denen der Stoff zugeschnitten werden muss. Sie bestehen aus verschiedenen Schnittteilen, etwa für Vorder- oder Rückteil, Ärmel oder Kragen.

WAS IST EIN SCHNITTTEIL?

Auf einem Schnittmuster befinden sich immer alle **Schnittteile** des zu nähenden Projekts. Diese werden nach dem Übertragen auf den Stoff nach Anleitung zusammengenäht und ergeben das gewünschte Produkt. Meist werden Schnittteile bei Kleidung verwendet, aber auch bei Accessoires, Taschen und Wohnaccessoires kommen sie zum Einsatz. Bei Kleidung enthält das Schnittmuster die Schnittteile noch in verschiedenen Konfektionsgrößen.

Besteht ein Nähprodukt aus einfachen Formen wie Rechtecken, ist ein Schnittmuster nicht zwingend nötig, wenn man die Maße der Zuschnitte hat. Solche Schnittteile können Sie gleich direkt auf den Stoff übertragen und somit schneller mit dem vergnüglichen Teil der Arbeit loslegen – dem Nähen.

Die Schnittteile können bereits eine Nahtzugabe enthalten oder Sie müssen diese vor dem Zuschnitt noch dazuzeichnen. Ob das Schnittmuster eine Nahtzugabe enthält oder nicht und wie groß diese ist, ist immer angegeben, auch in diesem Buch.

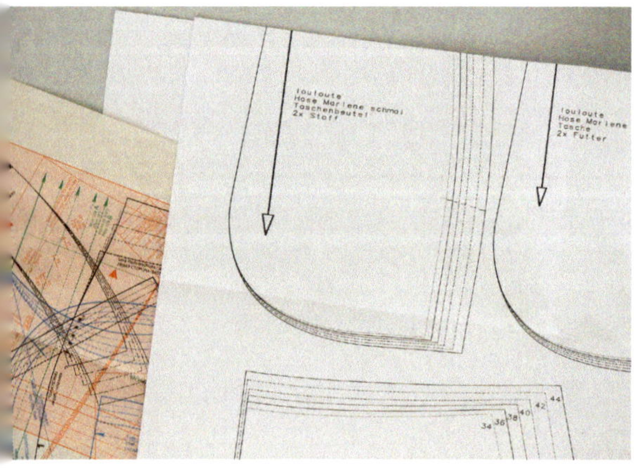

Die vielen Linien können verwirren. Fahren Sie bei Bedarf vor dem Ausschneiden die Linien Ihrer Größe mit einem Textmarker nach.

WELCHE SCHNITTMUSTER-ARTEN GIBT ES?

Es gibt verschiedene Schnittmusterbögen. Im Allgemeinen unterscheidet man zwischen Mehrschnittbögen und Einzelschnittbögen.

- Bei **Mehrschnittbögen** sind auf einem Papierbogen die Schnittmuster von mehreren Projekten abgebildet. Damit man weiß, welches Schnittteil zu welchem Nähprojekt gehört, sind die Projekte bzw. Schnittmuster in verschiedenen Farben gekennzeichnet. Anhand unterschiedlicher Stricharten lassen sich die Konfektionsgrößen unterscheiden.
- Auf **Einzelschnittbögen** ist nur ein Schnittmuster in unterschiedlichen Konfektionsgrößen abgebildet. Diese Variante ist meist übersichtlicher und auch gut für Nähanfänger geeignet. Sie erfreut sich immer größerer Beliebtheit. Einzelschnittbögen sind entweder auf einem großen Papierbogen (im Bild rechts) im Handel oder online erhältlich. Immer öfter findet man online auch PDF-Schnittmuster, die auf DIN-A4-Seiten aufgeteilt sind.

DAS ARBEITEN MIT SCHNITTMUSTERN

Mehrschnittbogen: Da hier mehrere Schnittteile aus Platzgründen kreuz und quer übereinanderliegen, müssen Sie die Schnittteile, die Sie für Ihr Nähprojekt benötigen, in Ihrer Konfektionsgröße mithilfe von Kopierpapier übertragen. Dazu verwenden Sie am besten ein Kopierrädchen. Statt Kopierpapier geht auch Malerfolie – sie muss transparent sein, damit Sie die Linien vom Schnittmuster gut erkennen und mit einem wasserfesten Stift abpausen können. Wichtig ist, dass Sie alle Beschriftungen und Markierungen (wie zum Beispiel Fadenlauf) übernehmen. Die abgepausten Schnittteile schneiden Sie dann aus, somit haben Sie die einzelnen Schnittteile Ihres Nähprojekts.

Einzelschnittbögen: Dabei werden die Schnittteile in der gewünschten Größe mit der Papierschere ausgeschnitten. Wenn Sie den Bogen nicht zerschneiden möchten, können Sie die Schnittteile in Ihrer Größe, wie beim Mehrschnittbogen erklärt, abpausen und dann ausschneiden. So können mehrere Größen von einem Schnittbogen verwendet werden.

- → Bei bereits gedruckten Einzelschnittbögen hat man in der Regel die einzelnen Schnittteile nebeneinander auf einem großen Papierbogen angeordnet. Dies ist die schnellste Variante, um zum fertigen Schnittmuster zu gelangen.
- → Einzelschnittbogen als PDF in DIN A4 werden üblicherweise bei E-Books angeboten. Man kann sich die einzelnen Seiten des Schnittbogens herunterladen und dann auf dem Heimdrucker oder im Copyshop ausdrucken. Mithilfe der Randmarkierungen auf den einzelnen Seiten klebt man dann die Seiten aneinander, sodass letztlich ein großer Schnittbogen entsteht. Meistens gibt es auf der ersten Seite der Datei noch eine Schnittbogen-Übersicht, die beim Anordnen der einzelnen Seiten hilft.

Wichtig: Zum Ausschneiden der Schnittteile aus Papier nicht die Stoffschere, sondern eine Papier-/ Bastelschere verwenden.

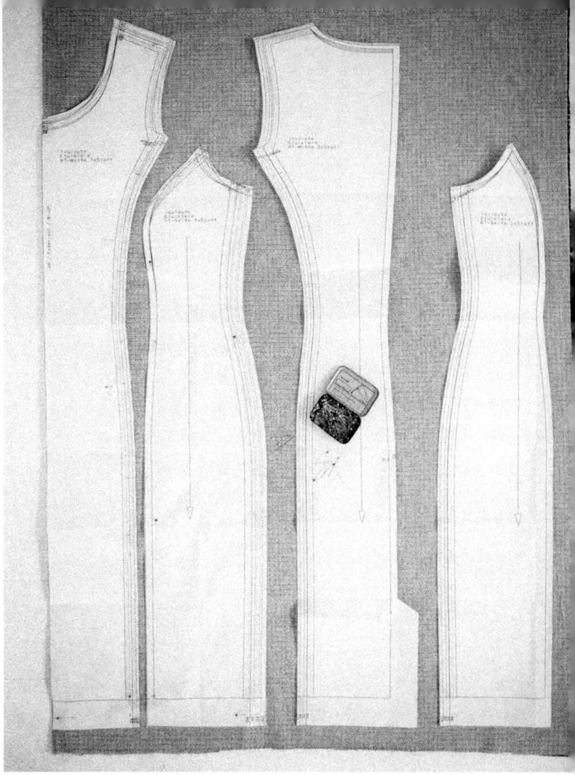

Schnittteile eines Einzelschnittbogens im Bruch (linke Kante) und Fadenlauf auf der Stoffbahn, bereit zum Feststecken.

DIE SCHNITTTEILE AUF DEN STOFF BRINGEN

Schnittmuster enthalten in der Regel einen Zuschneideplan. Daraus ersehen Sie, wie Sie die Schnittteile für den Zuschnitt auf dem Stoff positionieren können. Nutzen Sie Stoffreste oder einen Stoff mit Sonderbreite, gilt der Zuschneideplan nicht. Zudem muss eine Info zur Nahtzugabe angegeben sein. Achten Sie darauf, dass die Schnittteile richtig im Fadenlauf (▸ Seite 23) und gegebenenfalls im Bruch (▸ Seite 23) liegen. Sobald alle Schnittteile richtig angeordnet sind, fixieren Sie diese mit Stecknadeln auf dem Stoff. Dabei sollten Sie immer mindestens 1 cm vom Papierrand entfernt stecken und vor allem die Ecken der Schnittteile fixieren.

Schnittmuster ohne Nahtzugabe: Hier müssen Sie beim Anordnen der Schnittteile beachten, dass Sie noch die Nahtzugabe um die Schnittteile herum zufügen müssen. Meist sind 1 cm Nahtzugabe üblich, bei Säumen die doppelte Saumhöhe. Dazu messen Sie mit dem Maßband rings um jedes Schnittteil die nötige Länge ab der Papierkante und ziehen auf dem Stoff jeweils einen kleinen Strich parallel zur Papierkante. Wenn Sie diese Striche dann miteinander verbinden, erhalten Sie die erforderliche Nahtzugabe um das Schnittteil herum. Die Nahtzugaben dürfen sich nicht überschneiden.

Schnittmuster mit Nahtzugabe: Ist bei den Schnittteilen die Nahtzugabe bereits enthalten, stecken Sie die Schnittteile auf dem Stoff fest.

ZUSCHNITT

Schneiden Sie nun mit der Stoffschere entweder direkt am Papierrand oder auf der eingezeichneten Linie entlang. Achten Sie darauf, kein Papier mit zu schneiden. Wenn Ihnen das zu heikel ist, können Sie die Ränder der Schnittteile mit Schneiderkreide rundherum auf den Stoff übertragen und die Papierschnittteile entfernen, bevor Sie den Stoff zuschneiden. Bevor Sie die Papierschnittteile entfernen, achten Sie darauf, dass Sie alle Markierungen und Beschriftungen auf die Stoffschnittteile übertragen haben. Randmarkierungen (Knipse) werden ca. 3 mm mit der Schere eingeschnitten.

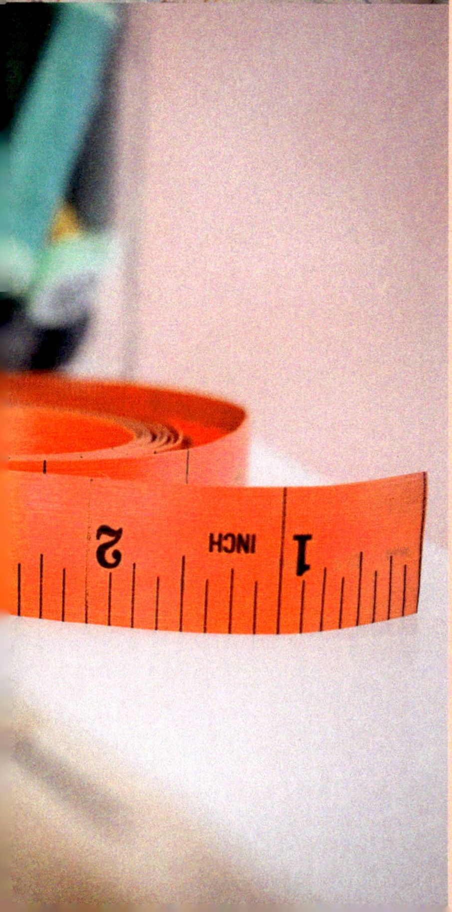

WORKSHOPS

Nach den Basics geht es jetzt ans Nähen. In diesem Kapitel erfahren Sie mehr über die Nähgrundlagen und lernen die nützlichsten Techniken kennen. Reißverschlüsse einnähen, Applikationen anbringen oder eine Paspeltasche nähen? Das klappt bald im Handumdrehen. Und nach der Pflicht kommt die Kür. Im Anschluss an jeden Technikteil finden Sie moderne Must-have-Modelle, an denen Sie die beschriebenen Techniken direkt umsetzen können. Von Hosen, Röcken, Oberteilen und Kleidern bis zu Accessoires und Home-Deko findet sich für jeden das passende Lieblingsstück. Bei vielen Modellen sind auch Techniken aus anderen Kapiteln integriert, sodass Sie bei Bedarf auch querlesen können.

LOS GEHT'S

GRUNDLAGEN

In diesem Kapitel lernen Sie grundlegende Begriffe kennen, die für die Nähanleitungen im Buch als bekannt vorausgesetzt werden. Falls Sie beim Nähen der Projekte ins Grübeln kommen, können Sie hier jederzeit nachschlagen.

RECHTE & LINKE STOFFSEITE

Die **Vorderseite eines Stoffes** wird auch rechte oder »schöne« Seite genannt. Demnach ist die **Rückseite** die linke Seite des Stoffes. Wenn Ihnen die linke Stoffseite besser gefällt, können Sie diese selbstverständlich auch als rechte Seite verwenden. Allerdings sollten Sie sich vor dem Zuschnitt klar sein, welche der beiden Seiten Sie an Ihrem Nähprodukt von außen sehen möchten, damit nicht ein Schnittteil dann die falsche Seite aufweist.
Wenn rechte und linke Seite schwer zu unterscheiden sind, kennzeichnen Sie die linke Seite der einzelnen Schnittteile am besten mithilfe von Schneiderkreide mit einem großen »L«. So entsteht keine Verwirrung beim Nähen. Bei bedruckten Stoffen ist klar, dass die vorgegebene rechte Seite auch die »schöne« Seite des Stoffes ist.
Wir möchten Sie ermutigen, sich beim Stoffkauf auch immer die linke Seite anzuschauen – oft verbirgt sich dahinter eine schöne Überraschung. Gefällt Ihnen auch die linke Seite, können Sie diese ebenfalls in Ihr Nähprojekt integrieren (▸ Kleid, Seite 54).

FADENLAUF & BRUCH

Der **Fadenlauf** entspricht immer den Kettfäden eines Stoffes. Diese verlaufen stets parallel zur Webkante, das sind die beiden seitlichen Kanten des Stoffes. Ist der Stoff auf einen Ballen aufgerollt, liegen die Webkanten meist übereinander. Der Fadenlauf muss beim Zuschnitt unbedingt beachtet werden, damit das Nähprodukt den gewünschten Fall hat und damit sich das Kleidungsstück später nicht verzieht. Bei gemusterten Stoffen mit richtungsabhängigem Muster müssen Sie besonders auf den Fadenlauf achten, damit die Muster im Nähprodukt stets in der richtigen Richtung abgebildet werden. In Schnittmustern wird der Fadenlauf üblicherweise mit einer langen Linie oder mit einem Pfeil dargestellt.
Als **Bruch** oder **Stoffbruch** bezeichnet man die Seite eines Stoffes, an der er umgeschlagen wurde. In Schnittmustern ist oft angegeben, dass Teile im Bruch zugeschnitten werden sollen – in diesem Fall entspricht der Fadenlauf auch dem Stoffbruch.
Hinweis: Die Begriffe »Fadenlauf« und »Bruch« sind in guten Schnittmustern angeschrieben.

NAHT- & SAUMZUGABE, VERRIEGELN

Bei der **Nahtzugabe** handelt es sich um den Abstand zwischen Naht und Schnittkante. In diesem Buch sind diese Angaben stets enthalten (meist mit 1 cm Nahtzugabe). In die Nahtzugabe werden Markierungen und Knipse (▸ Seite 25) beim Zuschnitt übertragen.
Die **Saumzugabe** liegt an der Kante, an der ein Saum eingenäht wird. Sie ist immer größer als die Nahtzugabe, da ein Saum einfach, meist aber doppelt eingeschlagen und genäht wird, um einen schönen Abschluss zu bilden. Eine Angabe zur Saumzugabe ist entweder im Schnittmuster integriert oder in der Nähanleitung angegeben.
Nähte werden am Anfang und Ende immer durch ca. 3 bis 4 vor- und zurückgenähte Stiche **verriegelt**.

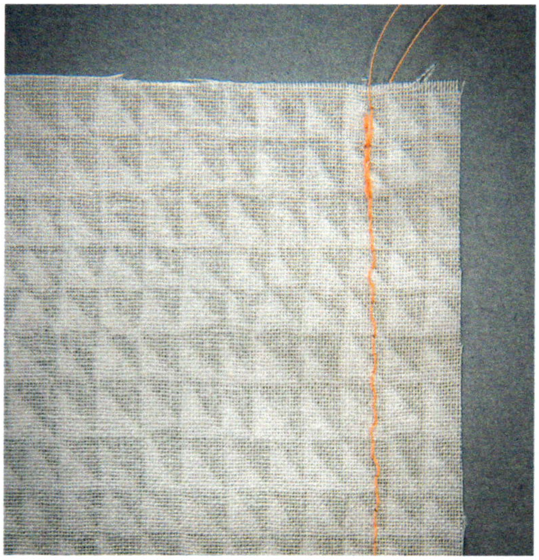

ZUSCHNITT

Achten Sie beim Anordnen der Papier-Schnittteile auf dem Stoff (wie gegebenenfalls im Zuschneideplan angegeben) darauf, dass Sie Webkanten und eventuelle Fehler im Stoff aussparen – Fehler bemerken Sie zum Beispiel beim Bügeln. Der Fadenlauf (▸ Seite 23) muss beim Auflegen beachtet werden, außerdem der Verlauf des Musters, falls der Stoff gemustert ist. Zudem ist der Abstand von Schnittteil zu Schnittteil davon abhängig, ob die Nahtzugabe im Schnitt bereits enthalten ist oder nicht. Bei Schnitten mit Nahtzugabe können Sie die Schnittmuster eng nebeneinander legen, achten Sie lediglich darauf, dass sie sich nicht überlappen. Wie Sie die Nahtzugabe rund um das Schnittteil hinzufügen, lesen Sie auf Seite 19. Für manche Schnittteile werden der Stoff doppelt gelegt und das Schnittteil entlang des Bruchs angelegt. Das gilt zum Beispiel für symmetrische Teile wie die Rückseite einer Bluse. Durch das Anlegen im Bruch muss man den Umriss nur halb schneiden, nach Aufklappen des Stoffes liegt das Teil vollständig vor.
Nun stecken Sie die Papier-Schnittteile auf dem Stoff fest. eine weitere Möglichkeit ist, die Teile nicht direkt mit der Schere auszuschneiden, da man meistens ein Stück Papier mit ausschneidet. Dies ist zum einen schlecht für die scharfe Stoffschere, zum anderen verkleinert sich so das Schnittteil von Mal zu Mal.

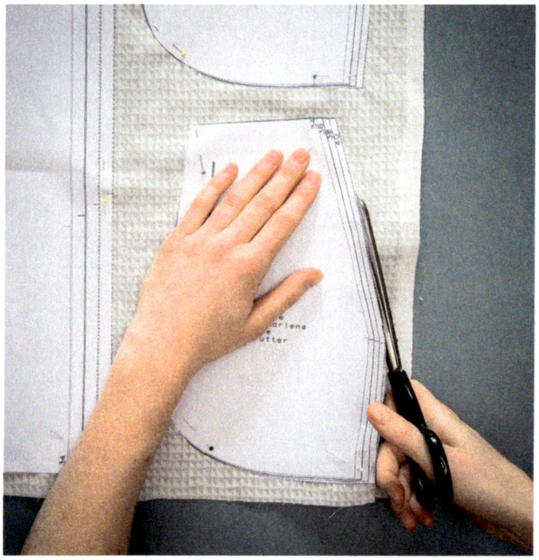

Besser ist es, die Linien, die Sie schneiden müssen, mit Schneiderkreide auf den Stoff zu übertragen und dann zuzuschneiden.
Übertragen Sie immer alle Markierungen vom Schnittmuster auf den Stoff. Markierungen, die am Rand liegen, wie zum Beispiel Passzeichen, werden mit einem kleinen, ca. 3 mm tiefen Knips mit der Schere oder Strich mit Kreide in die Nahtzugabe übernommen. Markierungen im inneren Teil (etwa Knopflöcher) markieren Sie mit einer Stecknadel und/oder ebenfalls mit Kreide.

STECKEN & MARKIEREN

Übertragen Sie alle Markierungen mit Schneiderkreide oder Stecknadeln, bevor Sie die Papier-Schnittteile von den Stoff-Zuschnitten entfernen.

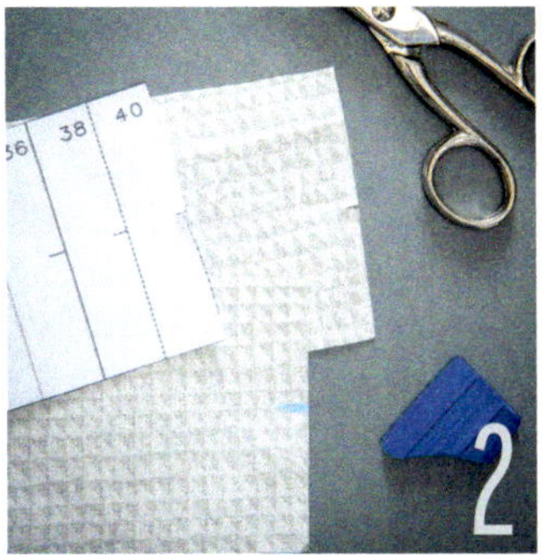

Schnittteile können mit **Stecknadeln** provisorisch zusammengehalten werden, um zu verhindern, dass der Stoff unter der Nähmaschine verrutscht. Die Stecknadeln werden dazu senkrecht zur Kante gesteckt (1), dadurch entstehen keine großen Wölbungen im Stoff. Beim Nähen entnehmen Sie die Stecknadeln immer eine nach der anderen. Falls Sie dies einmal vergessen sollten, näht die Maschine hier meistens einfach drüber, ohne die Nadel zu treffen und somit etwas zu beschädigen. Ganz wichtig ist dies bei der Overlock-Maschine – hier fährt die Stecknadel sonst ins Messer. Bei Materialien, bei denen man die Einstichlöcher sieht, etwa bei Leder, Kunstleder oder bei wasserabweisenden Stoffen, müssen Sie die Stecknadeln innerhalb der Nahtzugabe platzieren, da sonst Löcher im Nähprodukt zu sehen sind.

Markierungen, etwa die Position eines Knopflochs oder eines Abnähers, können Sie zum Beispiel mit Stecknadeln übertragen. Bevor Sie die Nadel entfernen, sollten Sie die Markierung noch mit Kreide auf den Stoff übertragen. Markierungen am Rand eines Schnittteils (2) können Sie mit einem Knips (ca. 3 mm) in der Nahtzugabe übernehmen oder mit Schneiderkreide anzeichnen.

VERSÄUBERN

Die meisten Stoffe fransen an den Schnittkanten aus, sie werden deshalb versäubert. Dies ist sowohl vor als auch nach dem Steppen möglich.

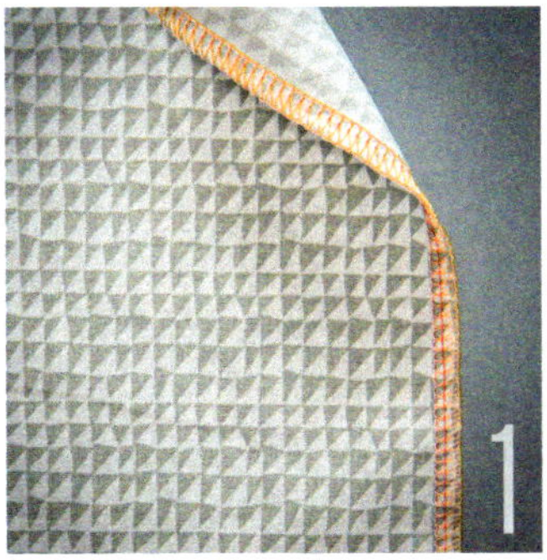

Es gibt drei Möglichkeiten zum Versäubern:

→ Wenn Sie eine Overlock-Maschine haben, sollten Sie eine Overlock-Naht zum Versäubern verwenden (1). Mit einer Overlock-Maschine lassen sich Kanten am professionellsten und schnellsten versäubern.

→ Viele Nähmaschinen haben Overlock-Ersatzstiche. Ein gängiger ist zum Beispiel der Überwendlings-Stich (2, links). Dafür gibt es auch den passenden Versäuberungs- oder Überwendlings-Nähfuß.

→ Mit dem Zickzackstich (2), den jede Nähmaschine hat, lassen sich auch Kanten versäubern. Nutzen Sie einen groß eingestellten Zickzackstich, zum Beispiel Strichbreite 5 und -länge 1,8. Da dieser Wert aber von Stoff zu Stoff variieren kann, probieren Sie am besten den passenden Zickzackstich (▸ Seite 159) vor dem Nähen an einem Stoffflicken aus.

In unseren Nähanleitungen geben wir stets an, wann Sie welche Kante versäubern sollen. Sie können beim Nachnähen unserer Anleitungen die »Versäuberungs-Variante« Ihrer Wahl nutzen.

Bei nur leicht ausfransenden Stoffen reicht schon das Zuschneiden mit einer **Zickzackschere** aus.

BÜGELN

Das Bügeln gehört zum Nähen, weil es vieles vereinfacht und das Nähen unterstützt – je nach Stoffart mehr oder weniger. Außerdem sieht das neu genähte Teil auch schöner aus, wenn es frisch gebügelt und faltenfrei ist. Gebügelt werden vorrangig Nahtzugaben, und zwar entweder auseinander oder zur Seite, außerdem Säume, denn das erleichtert das Stecken. Muss ein Stoffteil verstärkt werden, bügeln Sie ein Vlies auf die linke Stoffseite auf.
Wie auch beim »normalen« Bügeln von Kleidung ist während des Nähens zu beachten, dass empfindliche Stoffe nicht zu heiß gebügelt werden. Legen Sie sich gegebenenfalls ein Nesseltuch oder ein Stück Backpapier zwischen Stoff und Bügeleisen. Zudem gibt es in Drogeriemärkten auch Bügelspray, das gegen hartnäckige Falten hilft. Um zu verhindern, dass beim Aufbügeln Kleber vom Vlies an das Bügeleisen

kommt, legen Sie am besten Backpapier zwischen Bügeleisen und Vlies.

SÄUME & HANDSTICHE

Offene Stoffkanten werden bei Kleidungsstücken gesäumt, damit ein sauberer Abschluss entsteht und der Stoff nicht ausfransen kann.

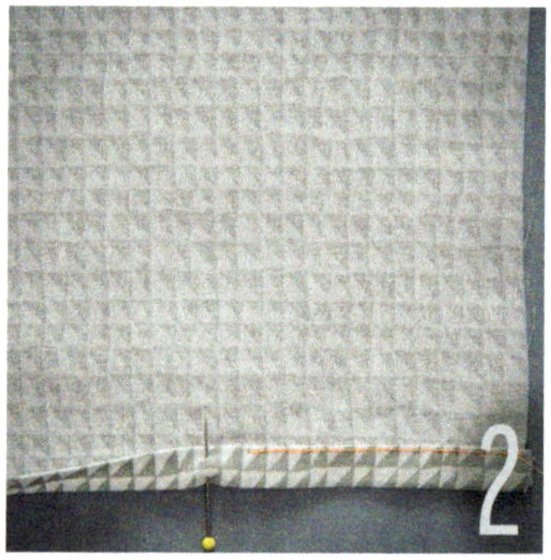

1. Für den **einfachen Saum** versäubern Sie die Stoffkante (▸ Seite 25) und schlagen sie nach innen um. Wenn Sie keine Angaben zur Saumzugabe haben, schlagen Sie die Kante 2 cm um und steppen Sie knappkantig an der inneren Kante entlang.

2. Beim **doppelten Saum** wird die offene Kante 2-mal nach innen umgeschlagen – wenn nicht anders angegeben, jeweils um 1 cm. Sie können nun entweder knappkantig entlang der inneren Kante steppen oder mit einem Handstich den Saum befestigen.

Handstiche: Manchmal muss man ein paar Stiche mit der Hand durchführen. Wir versuchen das, so gut es geht, zu vermeiden, aber gerade bei »unsichtbaren« Nähten ist es unumgänglich. Für diese nutzen wir vorzugsweise den **Matratzenstich** (auch **Blindstich**). Knoten Sie bei Handstichen immer die Fadenenden zusammen. Nun stechen Sie an der Startstelle von der linken zur rechten Stoffseite ein. Stechen Sie auf der gegenüberliegenden Seite wieder ein und auf der gleichen Seite ein Stück versetzt wieder aus. Dies wiederholen Sie bis zum Ende der Öffnung.
Den **Überwendlingsstich** (auch **Saumstich**) können Sie auch per Hand durchführen, etwa zum Versäubern von Kanten, wenn die Stelle mit der Maschine schwer zu erreichen ist. Bei diesem Stich wird die Nadel in gleichmäßigen Abständen immer von hinten nach vorne durch den Stoff gestochen, sodass der Faden jeweils schräg verläuft.

KNOPF & KNOPFLOCH

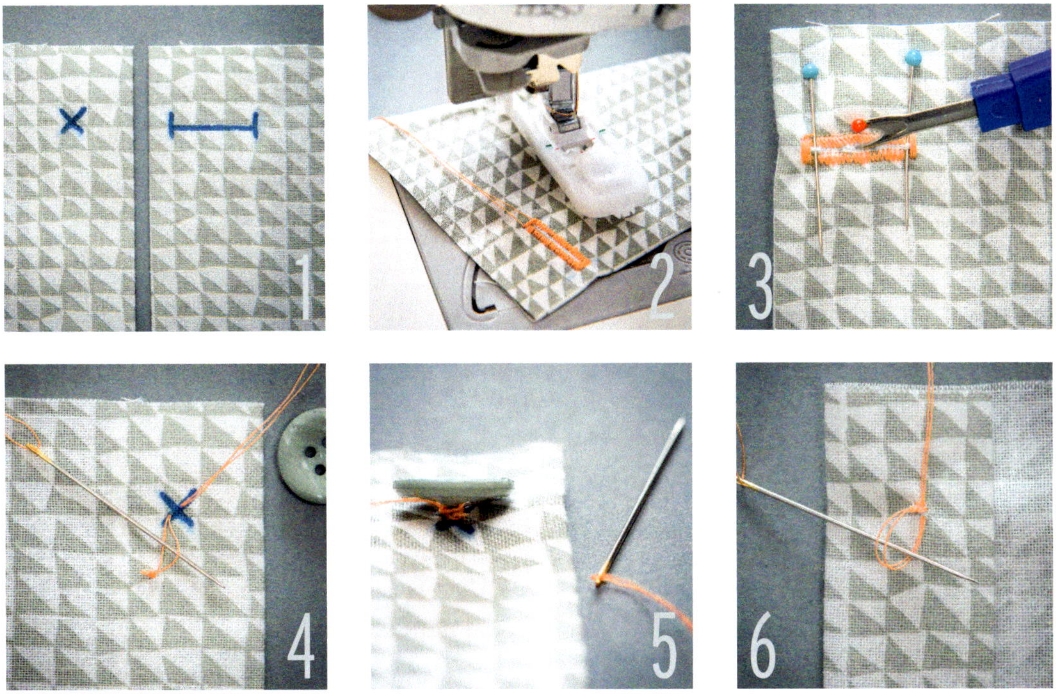

Knopflöcher in gewebten wie in elastischen Stoffen sind für viele ein Schreckgespenst – zu Unrecht. Nähen Sie mindestens ein Probe-Knopfloch auf einem separaten Stoffstück Ihres Projekts, bevor Sie sich an Ihr Nähwerk machen. Viele Nähmaschinen nähen Knopflöcher mittlerweile vollautomatisch.

1. Die Knopflochlänge bestimmen Sie anhand des Knopfdurchmessers. Rechnen Sie dann noch die Knopfhöhe in Millimeter sowie ca. 3 mm an beiden Enden dazu und zeichnen das Knopfloch ein.

2. Bei einer Nähmaschine mit automatischer Knopfloch-Funktion markieren Sie mit Schneiderkreide die untere Seite des Knopflochs an der gewünschten Position. Bei einer Maschine mit halbautomatischer Knopfloch-Funktion markieren Sie die untere und die obere Begrenzung. Nähen Sie nun das Knopfloch nach Gebrauchsanweisung Ihrer Nähmaschine ein.

3. Um das Knopfloch zu öffnen, stechen Sie mit dem Nahttrenner in der Mitte ein und schneiden vorsichtig von der Mitte bis an die Enden. Die Fadenbegrenzungen dürfen nicht angeschnitten werden. Um das zu vermeiden, helfen Stecknadeln als Begrenzung.

4. Zum Annähen des Knopfs eignet sich der reißfestere Zwirn (▸ Seite 16). Nehmen Sie den Faden doppelt auf eine Handnähnadel und verknoten Sie ihn am Ende. An der gewünschten Stelle des Stoffes stechen Sie von der rechten Seite auf die linke Seite durch und zur rechten Seite zurück. Den Faden ziehen Sie dabei soweit durch, bis der Knoten am Stoff liegt.

5. Fädeln Sie die Nadel durch ein Loch im Knopf, dann durch das gegenüberliegende Loch zurück und stechen nun wieder durch den Stoff (an der Stelle, an der Sie bereits eingestochen haben). Nähen Sie den Knopf nicht zu eng an, damit Sie ihn später gut schließen können. Knöpfe mit Steg können fest angenäht werden, bei ihnen dient der Steg als Abstandshalter. Am Ende wickeln Sie den Faden 2- bis 3-mal um den Knopf-Steg und ziehen ihn auf die linke Stoffseite.

6. Machen Sie ggf. einen Knoten (hält auch ohne) und schneiden Sie den Faden ab.

1

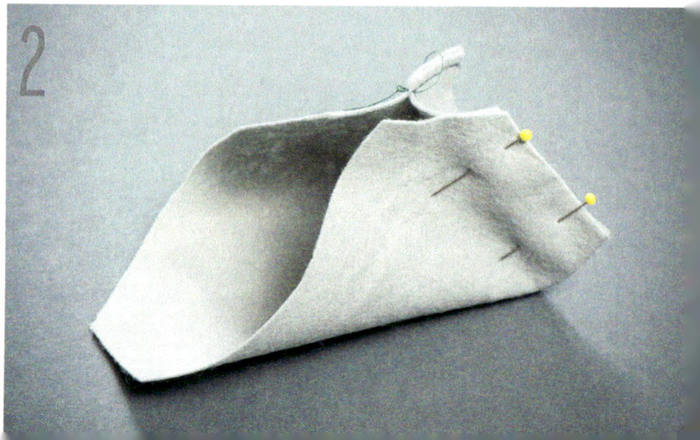
2

KAKTUS – STACHELIGES NADELKISSEN

Dieser Kaktus aus Filz möchte Ihnen als pflegeleichtes Nähhelferlein dienen, damit Ihre Näh- und Stecknadeln nicht nur sicher aufgeräumt sind, sondern auch dekorativ Ihren Nähplatz schmücken.

GRÖSSE 16 x 23 cm

➸ Schnittmuster unter www.gu.de/diy/51780

MATERIAL Grüner Filz, 1–2 mm dick: 50 x 25 cm | grauer Filz, 1–2 mm dick: 15 x 15 cm | Füllwatte: eine gute Handvoll | Füllkörner (wie zum Beispiel Dinkel, Bohnen, Reis): eine Handvoll | dunkelgrünes Garn

INFO ZUM NÄHEN

→ Sie nähen stets mit Geradstich, Stichlänge 3.
→ verriegeln Sie die Nähte (▸ Seite 24).
→ Filz muss nicht versäubert werden, da er nicht ausfransen kann.

VORBEREITUNG

Schneiden Sie alle Teile des Schnittmusters aus. Legen Sie die Teile für den Kaktus auf den doppellagigen grünen Filz und schneiden Sie sie mit der Zickzackschere zu. Für den »Topf« übertragen Sie das zugehörige Schnittteil und die Markierungen auf den grauen Filz und schneiden sie mit der normalen Stoffschere zu.

ANLEITUNG

1. Legen Sie beide Kaktus-Schnittteile bündig aufeinander, stecken Sie sie mit Stecknadeln fest und steppen 5 mm neben der Kante rundherum. Dabei lassen Sie jedoch die untere Seite offen, sodass Sie den Kaktus ausstopfen können. Nun füllen Sie den Innenraum mit der Füllwatte. Um auch die schmaleren Arme des Kaktus mit der Füllwatte kompakt ausstopfen zu können, ist ein Stift oder Essstäbchen sehr hilfreich. Danach schließen Sie die untere Öffnung mit einer Naht knapp an der Kante.

2. Für den Topf legen Sie die jeweiligen Eckmarkierungen rechts auf rechts aufeinander, stecken sie und steppen 3 mm neben der Kante. Diesen Schritt wiederholen Sie bei den drei anderen Ecken. Dann wenden Sie den »Topf« auf rechts. Befüllen Sie ihn locker mit Füllkörnern bis 1 bis 2 cm unterhalb der Kante und stellen Sie den Kaktus in die Öffnung. Nun fixieren Sie Topf und Kaktus mit Stecknadeln und nähen den Kaktus mit einem Saumstich (▸ Seite 26) an den Topf an. Und schon ist der Kaktus als Nadelkissen einsatzbereit.

STREIFEN-KRAWATTE

Mit diesem Schnitt für eine Krawatte können Sie sowohl Männern als auch Frauen eine Freude machen. Zudem erhalten Sie in dieser Anleitung ausführliche Informationen zum »schrägen« Zuschnitt.

GRÖSSE 7,5 cm an der breitesten Stelle x 145 cm (ungebunden)

➻ **Schnittmuster unter www.gu.de/diy/51780**

MATERIAL Streifenstoff: 70 cm (bei 140 cm Breite) | Krawattenrückseite (kleine Stoffteile): 30 x 20 cm | Bügelvlies Stärke F220: 15 cm (bei 90 cm Breite) | farblich passendes Garn

SCHRÄGER ZUSCHNITT

Vielleicht haben Sie sich schon einmal gewundert, warum Streifen auf Krawatten immer diagonal verlaufen. Das liegt daran, dass der Stoff von Krawatten immer schräg zugeschnitten wird. »Schräg« heißt, dass im 45°-Winkel zur Webkante zugeschnitten wird. Dadurch erhält der Stoff mehr Flexibilität, da die eingewebten Fäden des Stoffes weder waagerecht noch senkrecht zur Schnittkante liegen. Selbst ein fest gewebter Stoff wird dadurch elastischer. Halten Sie den Winkel genau ein, da die genannten gewünschten Eigenschaften sonst nicht gegeben sind. Bereits elastische Stoffe sollten generell nicht im schrägen Fadenlauf zugeschnitten werden.

Wichtig: Kleidungsstücke sollten nur im schrägen Fadenlauf zugeschnitten werden, wenn dies auch so im Schnittmuster angegeben ist. Sie können sich ansonsten schnell verziehen und die Form verlieren.

INFO ZUM NÄHEN

Wenn nicht anders angegeben,

→ nähen Sie stets mit Geradstich und Stichlänge 2,5.

→ versäubern Sie wie auf Seite 25 angegeben.

→ verriegeln Sie die Nähte (▸ Seite 24).

→ gilt eine Nahtzugabe von 1 cm. Sie ist im Schnitt bereits enthalten.

VORBEREITUNG

Schneiden Sie alle Schnittteile wie angegeben für den Stoff und das Bügelvlies aus und übertragen Sie sie, wie auf Seite 32 im Schritt 1 beschrieben, auf den Stoff beziehungsweise das Vlies. Beachten Sie den Fadenlauf, er ist immer auf dem Schnittmuster entsprechend eingezeichnet.

KRAWATTEN-STOFFE

Für dieses Projekt eignen sich viele Stoffe. Da Krawatten nicht gewaschen werden sollten, weil sie sich sonst verziehen könnten, können Sie auch hochwertige Stoffe wie Seide verwenden. Kunstfasern wie Polyester eignen sich ebenfalls hervorragend, da Krawatten eher zu dekorativen Zwecken dienen. Wichtige Eigenschaften bei der Wahl des Stoffes: Er soll nicht dehnbar und leicht zu bügeln sein.

1. Schneiden Sie das Bügelvlies aus. Legen Sie die kleinen Schnittteile C und D im 45°-Winkel zur Webkante auf den Stoff für die Krawattenrückseite und schneiden Sie sie je einmal aus. Legen Sie die Schnittteile A und B ebenfalls im 45°-Winkel zur Webkante auf den Stoff und schneiden Sie sie aus. Achten Sie jedesmal auf den Fadenlauf (▸ Seite 31).
Platzieren Sie nun das Bügelvlies (im Bild schwarz) der Länge nach mittig auf der linken Seite der großen Schnittteile A und B und bügeln Sie es auf. Damit an das Bügeleisen kein Kleber kommt, legen Sie am besten Backpapier dazwischen.

2. Um die volle Länge der Krawatte zu erhalten, legen Sie die großen Schnittteile A und B an der kurzen schrägen Seite rechts auf rechts. Verbinden Sie beide Teile mit einer Steppnaht mit 1 cm Abstand zur Kante. Danach bügeln Sie die Nahtzugabe auseinander.

3. Legen Sie die kleinen Schnittteile C und D rechts auf rechts jeweils bündig an die Endspitzen des in Schritt 2 entstandenen großen Hauptschnittteils. Steppen Sie jeweils nur an den beiden »V-Seiten« (im Foto die gesteckten Seiten) mit 1 cm Abstand zur Kante. Die Nahtzugabe schneiden Sie an den Spitzen vorsichtig 2 mm neben der Naht ab. Beide Krawattenenden wenden und von außen akkurat bügeln. Der Stoff, der auf der Rückseite liegt (kleine Stoffteile C und D), darf auf der Vorderseite nicht hervorblitzen.

4. Versäubern Sie jeweils die beiden langen Seiten der Krawatte. Dadurch befestigen Sie die kleinen Schnittteile C und D seitlich am Hauptschnittteil. Nun legen Sie die langen Seiten des Hauptschnittteils rechts auf rechts und fixieren sie mit Stecknadeln. Steppen Sie dann mit 1 cm Abstand zur Kante der ganzen Länge entlang. Vergessen Sie nicht, am Anfang und Ende die Naht zu verriegeln.
Wenn Sie den Stoff rechts auf rechts umklappen, sollten Sie darauf achten, den entstandenen Bruch eher locker zu lassen und nicht zu sehr anzudrücken beziehungsweise mit den Händen glatt zu streichen. Man würde ansonsten eine Falte auf der Vorderseite sehen, die eventuell – je nach Stoff – schwer wieder herauszubügeln wäre.

5. Bügeln Sie die Nahtzugabe auseinander. Dann wenden Sie die Krawatte mithilfe einer Sicherheitsnadel auf rechts. Abschließend bügeln Sie die Krawatte noch akkurat in Form.

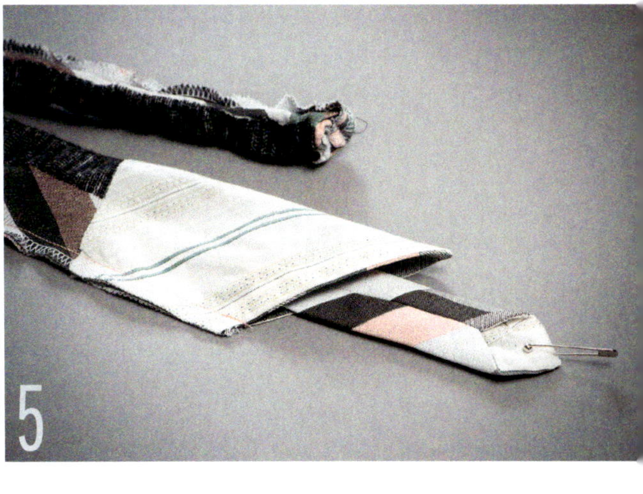

1

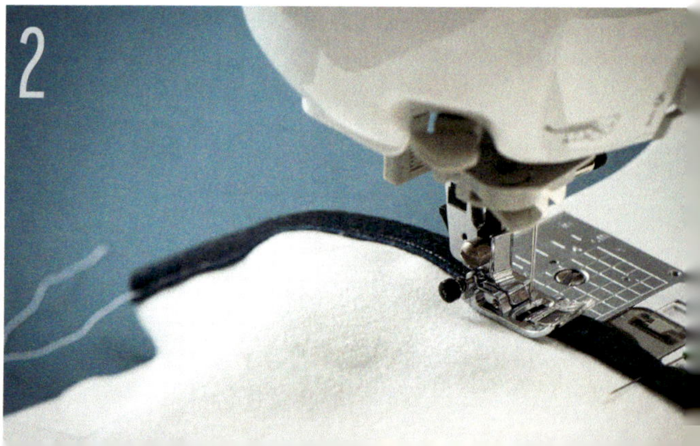
2

STREIFENKISSEN MIT HOTELVERSCHLUSS

Dieses große Kissen hat das Zeug zum Kuschelkissen, wenn Sie es aus einem weichen Stoff verarbeiten. Es kann aber auch mit festeren Stoffen als dekoratives Sofa- oder gemütliches Sitzkissen verwendet werden.

GRÖSSE 80 x 40 cm

➻ **Schnittmuster unter www.gu.de/diy/51780**

MATERIAL Stoff für Kissenrückseite: 50 cm (ab 110 cm Breite) | Stoff für die Streifen (Kissenvorderseite): 4-mal 82 x 12 cm | farblich passendes Garn | Kissenfüllung 80 x 40 cm
Als Stoff eignen sich Baumwolle, Einrichtungs-/Möbelstoffe, Fleece als »Kuschelnote«

GRUNDLAGEN

INFO ZUM NÄHEN

Wenn nicht anders angegeben,
- nähen Sie stets mit Geradstich und Stichlänge 2,5.
- versäubern Sie wie auf Seite 25 angegeben.
- verriegeln Sie die Nähte (▸ Seite 24).
- gilt eine Nahtzugabe von 1 cm. Sie ist im Schnitt bereits enthalten.

VORBEREITUNG

Bereiten Sie den Stoff vor (▸ Seite 16).
Schneiden Sie die Schnittteile des Schnittmusters aus und übertragen Sie sie jeweils auf den Stoff (▸ Seite 19). Dann schneiden Sie den Stoff zu.

ANLEITUNG

1. Legen Sie den ersten und zweiten Stoffstreifen rechts auf rechts aufeinander und fixieren Sie die beiden Lagen an einer langen Seite mit Stecknadeln. Steppen Sie nun mit 1 cm Abstand zur Kante die Bahnen zusammen. Versäubern Sie die Kanten und bügeln Sie anschließend die Nahtzugabe zur Seite. Diesen Schritt wiederholen Sie, indem Sie auf die gleiche Weise den dritten Stoffstreifen an den zweiten und den vierten an den dritten Streifen annähen. Die Vorderseite des Kissens ist fertig.

2. Für die Rückseite des Kissens versäumen Sie die Schnittteile für beide Rückteile an der Saumseite doppelt: Dazu schlagen Sie den Saum 2-mal jeweils um 1 cm zur linken Stoffseite um. Nun den Saum bügeln, mit Stecknadeln fixieren und knappkantig an der Innenkante steppen. Verriegeln nicht vergessen.
Legen Sie das Streifen-Vorderteil mit der rechten Seite nach oben quer vor sich. Platzieren Sie das große Rückteil bündig an der linken Kante (rechte Seite nach unten, Saum liegt zur Mitte) sowie das kleinere Rückteil bündig an der rechten Kante (rechts nach unten, Saum liegt zur Mitte) auf dem Vorderteil. Stecken Sie nun alle vier Seiten fest und steppen Sie mit 1 cm Abstand zur Kante rundherum. Danach die Kanten versäubern. Die fertige Kissenhülle nun wenden, bügeln und das Füllkissen hineinstecken.

REISSVERSCHLÜSSE

Reißverschlüsse kann man (fast) unsichtbar einnähen oder als sichtbares Element integrieren. Sie dienen meist zum Öffnen von Kleidungsstücken oder Taschen. Es gibt sie in verschiedenen Längen.

Ein Reißverschluss besteht aus Zähnchen, die mithilfe des Schiebers miteinander verbunden oder getrennt werden (schließen/öffnen). Der Reißverschluss ist durch die oberen Stopper an beiden Zähnchenreihen (Anfangsstopper) und den unteren Stopper quer über die Zähnchen (Endstopper) begrenzt.
Es gibt Reißverschlüsse mit Kunststoff- oder Metallzähnen, teilbar und nicht teilbar sowie nahtverdeckt (Zähne sind nach hinten gerichtet). Kunststoff-Reißverschlüsse können einfach gekürzt werden: Dafür messen Sie die gewünschte Länge vom Schieberende aus ab und schneiden den Reißverschluss an dieser Stelle mit einer Bastelschere (nicht die Stoffschere!) ab. Nun können Sie mit einem breiten und engen Zickzackstich (Stichlänge 0, Stichbreite 5) an dieser Stelle einen neuen Stopper einnähen, sodass der Schieber nicht herausgezogen werden kann. Metall-Reißverschlüsse können Sie mit einer Zange kürzen – allerdings ist es etwas aufwendiger, deshalb empfehlen wir Ihnen, die passende Länge zu verwenden.

SICHTBARER REISSVERSCHLUSS

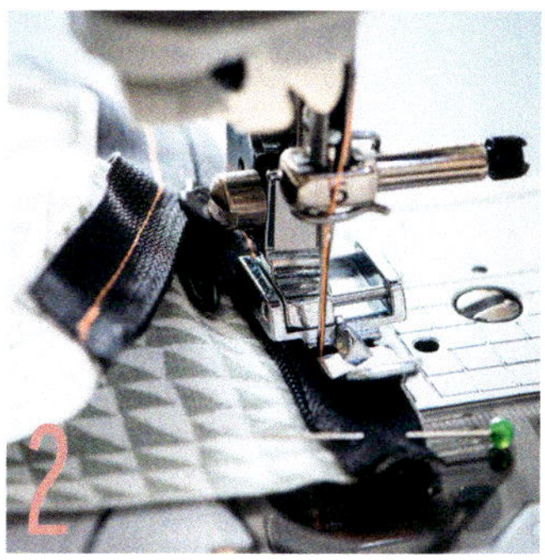

Dies ist die einfachste Variante, einen Reißverschluss einzunähen. Sie wird hauptsächlich bei Taschenöffnungen verwendet, da hier beide Enden geschlossen sind. Nähen Sie den Reißverschluss ein, bevor Sie die Schnittteile miteinander verbinden. Sie können auch ein Futter mit einnähen.

1. Legen Sie Ihr Schnittteil, in das der Reißverschluss eingenäht werden soll, mit der rechten Seite nach oben vor sich hin. Den Reißverschluss platzieren Sie mit einer Kante bündig an der gewünschten Stoffkante. Die Oberseite des Reißverschlusses zeigt dabei nach unten zum Stoff. Stecken Sie den Reißverschluss entlang des Reißverschlussbandes fest und öffnen Sie ihn dann. Wechseln Sie zum Reißverschluss-Nähfuß. Nähen Sie anschließend die Lagen mit 0,5 cm Abstand zur Kante zusammen.

2. Schließen Sie den Reißverschluss und verfahren Sie mit der zweiten Seite des Reißverschlusses wie in Schritt 1. Wenn Sie am Reißverschluss-Schieber ankommen, stoppen Sie kurz, dabei bleibt die Nähnadel stecken. Heben Sie den Nähfuß und schieben Sie den Schieber nach hinten. Das braucht ggf. etwas Übung.

3. Wenn Sie ein Futter mit einnähen möchten, legen Sie dies mit der rechten Seite nach unten auf die hintere Seite des Reißverschlusses, alles bündig an der Kante. Alle Lagen feststecken und wie in Schritt 1 und 2 steppen.

SICHTBARER REISSVERSCHLUSS (EINSEITIG GESCHLOSSEN)

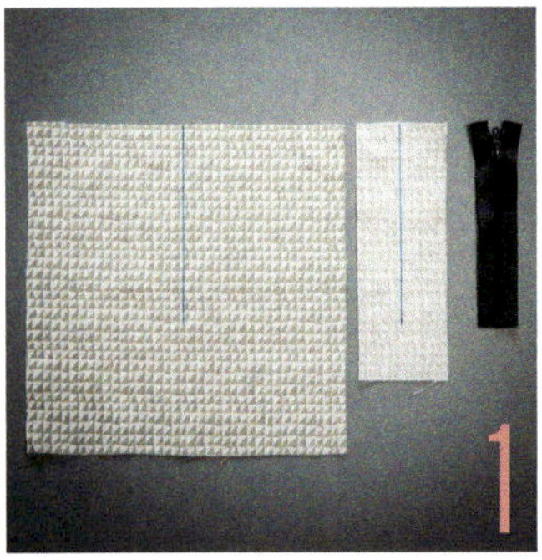

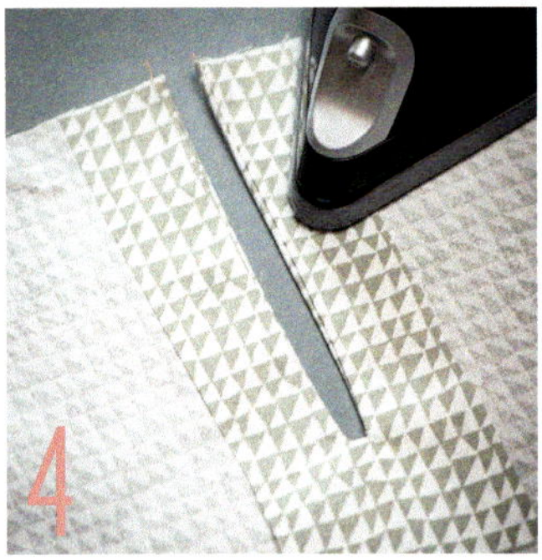

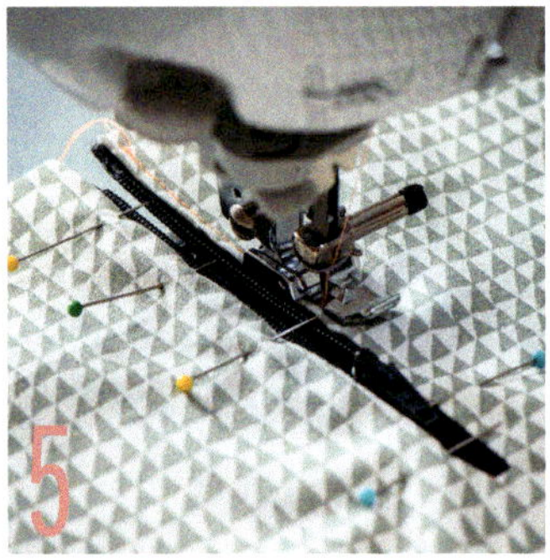

Dieser Reißverschluss kann an Stellen eines Teils eingesetzt werden, an denen es keine Naht gibt, zum Beispiel am Rückteil eines Kleides oder einer Bluse, die einen zu kleinen Ausschnitt haben. Bei dieser Variante ist ein Schlitz für den Reißverschluss nötig, der verstürzt wird. Das heißt, Sie benötigen ein zusätzliches Stoffstück als Beleg, das mit dem Reißverschluss an der gewünschten Stelle mitverarbeitet wird. Das Stoffstück sollte aus dem gleichen Stoff sein wie das Kleidungsstück und ca. 6 cm breit und 3 cm länger als der Reißverschluss sein. Versäubern Sie die Kanten des Beleg-Stoffstücks.

1. Markieren Sie den Schlitz an der gewünschten Stelle (zum Beispiel hintere Mitte eines Oberteils oder Kleides) und in der gewünschten Länge. Die Länge von Reißverschluss und Schlitz sind identisch. Übertragen Sie diese Markierung auch mittig auf die linke Seite des Belegs.

2. Legen Sie die beiden Stoffe mit den Markierungen rechts auf rechts übereinander und stecken Sie die beiden Teile an den Seiten fest.

3. Nähen Sie um die Schlitz-Markierung herum mit 2 mm Abstand (der Abstand kann auch auf 3 bis 4 mm angepasst werden, wenn die Zähne des Reißverschlusses breiter sind) zur Linie. Schneiden Sie die Schlitz-Markierung vorsichtig ein und schneiden Sie wie im Bild 3 zu sehen Ecken ein (▸ auch Seite 46).

4. Wenden Sie den Schlitz und bügeln Sie ihn von rechts. Dabei sollte der Beleg im Schlitz nicht auf der Vorderseite hervorblitzen. Bügeln Sie demnach die Naht eher in Richtung Beleg.

5. Platzieren Sie den Reißverschluss mit der rechten Seite auf dem Beleg. Die Zähne und der Schieber sind nun durch den Schlitz von vorne sichtbar. Stecken Sie den Reißverschluss von außen fest. Vielleicht muss der Reißverschluss ein paar Zentimeter unterhalb der Oberkante angesetzt werden, da noch ein Saum oder Ähnliches verarbeitet wird. Setzen Sie nun an der Nähmaschine den Reißverschluss-Nähfuß ein. Nähen Sie von außen 2 mm neben der Kante um den Reißverschluss herum. Sie können je nach Bedarf den Schieber hoch- und runterschieben.

NAHTVERDECKTER REISSVERSCHLUSS (EINSEITIG ODER BEIDSEITIG GESCHLOSSEN)

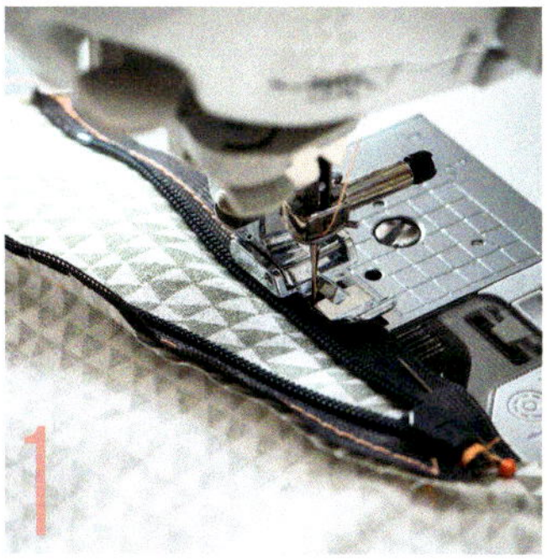

Sie benötigen einen nahtverdeckten Reißverschluss. Er wird als Verlängerung einer Naht eingenäht und ist somit unsichtbar. Es gibt auch einen speziellen Nähfuß, um nahtverdeckte Reißverschlüsse bequemer einzunähen. Im Bild wird die Verarbeitung mit einem normalen Reißverschluss-Fuß gezeigt.

1. Markieren Sie die Stelle, an der der Reißverschluss eingesetzt werden soll. Öffnen Sie den Reißverschluss und stecken Sie ihn an der Nahtzugabe entlang einer Kante rechts auf rechts fest. Wechseln Sie an der Nähmaschine zum Reißverschluss-Fuß. Wenn Sie sich bei diesem Reißverschluss schwer tun, empfehlen wir, ihn zuerst mit einer »Fixierungs-Naht« (Geradstich, Stichlänge 4) an der gewünschten Stelle mit 5 mm Nahtzugabe einzunähen. Nun kann man sich besser auf das akkurate Verriegeln an den Zähnen kümmern. Wenn Sie einen speziellen Nähfuß für nahtverdeckte Reißverschlüsse haben, können Sie sich die »Fixierungs-Naht« ersparen.

2. Klappen Sie die Zähne des Reißverschlusses nun leicht nach außen und nähen Sie 2 mm neben den Zähnchen in der Rille entlang bis zum Schieber. Dann verriegeln Sie. Schließen Sie den Reißverschluss und positionieren Sie die andere Reißverschluss-Seite auf der gegenüberliegenden Nahtzugabe. Stecken Sie fest und öffnen Sie den Reißverschluss wieder. Nun nähen Sie auch an dieser Seite ggf. zuerst eine Fixierungs-Naht und dann an den Zähnen entlang.

3. Schließen Sie die restliche Strecke Ihres Nähprojekts. Nähen Sie dabei ca. 1 cm über die Naht des Reißverschlusses.

WEITERE INFOS ZU REISSVERSCHLÜSSEN

- Wenn Sie oft gleiche Reißverschlüsse verwenden (gleiche Farbe, Breite, aus Kunststoff), dann lohnen sich ggf. auch Endlos-Reißverschlüsse. Der Reißverschluss kann ohne Schieber, Anfangs- oder Endstopper meterweise gekauft werden, Schieber gibt es separat. Den Schieber fädelt man dann ein und einen Endstopper können Sie mit einem engen, großen Zickzackstich einnähen (Stichlänge 0, Stichbreite 5).
- Je breiter die Zähne im Reißverschluss sind, desto auffälliger ist der Reißverschluss.
- Testen Sie den Reißverschluss immer, bevor Sie ihn einnähen. Es ist ärgerlich, wenn Sie ein defektes Stück, bei dem z. B. die Zähnchen verbogen sind, erwischt haben (passiert wirklich!).
- Um Metall-Reißverschlüsse zu kürzen, ziehen Sie die Zähne mit einer Zange einzeln heraus. Beginnen Sie dazu immer von oben.

KISSEN MIT DIAGONALEM REISSVERSCHLUSS

Statt eines Hotelverschlusses können Sie Kissen auch mit einem Reißverschluss schließen. Die Maße der Schnittteile lassen sich individuell anpassen. So können Sie diese Anleitung für viele Kissengrößen verwenden.

GRÖSSE 40 x 40 cm (oder nach eigenen Maßen, ▸ unten »Kissengröße individuell berechnen«)

➵ **Schnittmuster unter www.gu.de/diy/51780**

MATERIAL Einrichtungs-/Möbelstoff: 50 cm (ab 110 cm Breite) | Kunststoff-Reißverschluss, nicht teilbar: ab 55 cm (kann gekürzt werden) | farblich passendes Garn | passende Kissenfüllung

INFO ZUM NÄHEN

Wenn nicht anders angegeben,

- nähen Sie stets mit Geradstich und Stichlänge 2,5.
- versäubern Sie wie auf Seite 25 angegeben.
- verriegeln Sie die Nähte (▸ Seite 24).
- gilt eine Nahtzugabe von 1 cm. Sie ist im Schnitt bereits enthalten.

VORBEREITUNG

Bereiten Sie den Stoff vor (▸ Seite 16).
Erstellen Sie nach den Maßangaben die Schnittteile und übertragen Sie diese jeweils auf den Stoff (▸ Seite 19). Dann schneiden Sie den Stoff zu.
Versäubern Sie nur die schrägen Seiten der beiden dreieckigen Schnittteile.

KISSENGRÖSSE INDIVIDUELL BERECHNEN

Soll Ihr Kissen eine andere Größe haben als angegeben, können Sie »Ihre« Maße wie folgt berechnen:

- Stoffflicken bleiben gleich
- Rückteil: Kissenmaße zuzüglich 1 cm auf jeder Seite für die Nahtzugabe.
- Vorderteil (Dreiecke): Zeichnen Sie die Längen der Breite und Höhe Ihres Kissens im rechten Winkel zueinander auf Ihren Stoff. Nun verbinden Sie die noch offenen Enden miteinander, sodass ein Dreieck entsteht. Fügen Sie nun noch 1 cm Nahtzugabe rundherum zu.
- Die Länge des Reißverschlusses entspricht der Diagonalen (ohne Nahtzugabe) abzüglich 2 cm.

Falls Sie einen Stoff mit Muster verwenden, achten Sie beim Zuschnitt darauf, dass die Muster der beiden Dreiecke passend zueinander liegen. Dies kann symmetrisch sein, aber auch mit fließendem Übergang – wie es Ihnen am besten gefällt.

EFFEKTVOLLE REISSVERSCHLÜSSE

Mit einem Reißverschluss lassen sich besondere Effekte in ein Kissen zaubern.

- In unserem Fall oben bildet der senfgelbe Reißverschluss eine Diagonale zu den Querstreifen des Kissens.
- Farbliche Akzente können Sie setzen, wenn Sie den Reißverschluss zum Beispiel in einer Kontrastfarbe zum Kissen wählen.

1. **Den Reißverschluss vorbereiten:** Berechnen Sie die individuelle Länge Ihres Reißverschlusses, wie auf Seite 41 unter »Kissengröße individuell berechnen« angegeben (ein paar Standard-Größen sind bereits im Schnittmuster genannt). Schneiden Sie oberhalb des Anfangsstoppers die überstehenden Enden ab.
Ist der Reißverschluss genau in Ihrer Wunschlänge, schneiden Sie die überstehenden Enden knapp am Endstopper ab.

2. **Den Reißverschluss kürzen:** Ist der Reißverschluss länger als benötigt, kann er einfach gekürzt werden. Voraussetzung ist allerdings, dass Sie einen Kunststoff-Reißverschluss verwenden. Messen Sie auf dem Reißverschluss die angegebene Länge vom Anfangsstopper aus ab und schneiden Sie den Reißverschluss an dieser Stelle mit einer Schere ab. Nähen Sie ein paarmal quer über die Zahnreihe, um zu verhindern, dass sie aufgeht.
Wichtig: Nehmen Sie für das Abschneiden des Reißverschlusses eine Bastelschere, auf keinen Fall die Stoffschere, da diese sonst stumpf wird.

3. Für die Reißverschluss-Seitenteile legen Sie jeweils zwei der kleinen Stoffflicken rechts auf rechts aufeinander, sodass sie an einer der kurzen Seiten bündig liegen. Legen Sie nun das untere Reißverschluss-Ende zwischen eine der beiden Flickendoppellagen und steppen Sie mit 0,5 cm Abstand zur schmalen Kante. Sie können unbesorgt über den Kunststoff-Reißverschluss nähen. Achten Sie aber darauf, nicht auf den evtl. vorhandenen Stopper zu nähen, sonst kann die Nadel beschädigt werden. Klappen Sie die Flicken um und bügeln Sie sie von rechts.
Anschließend befestigen Sie auf die gleiche Weise am oberen Ende des Reißverschlusses die anderen beiden Stoffflicken.

4. Befestigen Sie nun an einem der dreieckigen Stoffstücke den Reißverschluss an der schrägen versäuberten Stoffkante. Dazu legen Sie den Reißverschluss mit der Oberseite nach unten mittig auf die rechte Seite des Stoffes, sodass seine Enden links und rechts den gleichen Abstand zu den Seitenkanten haben. Reißverschluss und Stoff liegen also rechts auf rechts. Die Außenseite des Reißverschlusses schließt bündig mit der versäuberten Stoffkante ab. Fixieren Sie dann den Reißverschluss mit Stecknadeln. Setzen Sie an der Nähmaschine den Reißverschluss-Nähfuß ein und nähen Sie den Reißverschluss mit etwa 0,8 cm Abstand zur Kante fest. Dabei werden auch die Flicken mit angenäht. Am Anfang und Ende verriegeln. Dann nähen Sie nach dem gleichen Prinzip die andere Seite des Reißverschlusses auf das zweite dreieckige Stoffstück fest (wieder an der schrägen Kante). Danach öffnen Sie den Reißverschluss, damit sich das Kissen später wenden lässt.

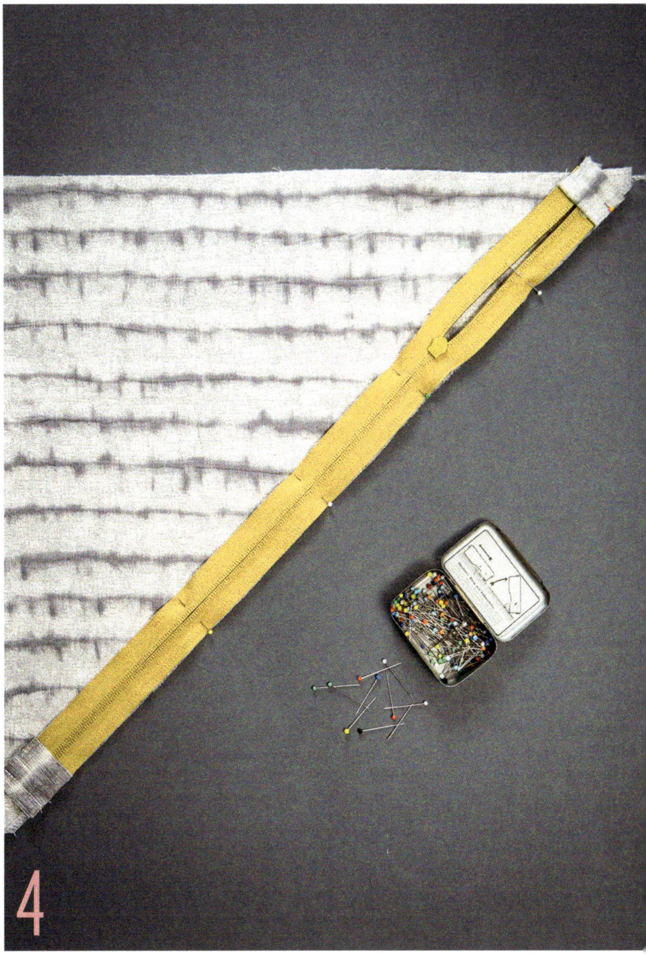

5. Legen Sie nun das Vorderteil mit dem Reißverschluss rechts auf rechts auf das Rückteil, stecken Sie die Lagen rundherum fest und nähen Sie die beiden Teile mit 1 cm Abstand zur Kante zusammen. Im Anschluss versäubern Sie die Kanten und schneiden die Ecken knapp vor der Naht ab. Wenden Sie die Kissenhülle auf rechts. Sie können nun Ihr Füllkissen hineinstecken und den Reißverschluss schließen.

1

2

EDLES LONGSHIRT

Dieses Projekt können Sie auch als Grundschnitt für Shirts, Blusen oder Kleider verwenden. Sowohl bei der Stoffwahl als auch bei der Länge können Sie variieren und somit die verschiedensten Lieblingsstücke kreieren.

GRÖSSE Konfektionsgröße 34 bis 44

➳ Schnittmuster unter www.gu.de/diy/51780

MATERIAL Stoff, zum Beispiel Baumwolle, Größe 34 bis 38: 140 cm (bei 140 cm Breite); Größe 40 bis 44: 230 cm (ab 110 cm Breite) | Metall-Reißverschluss: 30 cm | farblich passendes Garn

INFO ZUM NÄHEN

Wenn nicht anders angegeben,
- → nähen Sie stets mit Geradstich und Stichlänge 2,5.
- → versäubern Sie wie auf Seite 25 angegeben.
- → verriegeln Sie die Nähte (▸ Seite 24).
- → gilt eine Nahtzugabe von 1 cm. Sie ist im Schnitt bereits enthalten.

VORBEREITUNG

Bereiten Sie den Stoff vor (▸ Seite 16).
Übertragen Sie die Schnittteile und auch alle Markierungen auf den Stoff (▸ Seite 19).
Versäubern Sie die Schulterkanten, die zwei kurzen sowie die große äußere Kante des Halsloch-Belegs und den Reißverschluss-Beleg.

ANLEITUNG

1. Stecken Sie beide Brust-Abnäher im Vorderteil entsprechend der Markierungen ab und steppen Sie, ohne am Ende zu verriegeln. Die Abnäher werden am spitz zulaufenden Ende nicht verriegelt, damit die Spitze schön sauber wird (Weiteres zu Abnähern ▸ ab Seite 66). Den Faden nicht knapp abschneiden, sondern 2 cm lang lassen, nachdem Sie per Hand noch zwei bis drei Knoten geknüpft haben. Dann die Abnäher nach unten bügeln.

2. Die Öffnung für den Reißverschluss am Rückteil vorbereiten: Legen Sie den versäuberten Reißverschluss-Beleg rechts auf rechts mittig an der Markierung auf das Rückteil und fixieren Sie ihn an den Seiten mit Stecknadeln. Übertragen Sie die Markierung mit Kreide auf den Beleg, falls sie noch fehlt.

REISSVERSCHLUSS ALS »ANZIEHHILFE«

Reißverschlüsse am Ausschnitt helfen dabei, diesen zu erweitern, damit der Kopf problemlos hindurchpasst. Gerade bei kleineren Ausschnitten ist dies sehr hilfreich. Dabei ist die Position des Reißverschlusses egal – er kann auch vorn oder an der Seite eingesetzt werden.
Wichtig: Beim Halsloch muss die Öffnung im Beleg dann an eine andere Stelle versetzt werden.

3. Nähen Sie nun mit 4 mm Abstand zur Linie um die Markierung herum. Den Abstand zur Markierung können Sie auch etwas variieren und dadurch an die Breite der Zähnchen Ihres Reißverschlusses anpassen. Das heißt, bei breiten Zähnchen wählen Sie einen größeren Abstand, bei schmalen Zähnchen einen kleineren Abstand.

4. Schneiden Sie beide Lagen des Stoffes (Rückseite und Reißverschluss-Beleg) entsprechend der Markierung vorsichtig mit der Stoffschere ein. 1 cm vor dem Ende der Markierung stoppen Sie und schneiden, wie im Bild zu sehen, vorsichtig bis zu den beiden Ecken ein, sodass ein kleines Dreieck entsteht. Dies geht am besten, wenn Sie hierfür die feine, scharfe Fadenschere verwenden.

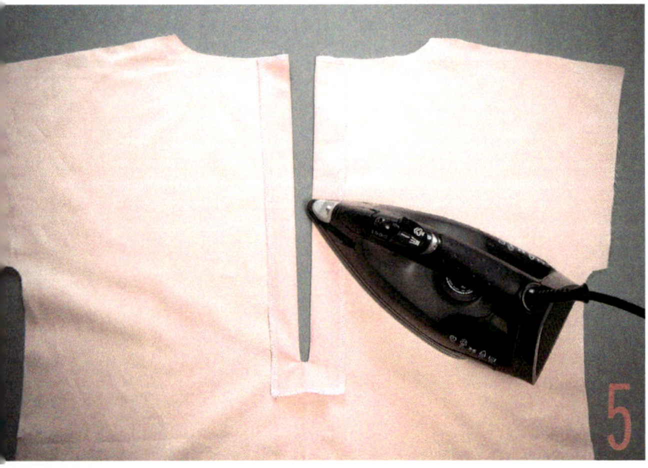

5. Klappen Sie nun den Reißverschluss-Beleg um den Schlitz zur anderen Seite und bügeln Sie die Kanten von rechts. Das eingeschnittene Dreieck ermöglicht Ihnen, den Schlitz an diesem Ende akkurat zu legen. Achten Sie beim Bügeln darauf, dass der Beleg nicht von außen sichtbar ist, das heißt, dass er innen bleibt (die Naht eher in Richtung Beleg bügeln).
Sie haben nun den versäuberten Schlitz für den Reißverschluss geschaffen.

6. Platzieren Sie den Reißverschluss so, dass er mit seiner rechten Seite auf dem Beleg auf der Shirt-Innenseite liegt. Der Reißverschluss liegt innen, aber die Zähne und der Schieber sind von außen sichtbar. Zudem liegt der Anfangsstopper mindestens 1 cm unterhalb der oberen Kante, denn die Kante wird später noch mit einem Beleg versehen. Stecken Sie den Reißverschluss von außen an beiden Seiten fest.

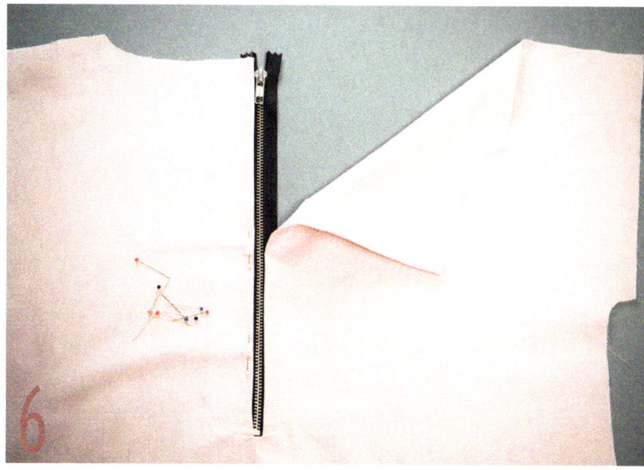

7. Bevor Sie den Reißverschluss an das Rückteil nähen, setzen Sie an der Nähmaschine den Reißverschluss-Nähfuß ein. Nähen Sie nun von außen, ca. 3 mm neben den Zähnchen des Reißverschlusses, um den Reißverschluss herum. Sie können – je nach Bedarf – den Reißverschluss-Schieber hoch- und runterschieben, damit er beim Nähen nicht stört.

8. Legen Sie das Vorder- und Rückteil rechts auf rechts aufeinander, sodass die Schulterkanten bündig liegen. Fixieren Sie beide Kanten mit Stecknadeln, dann steppen Sie diese mit 1 cm Abstand zur Kante. Bügeln Sie die Nahtzugaben auseinander.

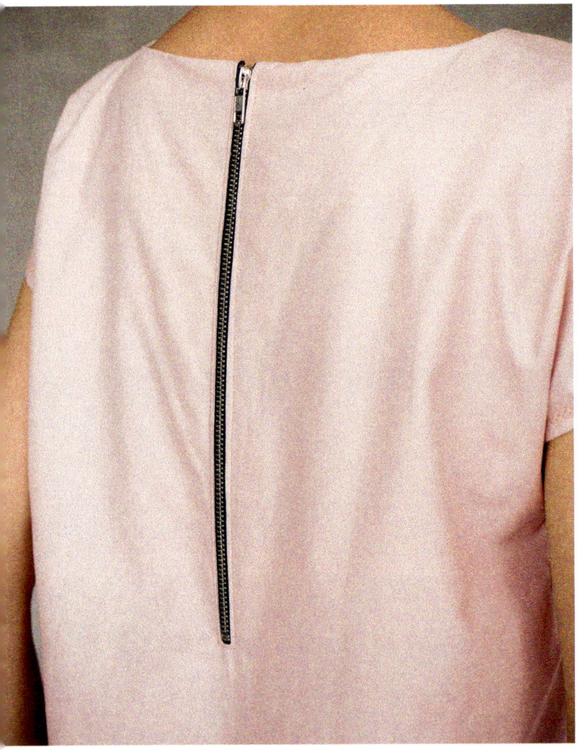

Dieser grobe Metall-Reißverschluss ist auf jeden Fall ein Hingucker. Sie können auch einen weniger auffälligen Reißverschluss wählen.

9. An den Halsausschnitt nähen Sie einen Beleg, da dies dem Longshirt zu mehr Stand verhilft und der Rundung mehr Form gibt. Legen Sie den Beleg für den Halsausschnitt rechts auf rechts ans Halsloch. Fixieren Sie den Beleg mit Stecknadeln. Dann steppen Sie mit 1 cm Abstand zur Kante rundherum und versäubern die Kante. Alternativ können Sie die Nahtzugabe auf 5 mm zurückschneiden. Schneiden Sie alle 2 cm Knipse in die Rundung ein. Öffnen Sie den Reißverschluss.

10. Nun klappen Sie den Beleg für den Halsausschnitt nach innen und fixieren die kurzen Seiten des Belegs, wie im Foto zu sehen, mit einem Handstich (▸ Seite 26) jeweils an einer Reißverschlussseite (linke Seite). Bügeln Sie den Ausschnitt vorsichtig von außen.

11. Um den Beleg am Shirt zu fixieren, befestigen Sie ihn an beiden Schultern im Nahtschatten der Schulternaht mit 3 einfachen Handstichen. Der Nahtschatten entspricht der Naht, mit der Sie beide Schulterteile zusammengenäht haben.

12. Nun wenden Sie das Shirt wieder auf links, sodass Vorder- und Rückteil rechts auf rechts liegen. Legen Sie die beiden Seitenkanten jeweils bündig übereinander – achten Sie hierbei auf die Markierungen. Danach stecken Sie je nach Bedarf die Seiten (Abnäher nach unten) und steppen die Naht mit 1 cm Abstand zur Kante. Dann versäubern Sie die Kanten und bügeln die Nahtzugaben in Richtung Rückteil. Nun wenden Sie das Shirt wieder auf rechts.

13. Für den Ärmelsaum klappen Sie den Stoff 2-mal jeweils 7 mm nach links um, dann bügeln Sie den Saum und stecken ihn rundherum ab. Nähen Sie mit einem Zierstich, zum Beispiel mit einem Zickzackstich, über die innere Kante. Sie können den Ärmelsaum auch alternativ mit einem Geradstich knappkantig steppen.

14. Für den Saum an Vorder- und Rückteil schlagen Sie den Stoff 2-mal nach innen um, zuerst 1 cm und dann 10 cm. Bügeln Sie den Saum und stecken Sie ihn rundherum ab. Nun nähen Sie über die innere Saumkante mit demselben Stich wie in Step 13 oder mit einem Geradstich knappkantig an der inneren Saumkante entlang.

ZIERSTICHE ZUM SÄUMEN

Mit einigen Nähmaschinen-Stichen kann man dekorative Ziernähte erstellen. Das fängt beim Zickzackstich an, den jede Maschine hat, und geht bis zu Blumenranken und Herzchenborten. Ziernähte können, müssen aber nicht Fixiernähte sein. Sie können mit dem Standard-Nähfuß angebracht werden. Statt wie beim Geradstich knappkantig an der Innenkante zu steppen, nähen Sie mit Zierstichen direkt über die Kante.

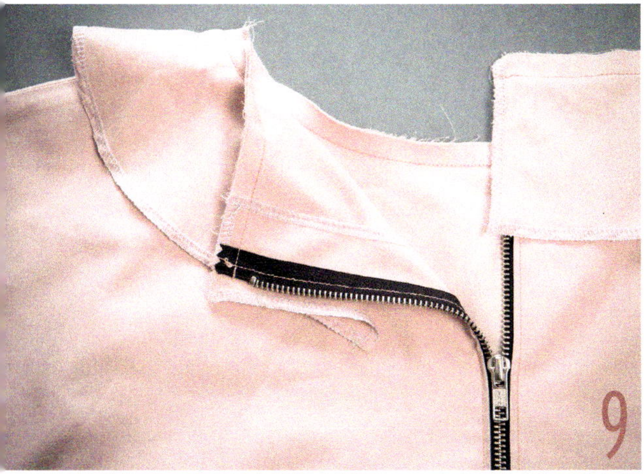
9

10
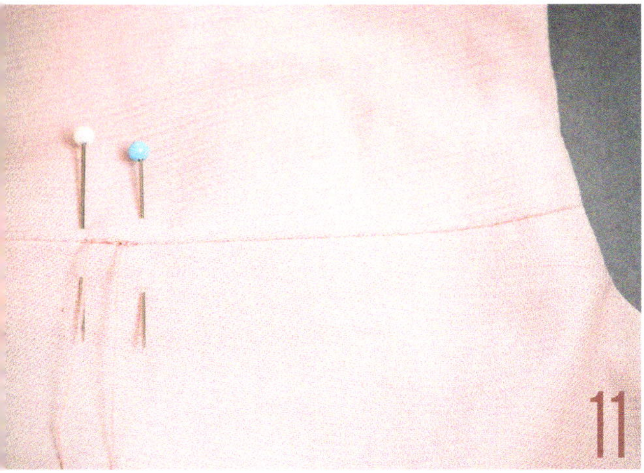
11

12
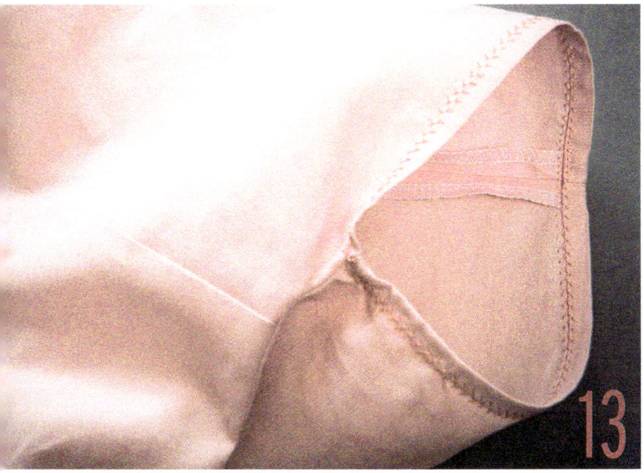
13

14

EINGRIFFTASCHEN

Integrieren Sie Eingrifftaschen immer am gewünschten Schnittteil, bevor Sie es vernähen.

FLACHE AUFGESETZTE TASCHE MIT RUNDUNG (ALS BRUST-, GESÄSS- ODER INNENTASCHE)

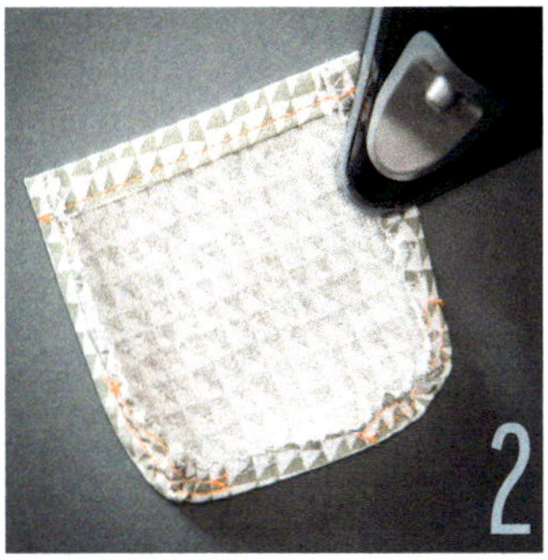

1. Saum 2-mal je 1 cm nach innen schlagen, stecken und knappkantig an der Innenkante steppen. Jeweils 2-mal neben der Rundung nähen (Geradstich, Länge 5), mit 4 mm und 7 mm Nahtzugabe (nicht verriegeln).

2. Ziehen Sie leicht an den Fadenenden, bis sich die Naht kräuselt, die Rundung ausgeglichen ist und die Nahtzugabe 1 cm nach innen geklappt werden kann. Fixieren Sie das Ganze durch Bügeln, ggf. zusätzlich mit Stecknadeln.

3. Legen Sie die Tasche mit links auf die rechte Seite Ihres Nähprodukts. Stecken Sie sie an den Seiten und am Boden an und nähen knappkantig von rechts.

UNSICHTBARE EINGRIFFTASCHE (IN DER NAHT)

Materialvorlage: Taschenbeutel des Projekts »Rock mit versteckten Eingrifftaschen« (▸ Seite 60).

1. Lassen Sie eine Öffnung an der Stelle Ihres Kleidungsstücks, wo Sie die Eingrifftaschen einnähen möchten. Bügeln Sie die Nahtzugabe auseinander.

2. Für die Eingrifftaschen platzieren Sie ein Taschenbeutel-Schnittteil an der eben gebügelten Nahtzugabe des Vorderteils auf Höhe der Öffnung. Stecken Sie es fest und steppen mit 0,7 cm Nahtzugabe. Wiederholen Sie diesen Schritt: Stecken Sie die Taschenbeutel-Rückseite auf der Nahtzugabe des Seitenteils fest und steppen mit 0,7 cm Nahtzugabe.

3. Legen Sie die Taschenbeutel-Schnittteile rechts auf rechts und steppen Sie entlang der Rundung. Anschließend versäubern Sie die Naht.

PASPEL- & LEISTENTASCHE

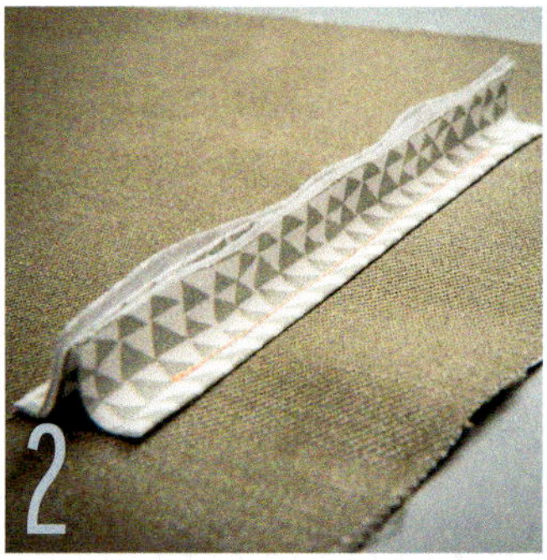

Da bei der Verarbeitung sehr genau gearbeitet werden sollte, empfehlen wir Ihnen vorab, aus einem Stoffrest eine Probetasche zu nähen.

Material: Paspelstreifen (Maße: Breite der gewünschten Öffnung plus 3 cm x 4 cm Höhe), 3 Bügelvlies-Streifen (gleiche Maße wie Paspelstreifen), Stoff für Taschenbeutel (Maße innenliegende Taschenseite: Breite der gewünschten Öffnung plus 4 cm x gewünschte Tiefe der Eingrifftasche plus 4 cm; Maße außenliegende Taschenseite: Breite der gewünschten Öffnung plus 4 cm x gewünschte Tiefe der Eingrifftasche plus 2 cm).

1. Vorbereitung: Schlitz am Kleidungsstück markieren mit 3 waagerechten, parallelen Linien: 1-mal Schlitz, je 1-mal 1 cm darüber und 1 cm darunter. Links und rechts die Breite einzeichnen. Bügelvlies auf die linke Seite der Schlitz-Markierung bügeln sowie auf die linke Seite der Paspelstreifen. Paspelstreifen in der Breite links auf links halbieren und bügeln.

2. Jeweils einen Paspelstreifen mit der geschlossenen Seite an den oberen und unteren Strich legen. Jede Paspel von dem ersten senkrechten Strich bis zum hinteren senkrechten Strich mit 0,5 cm Abstand zur Kante steppen.

3. Schneiden Sie zwischen den beiden Paspeln entlang der mittleren Linie bis 0,5 cm vor dem senkrechten Strich. An den beiden Enden schneiden Sie schräg ein, sodass sich Dreiecke an den Seiten bilden. Die Paspelstreifen durch das Loch stülpen (bügeln hilft!).

4. Klappen Sie den Oberstoff an den Seiten um und steppen Sie das entstandene Dreieck an.

5. Steppen Sie von rechts knapp an der Kante um den Eingriff herum ab.

6. Die Taschenbeutel werden jeweils an die Paspelstreifen angelegt (der kürzere außenliegende an den oberen; der höhere innenliegende an den unteren Paspelstreifen) und mit 1 cm Nahtzugabe an die offene Seite der Paspelstreifen angenäht. Taschenbeutel rechts auf rechts legen und an Seiten und Boden mit 1 cm Nahtzugabe steppen und versäubern.

EINSCHUBTASCHE

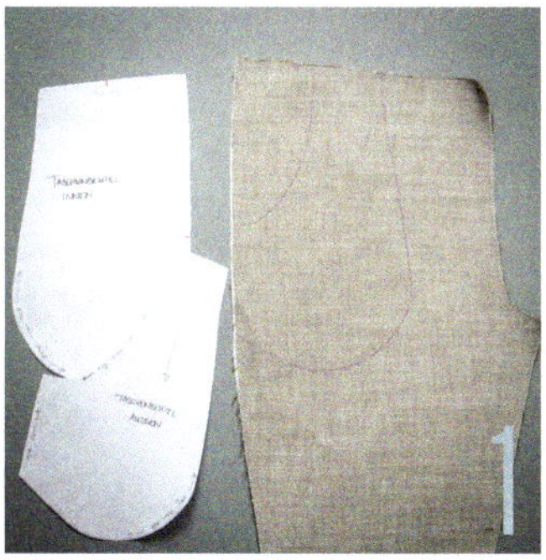

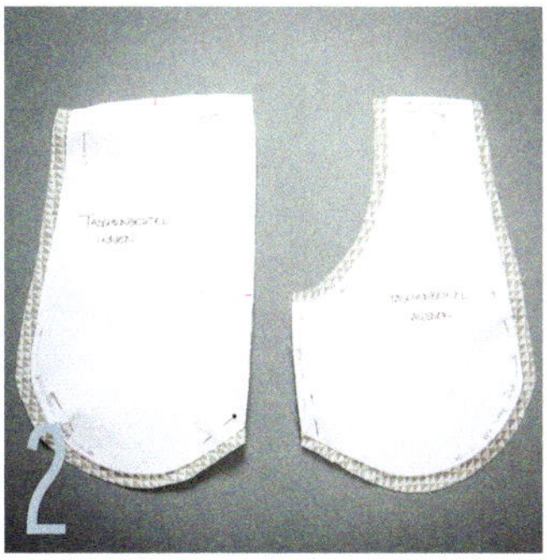

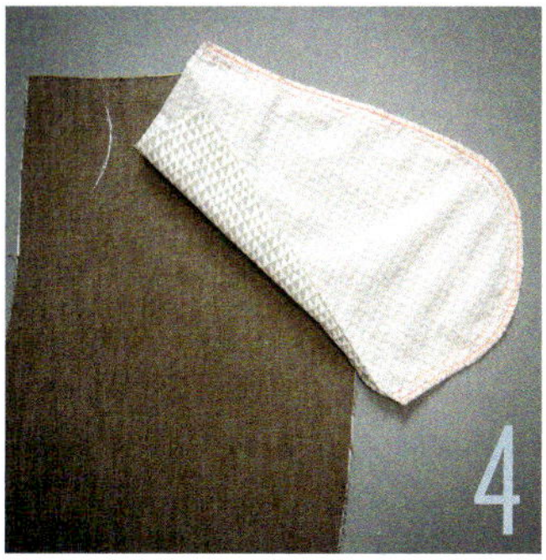

Die klassische Eingrifftasche für Hosen und Röcke, die in einer Seitennaht angebracht werden kann.

1. Das Vorderteil (des Kleidungsstücks) vorbereiten: Taschen auf Vorder-Schnittteil mit Kreide einzeichnen, Schnittpunkte an Oberkante und Seite markieren.

2. Zwei Papier-Schnittmuster für Taschenbeutel erstellen: Außenliegende Taschenseite ohne die eingezeichnete Ecke übernehmen, für die innenliegende Seite den kompletten Taschenbeutel übernehmen. Fadenlauf übernehmen. Zuschnitt Taschenschnittteile: Taschenbeutel außen ist aus Futterstoff mit schräger Kante (Stoff ist nicht sichtbar). Taschenbeutel innen wird aus dem Hauptstoff (oder Akzentstoff, Stoff ist zu sehen) zugeschnitten. Fügen Sie bei den Rundungen und an der Schräge 1 cm Nahtzugabe hinzu. Wenn im Schnittmuster des Kleidungsstücks die Nahtzugabe bereits integriert ist, ist sie an den kurzen, geraden Kanten bereits enthalten. Ansonsten fügen Sie auch hier 1 cm Nahtzugabe vor dem Zuschneiden zu. Zuschnitt Vorderteil Kleidungsstück: Legen Sie das Papierschnittteil »Taschenbeutel außen« bündig an Oberkante und Seite auf Ihr Kleidungsstück (rechte Seite). Geben Sie an der Schräge 1 cm Nahtzugabe zu und schneiden Sie das entstandene Dreieck ab.

3. Äußeren Taschenbeutel rechts auf rechts auf das Kleidungsstück Vorderteil legen und am Tascheneingriff (Schräge) feststecken, mit 1 cm Nahtzugabe steppen und versäubern.

4. Den inneren Taschenbeutel rechts auf rechts auf den äußeren Taschenbeutel richtig positionieren (Markierungen beachten) und an Oberkante und Seite feststecken (nicht an das Vorderteil unseres Kleidungsstückes). Die lange äußere Rundung nun stecken, mit 1 cm Nahtzugabe steppen und anschließend versäubern.

5. Tasche auf die linke Seite des Kleidungsstückes klappen. An Oberkante und Seiten alle 3 Lagen feststecken und mit 0,5 cm Nahtzugabe steppen. Den Eingriff von rechts in Form bügeln. Schritte 4 und 5 für die zweite Eingrifftasche wiederholen, achten Sie darauf, dass alles spiegelverkehrt gemacht wird.

KLEID MIT AUFGESETZTEN EINGRIFFTASCHEN

Dieses Kleid ist gerade geschnitten mit einem Schlitz am Rücken und einem Knopf zum Schließen. Mit den großen, aufgesetzten Eingrifftaschen liefert Ihnen dieser Schnitt ein praktisches Alltagskleid.

GRÖSSE Konfektionsgröße 34 bis 44

➸ **Schnittmuster unter www.gu.de/diy/51780**

MATERIAL Stoff, zum Beispiel Jeans, mit Elasthananteil, Größe 34 bis 38: 180 cm (bei 140 cm Breite); Größe 40 bis 44: 190 cm (bei 140 cm Breite) | 1 Knopf | farblich passendes Garn
Möchten Sie für das Taschenfutter und das Schrägband einen anderen Stoff verwenden (wir haben die linke Stoffseite verwendet), benötigen Sie dafür noch 50 cm (bei 140 cm Breite).

INFO ZUM NÄHEN

Wenn nicht anders angegeben,

- → nähen Sie stets mit Geradstich und Stichlänge 2,5.
- → verriegeln Sie die Nähte (▸ Seite 24).
- → gilt eine Nahtzugabe von 1 cm. Sie ist im Schnitt bereits enthalten.

VORBEREITUNG

Bereiten Sie den Stoff vor (▸ Seite 16).
Übertragen Sie die Schnittteile mit den Markierungen auf den Stoff. Die Kanten der Schultern, Seiten und der hinteren Mitte werden versäubert (▸ Seite 25).

ANLEITUNG

1. Stecken Sie die Brust-Abnäher im Vorderteil entsprechend der Markierungen ab und steppen sie, ohne am Ende zu verriegeln (▸ Seite 45). Die Abnäher nach unten bügeln. Wiederholen Sie diesen Schritt für die langen Abnäher im Rückteil. Diese Abnäher bügeln Sie jedoch zur Seite.

2. Legen Sie die zwei Rücken-Schnittteile rechts auf rechts aufeinander und stecken sie. Dann steppen Sie von unten bis zur Schlitz-Markierung. Die Nahtzugabe auseinanderbügeln, auch im Bereich des Schlitzes.

1

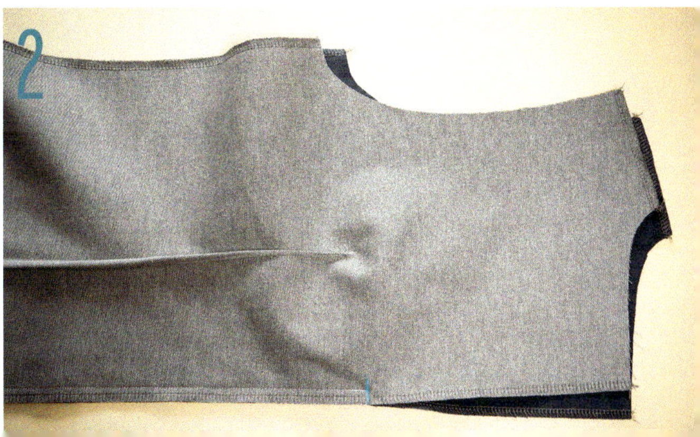

2

3. Um den Schlitz zu verstärken, steppen Sie mit 5 mm Abstand zum Schlitz außen um den Schlitz herum. An der unteren kurzen Seite nähen Sie ca. 3-mal vor und zurück. Durch diesen Riegel verhindern Sie, dass die Naht im Rückteil aufgeht.

4. Die Eingrifftaschen vorbereiten: Legen Sie das Schnittteil für eine Eingrifftasche mit der rechten Seite nach oben vor sich. Nun platzieren Sie das passende Taschenfutter-Schnittteil rechts auf rechts (bzw. »schön« auf »schön«) auf dem Eingrifftaschen-Schnittteil. Als Taschenfutter dient der gleiche Stoff wie für die Eingrifftasche, jedoch ist jetzt die linke Stoffseite die rechte bzw. schöne Seite des Futters. Legen Sie beide Stoffe rechts auf »rechts«, das heißt, das Futter mit der linken Stoffseite auf die rechte Stoffseite der Tasche. Dann stecken Sie beide Lagen rundherum fest und steppen sie mit 1 cm Abstand zur Kante. Dabei lassen Sie eine kleine Öffnung zum Wenden entsprechend den Markierungen im Schnitt.

5. Vor dem Wenden schneiden Sie die Nahtzugabe an den Ecken vorsichtig auf 2 mm Abstand zur Naht ab. Wenden Sie die Tasche und schieben Sie die Ecken mithilfe eines Essstäbchens oder Stifts heraus. Eine Scherenspitze ist ungeeignet, weil Sie sonst eventuell die Taschenecken durchstoßen. Bügeln Sie die Tasche und klappen Sie dabei die Nahtzugabe der Wendeöffnung nach innen. Wiederholen Sie die Schritte 4 und 5 für die zweite Eingrifftasche.

6. Nun platzieren Sie die Eingrifftaschen auf dem Vorderteil. Richten Sie sich dabei nach den Markierungen. Stecken Sie die Taschen an den Seiten (unterhalb der Klappe) und am Boden fest und nähen Sie knappkantig mit Geradstich, Stichlänge 3. Dabei wird auch die Wendeöffnung von Schritt 5 geschlossen.

VARIATIONEN

Ausgehend von diesem Schnitt können Sie durch geringfügige Änderungen immer wieder neue Kreationen schaffen. Lassen Sie Ihrer Fantasie freien Lauf. Hier drei Beispiele:

- Kürzen Sie im Schnitt die Ärmel und fügen Sie anstatt der aufgesetzten Taschen unsichtbare Nahttaschen wie ab Seite 51 beschrieben hinzu. So haben Sie gleich ein zweites individuelles Lieblingskleid.
- Ist Ihnen der Schnitt zu gerade, können Sie das Kleid zum Beispiel mithilfe eines Gürtels oder eines Bands taillieren.
- Ohne Taschen, mit einem kleinen Druckknopf am Rücken und aus weichem, dünnem Baumwollstoff nähen Sie sich mit diesem Schnitt auch ein neues Nachthemd.

Der Schlitz am Rücken des Kleides kann mit einem Knopf geöffnet und geschlossen werden. Er dient als Anziehhilfe.

7. Klappen Sie die Laschen der Eingrifftaschen nach unten und bügeln Sie sie. Falls die Ecken zu sehr abstehen, können Sie die Spitzen noch mit einem Handstich fixieren.

8. Legen Sie das Vorder- und Rückteil rechts auf rechts aufeinander. Beginnen Sie dabei an den Schulterkanten. Fixieren Sie die Kanten bündig mit Stecknadeln und steppen Sie sie mit 1 cm Abstand zur Kante. Nun legen Sie die beiden Seiten des Kleides bündig aufeinander. Achten Sie darauf, dass die Markierungen übereinanderliegen. Danach fixieren Sie die Lagen (je nach Bedarf) mit Stecknadeln und steppen sie mit 1 cm Abstand zur Kante. Die Schulter- und Seitennahtzugaben bügeln Sie auseinander. Dann das Kleid auf rechts wenden.

9. Den Halsausschnitt versäumen Sie mit dem schrägen Ausschnitt-Schnittteil. Positionieren Sie es mit der rechten Seite bündig auf der linken Stoffseite entlang des Halsausschnittes und stecken Sie es fest. Nähen Sie dann mit 0,8 cm Abstand zur Kante rundherum. Dann klappen Sie es 1 cm um und schlagen das Schrägband um die Kante am Halsausschnitt und umfassen damit die eben genähte Naht. Fixieren Sie das Schrägband rundherum mit Stecknadeln und steppen Sie es von rechts knappkantig an der äußeren Schrägbandkante.

10. Nähen Sie ein Knopfloch auf die rechte Seite des Rückenschlitzes und einen Knopf auf die linke Seite. Die genauen Positionen entnehmen Sie dem Schnittmuster. Wie Sie ein Knopfloch nähen und einen Knopf annähen, lesen Sie auf Seite 27.

11. Schließen Sie die beiden Schnittteile für die Ärmel jeweils an den langen Seiten. Legen Sie dazu jeweils die Kanten rechts auf rechts, stecken und steppen sie. Achten Sie dabei auch wieder darauf, dass die Markierungen übereinanderliegen.

12. Für den Ärmelsaum legen Sie die Ärmelsaum-Schnittteile jeweils an den kurzen Seiten links auf links und schließen diese, sodass Sie einen Ring erhalten. Bügeln Sie die Nahtzugaben auseinander. Nun nähen Sie den Ring wie Schrägband an den Ärmelsaum (▸ Seite 113). Achten Sie darauf, dass die linke Stoffseite außen liegt.

13. Die Ärmel werden nun an das Kleid genäht. Dazu wenden Sie das Kleid auf links und schieben die Ärmel jeweils so durch das Armloch, dass die Kante vom Armloch des Kleides und die obere Kante des Ärmels rechts auf rechts aufeinanderliegen. Achten Sie hierbei auf die Markierungen, um den rechten und linken Ärmel richtig zuzuordnen. Wenn die Markierungen nicht übereinstimmen, dann sind vermutlich die Ärmel vertauscht. Stecken Sie das Armloch rundherum ab, im Anschluss steppen Sie es mit 1 cm Abstand zur Kante und versäubern die Kanten.

14. Schlagen Sie den Kleidsaum 2-mal nach innen um, zuerst um 1 cm und dann noch einmal um 6 cm. Bügeln Sie den Saum rundherum, dann fixieren Sie ihn mit Stecknadeln. Nun nähen Sie knappkantig entlang der inneren Saumkante.

7

8

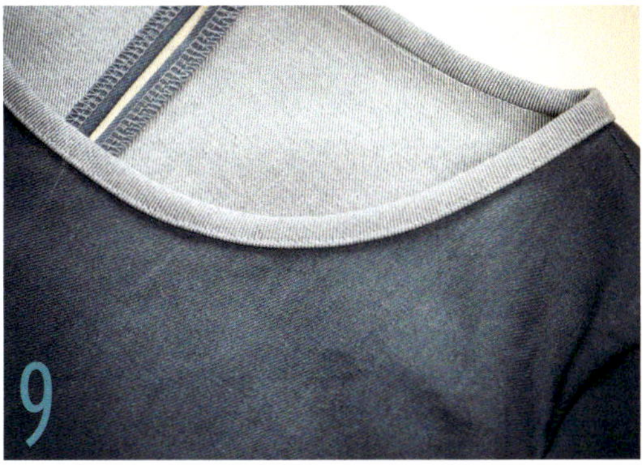
9

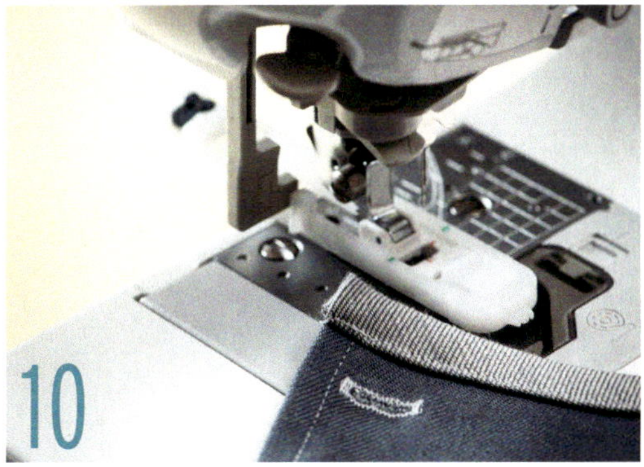
10

11

12

13

14

ROCK MIT VERSTECKTEN EINGRIFFTASCHEN

Schlicht und in gerader Linie mit breitem Bund ist dieser Rock passend zu vielen Anlässen. Die Seitenteile können Sie auch aus einem anderen Stoff zuschneiden, um Sie vom Hauptteil abzusetzen.

GRÖSSE Konfektionsgröße 34 bis 44

➻ **Schnittmuster unter www.gu.de/diy/51780**

MATERIAL Stoff mit Elasthananteil, zum Beispiel Twill: Größe 34 bis 44: 90 cm (bei 140 cm Breite) | Futterstoff für Taschen-Außenseiten: 40 x 35 cm | Bügelvlies, Stärke H200: 100 cm (bei 90 cm Breite) | nahtverdeckter Kunststoff-Reißverschluss: 30 cm | farblich passendes Garn

INFO ZUM NÄHEN

Wenn nicht anders angegeben,

- → nähen Sie stets mit Geradstich und Stichlänge 2,5.
- → versäubern Sie wie auf Seite 25 angegeben.
- → verriegeln Sie die Nähte (▸ Seite 24).
- → gilt eine Nahtzugabe von 1 cm. Sie ist im Schnitt bereits enthalten.

VORBEREITUNG

Bereiten Sie den Stoff vor (▸ Seite 16).
Schneiden Sie die Schnittteile und das Bügelvlies wie im Schnittmuster angegeben zu. Übernehmen Sie alle Markierungen.

Versäubern Sie die langen Seiten von Vorderteil, Seiten- und Rückteilen sowie die geraden Seiten der Taschenbeutel.

ANLEITUNG

1. Bekleben Sie die linke Seite eines der zwei Bund-Schnittteile mit dem Bügelvlies, um den Rockbund zu verstärken (▸ Seite 26). Das beklebte Schnittteil ist der »Außenbund«, das unbeklebte der »Innenbund«.

2. Schließen Sie die Abnäher im Vorderteil und in den Rückteilen (▸ Seite 45, 67). Lassen Sie den Faden ca. 2 cm lang und bügeln Sie die Abnäher zur Seite.

1

2

3. Legen Sie die versäuberten Seiten-Schnittteile jeweils rechts auf rechts auf das Vorderteil, sodass die Außenkanten bündig liegen, und stecken Sie die Lagen fest. Dann steppen Sie von der oberen Kante mit 1 cm Nahtzugabe bis zur oberen Taschen-Markierung (verriegeln nicht vergessen). Setzen Sie nun erneut an der unteren Taschen-Markierung an und nähen Sie bis zum Rocksaum (verriegeln wieder nicht vergessen). So entsteht eine Öffnung (wie im Schnittmuster angegeben) für die Eingrifftaschen. Die Nahtzugabe bügeln Sie auseinander.

4. Für die Eingrifftaschen platzieren Sie das vordere Taschenbeutel-Schnittteil (aus dem Rockstoff) an die eben gebügelte Nahtzugabe des Seitenteils mit der rechten Seite nach unten. Achten Sie hierbei auf die Markierungen. Stecken Sie das Schnittteil fest und steppen Sie es mit 0,7 cm Abstand zur Kante an der auseinandergebügelten Nahtzugabe fest. Dann klappen Sie die Vorderseite des Taschenbeutels nach außen. Stecken Sie nun das Schnittteil für die Taschenbeutel-Außenseite (aus hellem Stoff) mit der rechten Seite nach unten an der geraden Kante auf der Nahtzugabe des Seitenteils fest. Steppen Sie sie mit 0,7 cm Abstand zur Kante an der Nahtzugabe fest. Passen Sie beim Feststeppen an der Nahtzugabe auf, dass Sie nicht breiter nähen als 0,7 cm, da sonst die Naht von außen sichtbar wird.

5. Legen Sie nun die beiden Taschenbeutel-Schnittteile rechts auf rechts aufeinander. Stecken Sie die noch offene runde Kante fest, steppen und versäubern Sie sie. Wiederholen Sie dann Schritt 4 und 5 für die rechte Eingrifftasche. Achten Sie darauf, die Nahtzugaben nicht mit einzunähen.

6. Nun nähen Sie die Rückteile an das Vorderteil. Klappen Sie dazu die beiden Seitenteile jeweils nach außen. Legen Sie dann die beiden Rückteile jeweils an den langen Seiten rechts auf rechts auf die Seitenteile. Beachten Sie beim Feststecken, dass die Markierungen aufeinanderliegen. Nähen Sie jeweils die beiden Seiten zusammen und bügeln Sie die Nahtzugaben auseinander. Die rückwärtige Naht bleibt noch offen.

7. Nun stecken Sie den Außenbund (mit Bügelvlies), beginnend an einer Kante der Rückseite, rechts auf rechts an den Rock. Achten Sie hierbei darauf, dass die Markierungen übereinanderliegen. Steppen Sie rundherum und bügeln Sie die Nahtzugabe Richtung Bund. Klappen Sie dann den Außenbund nach oben.

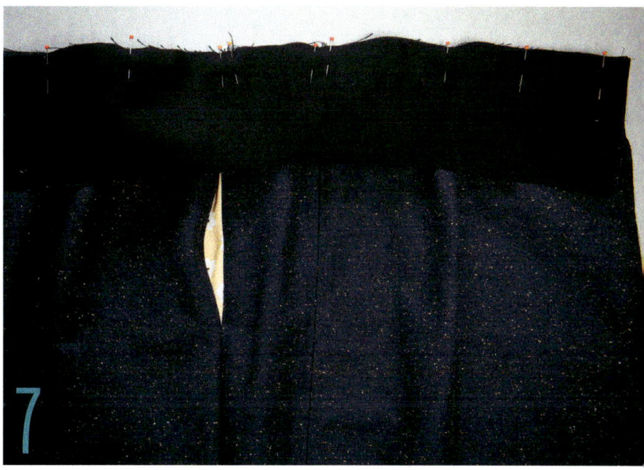

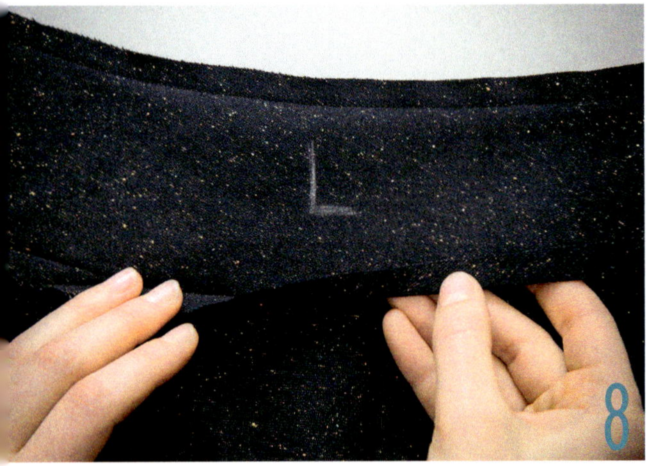

8. Beim Innenbund (ohne Bügelvlies) schlagen Sie an der unteren Kante 1 cm nach innen um und bügeln Sie den Saum. Die andere lange Kante des Innenbunds stecken Sie rechts auf rechts auf die noch offene lange Kante am Außenbund (Schnittteil mit Vlies, bereits am Rock befestigt). Steppen Sie beide Bundteile mit 1 cm Abstand zur Kante fest und bügeln Sie dann die Nahtzugabe in Richtung Innenbund.

9. Legen Sie nun die Rückseite des Rockes mit der rechten Seite nach oben. Platzieren Sie den nahtverdeckten Reißverschluss so an der hinteren Mitte, dass der Anfangsstopper des Reißverschlusses 1 mm unter der oberen Bundnaht liegt (die Vorderseite des Reißverschlusses zeigt nach unten zur rechten Stoffseite). Das obere überstehende Stück des Reißverschlusses schieben Sie zur Seite (es wird in den Bund mit eingenäht). Nähen Sie den Reißverschluss wie auf Seite 39 beschrieben ein. Schließen Sie die restliche Strecke der hinteren Mitte mit 1 cm Abstand zur Kante. Dabei liegen die beiden Rückteile rechts auf rechts.

10. Klappen Sie den Innenbund rechts auf rechts auf den Außenbund. Dabei liegen die kurzen Seiten des Innenbundes über den entsprechenden Reißverschluss-Seiten des Außenbundes. Stecken Sie den Bund am Reißverschluss fest. Achten Sie darauf, die in Schritt 8 umgeklappte Kante mit einzunähen. Setzen Sie den Reißverschluss-Fuß ein und steppen Sie entlang des Reißverschlusses – der Abstand zu den Zähnchen sollte 2 mm betragen. Die oberste Ecke der Nahtzugabe schneiden Sie ab, anschließend wenden Sie den Bund.

11. Wenden Sie den Rock auf links. Nun legen Sie den Innenbund über die Bundnaht, womit Außenbund und Oberkante des Rockes zusammengenäht sind, dabei umfasst der Bund nun die untere Bundnaht (der umgeklappte Saum liegt innen). Stecken Sie rundherum ab.

12. Der eben gesteckte Bund wird nun fixiert. Entweder steppen Sie dazu von außen im Nahtschatten (▸ Seite 48) oder Sie nähen den Bund von innen per Handstich fest, zum Beispiel mit dem Matratzenstich (▸ Seite 26). Wenn Sie steppen, dann nicht zu schnell nähen, damit Sie im Nahtschatten bleiben. Vorsicht, die Stecknadeln liegen unten und sollten rechtzeitig herausgezogen werden.

13. Für den Saum bügeln Sie die Stoffkante zuerst um 1 cm, dann um 2 cm nach innen um. Stecken Sie den Saum akkurat mit Stecknadeln ab und steppen Sie knappkantig rundherum von links. Alternativ können Sie den Saum auch per Hand mit einem Matratzenstich (▸ Seite 26) festnähen.

ABNÄHER & FALTEN

Da wir keine flachen Körper haben, muss man bei Kleidungsstücken mit Volumen arbeiten. Dazu braucht man entweder Abnäher, etwa im Brust- oder Rückenbereich, oder man gleicht die Weite durch Falten oder Kräuseln aus.

ABNÄHER

Keilförmige Nähte, mit denen das Kleidungsstück auf Körperrundungen angepasst werden kann. Im Schnittmuster sind sie spitz zulaufend eingezeichnet.

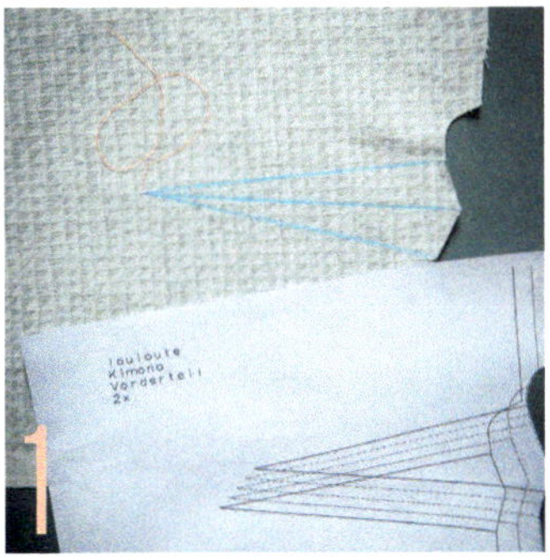

1. Markieren Sie die Abnäherseiten an der Kante mit Knipsen. Die Spitze markieren Sie am besten, indem Sie einen Faden mit einer Nähnadel mit der Hand durch das Papier und den Stoff ziehen. Dann können Sie von der Spitze (Fadenmarkierung) ausgehend die Seitenlinien zu den Knipsen einzeichnen und zusätzlich noch die Mittellinie (linke Stoffseite). Legen Sie die Knipse nun rechts auf rechts übereinander, sodass an der Mittellinie ein Falz im Stoff entsteht.

2. Steppen Sie auf der gezeichneten Linie von der Stoffkante bis zur Spitze – wichtig ist, dass Sie am Ende bei der Spitze nicht verriegeln, sondern die Fadenenden nur mit 2 bis 3 Knoten fixieren. So kann sich der Abnäher schön formen. Nun bügeln Sie den Abnäher je nach Projekt bei waagerechten Abnähern nach unten, bei senkrechten, wie in der Anleitung beschrieben. An kniffligen Stellen kann ein Bügelkissen helfen.

HALBE ABNÄHER

Durch halbe Abnäher erhält man mehr Volumen als mit Abnähern. Im Schnittmuster sind sie durch zwei Linien markiert, die keine Spitze haben.

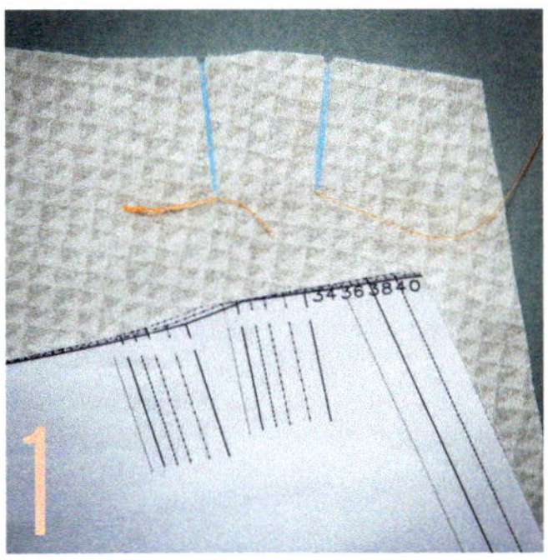

1. Die zwei Linien im Schnittmuster laufen bei halben Abnähern wie bei »normalen« Abnähern aufeinander zu, sie bilden aber keine Spitze. Hier können beide Enden im Stoff jeweils mit einem Faden markiert werden und der Beginn an der Kante auch jeweils mit einem Knips. Legen Sie den Stoff bei den Linien rechts auf rechts übereinander, stecken Sie den Abnäher bei Bedarf und steppen von der Kante mit Knips zu den Endmarkierungen (loser Faden). Verriegeln Sie am Anfang und Ende.

2. Bügeln Sie den Abnäher zur Seite – ein Bügelkissen kann dabei hilfreich sein, da der Stoff am Ende des Abnähers aufspringt.

KRÄUSELN

Das Kräuseln funktioniert nur, wenn der verwendete Stoff nicht zu dick ist (Einrichtungsstoffe sind zum Beispiel ungeeignet). Vor dem Nähstart achten Sie darauf, dass Ober- und Unterfaden ca. 10 cm abstehen.

1. Steppen Sie (ohne am Anfang und Ende zu verriegeln!) mit dem längsten Geradstich (Stichlänge 5) 2-mal entlang der kompletten Länge, die Sie kräuseln möchten, einmal mit 0,4 cm und einmal mit 0,7 cm Abstand zur Kante.

2. Dann ziehen Sie sacht an den Fadenenden vom Oberfaden, damit die Rüschen entstehen. Bringen Sie den Stoff auf die gewünschte Breite, verteilen Sie die Rüschen gleichmäßig und steppen Sie ggf. nochmals mit dem Standard-Geradstich (Stichlänge 2,5) mit 0,5 cm Abstand zur Kante darüber, um die Rüschen zu fixieren. Nähen Sie besser langsam, um die Rüschen ggf. Stück für Stück überprüfen zu können und sie evtl. leicht unter den Nähfuß zu schieben. Verriegeln in diesem Schritt nicht vergessen.

EINFACHE FALTE

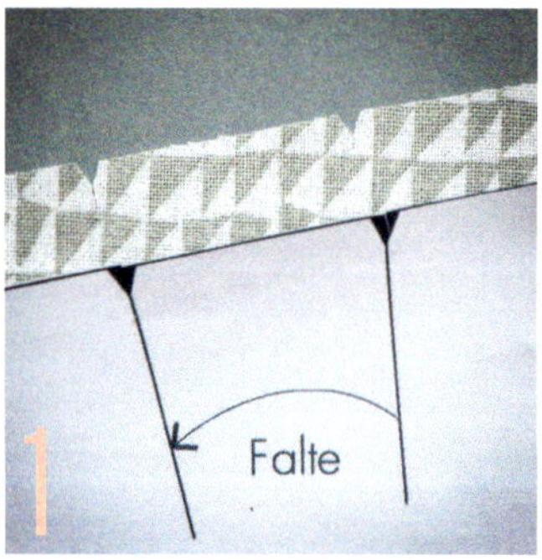

1. Einfache Falten sind im Schnittmuster mit zwei Linien gekennzeichnet. An einer der Linien wird der Falz gelegt, der dann auf der zweiten Linie positioniert wird. Falten können einseitig (immer in die gleiche Richtung zeigend) oder gegenseitig (aufeinander zeigend) gelegt werden.

2. Sie werden wie Abnäher gelegt, aber nur an der Oberkante verriegelt, sodass sie aufspringen (Bild 2 linke Seite). Man kann sie auch bügeln (Bild 2 Mitte) oder an den Kanten ein Stück entlangsteppen, um die Falten markanter wirken zu lassen (Bild 2 rechte Seite). Dies sind unterschiedliche Stilelemente.
Hinweis: Wenn Sie Falten eigenständig integrieren, achten Sie darauf, dass sie in gleichen Abständen zueinander liegen. Bei Röcken sollten Sie Falten nur vorne und hinten anbringen, jedoch nicht an den Seiten, da sie sehr auftragen.

KELLER- & QUETSCHFALTE

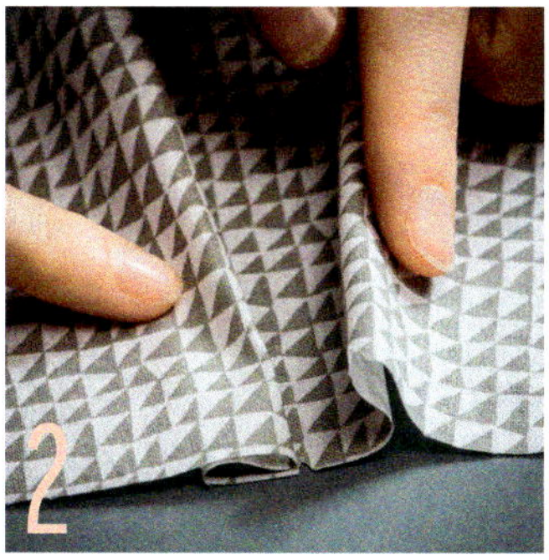

Kellerfalten sind ein beliebtes Stilelement bei Röcken (▸ Projekt »Glockenrock mit Kellerfalten«, Seite 82), da sie elegant wirken. Sie werden auch als Rückenfalte an Kleidern oder Jackets eingesetzt.

1. Die Kellerfalte ist oft mit drei Linien im Schnittmuster gekennzeichnet. Die beiden Außenlinien sind die Außenbrüche, die Mittellinie fungiert als Anstoßlinie. Übertragen Sie zunächst die Positionen mit Knipsen an der Stoffkante.

2. Legen Sie auf der rechten Seite des Stoffes jeweils die äußeren Knipse auf den mittleren Knips.

3. Stecken Sie die entstandene Falte an allen entstandenen Brüchen fest, sodass die Falten nicht mehr verrutschen können. Stecken Sie am besten senkrecht zur Stoffkante.

4. Fixieren Sie die Falte mit einem Standard-Geradstich (Stichlänge 2,5) und mit 0,5 cm Nahtzugabe. Start- und Endpunkt sind die innenliegenden Brüche. Am Anfang und Ende verriegeln nicht vergessen.

Die **Quetschfalte** wird überwiegend als Rückenfalte verwendet und zwar bei Hemden, aber auch bei Mänteln und Jacken (▸ Projekt »Hemdbluse mit Streifen«, Seite 74). Sie werden auch gern in der Innenseite im Futter integriert.

5. Die Quetschfalte ist quasi eine »umgedrehte Kellerfalte«. Hierfür gehen Sie wie bei den Schritten 2 bis 4 für die Kellerfalte beschrieben vor, allerdings auf der linken Stoffseite. So sind die Seitenbrüche der gelegten Falte auf der rechten Stoffseite sichtbar.

BLUSE MIT BUBIKRAGEN

Diese gerade, etwas weiter geschnittene Bluse mit Bubikragen, Ärmeln und umgeschlagenem Saum ist das perfekte Basic-Teil. Die Abnäher liegen seitlich an der Brust, um Volumen im Brustbereich zu erzeugen.

GRÖSSE Konfektionsgröße 34 bis 44

➸ **Schnittmuster unter www.gu.de/diy/51780**

MATERIAL Stoff, zum Beispiel Popeline, Größe 34 bis 38: 130 cm (bei 140 cm Breite), Größe 40 bis 44: 210 cm (bei 140 cm Breite) | Bügelvlies, Stärke H180: 30 cm (bei 90 cm Breite) | farblich passendes Garn

INFO ZUM NÄHEN

Wenn nicht anders angegeben,

- → nähen Sie stets mit Geradstich und Stichlänge 2,5.
- → versäubern Sie wie auf Seite 25 angegeben.
- → verriegeln Sie die Nähte (▸ Seite 24).
- → gilt eine Nahtzugabe von 1 cm. Sie ist im Schnitt bereits enthalten.

VORBEREITUNG

Bereiten Sie den Stoff vor (▸ Seite 16).
Schneiden Sie die einzelnen Schnittteile wie im Zuschneideplan angegeben zu. Übernehmen Sie alle Markierungen.

ANLEITUNG

1. Stecken Sie beide Brust-Abnäher im Vorderteil entsprechend der Markierung ab und steppen Sie, ohne am Ende zu verriegeln. Die Abnäher werden am spitz zulaufenden Ende nicht verriegelt, damit die Spitze schön sauber wird (Weiteres zu Abnähern ▸ ab Seite 66). Den Faden lassen Sie 2 cm lang hängen, nachdem Sie per Hand noch 2 bis 3 Knoten geknüpft haben. Dann die Abnäher nach unten bügeln.

2. Legen Sie das Vorder- und Rückteil der Bluse rechts auf rechts aufeinander. Zuerst stecken Sie jeweils die Schulterkanten bündig fest und steppen sie mit 1 cm Abstand zur Kante. Dann legen Sie die beiden Seiten der Bluse bündig aufeinander. Achten Sie darauf, dass die Markierungen übereinanderliegen. Nach Bedarf stecken Sie die Kanten und steppen sie dann ebenfalls mit 1 cm Abstand zur Kante. Schulter- und Seitennähte versäubern und Richtung Rückenteil bügeln. Dann wenden Sie die Bluse auf rechts.

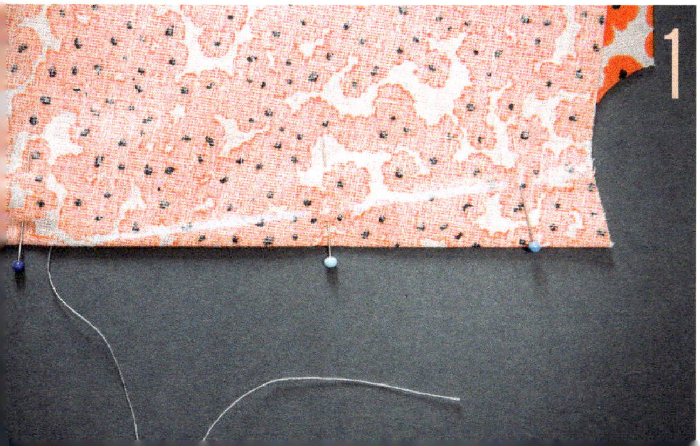

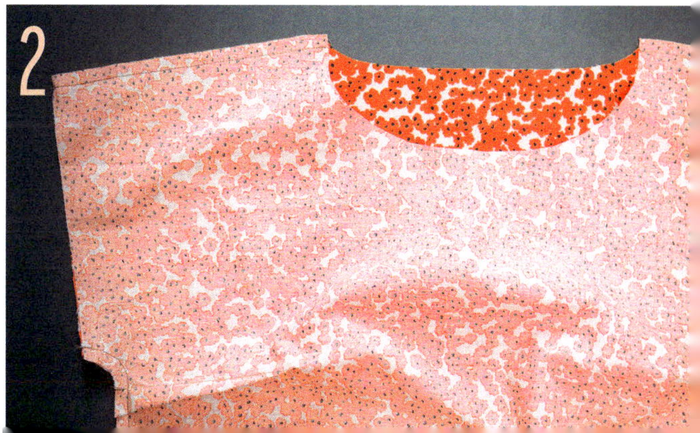

3

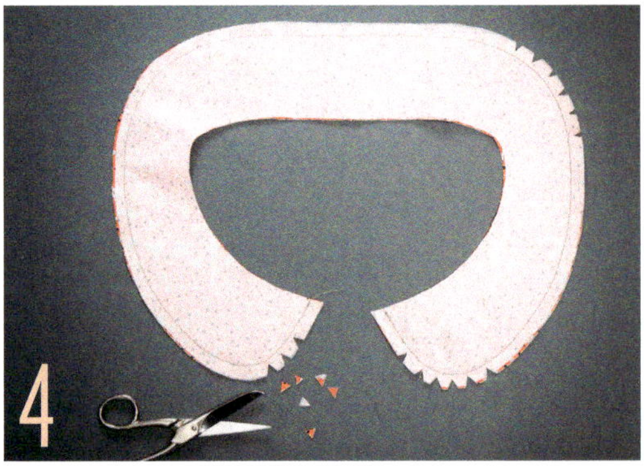
4

5

6

7

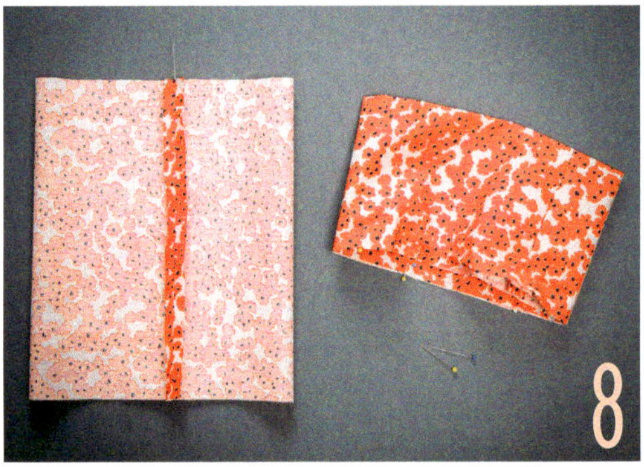
8

9

10

3. Nun kommt der Kragen. Bekleben Sie die linke Seite des unteren Schnittteils für den Kragen mit Bügelvlies, um ihn zu verstärken. Das Bügelvlies liegt auf dem Schnittteil. Legen Sie Backpapier zwischen Bügeleisen und Vlies, damit an das Bügeleisen kein Kleber kommt.

4. Der nun folgende Schritt ist meist der knifflige Part am Bubikragen, deswegen empfehlen wir, hier besonders akkurat zu arbeiten. Legen Sie das untere und obere Kragenschnittteil rechts auf rechts und fixieren Sie beide Lagen an der äußeren Rundung akkurat mit Stecknadeln. Dann steppen Sie mit 1 cm Abstand zur Kante. Diese Nahtzugabe kürzen Sie um 0,5 cm mit Ihrer sehr scharfen Stoffschere. Zusätzlich schneiden Sie im Abstand von ca. 1 cm kleine »Ecken« aus der Nahtzugabe heraus. Dadurch kann sich der Stoff schön der Rundung anpassen.

5. Wenden Sie den Kragen und bügeln Sie entlang der Kragen-Außenkante. Optimal wäre es, wenn an der Kante keine Kragenseite über die Naht ragt. Wenn es nicht anders geht, dann bügeln Sie so, dass die obere Seite des Kragens über die Naht ragt und somit die untere Kragenseite nicht zum Vorschein kommt. Das würde nicht sehr schön aussehen.

6. Nun befestigen Sie den Kragen an der Bluse. Dazu legen Sie den Kragen mit der Unterseite an das Halsloch und zwar auf der rechten Seite der Bluse. Beachten Sie dabei die Markierungen, damit Sie den Kragen richtig am Halsloch positionieren. An der vorderen Mitte sollte ein Abstand von ca. 1 cm zwischen den beiden Kragenenden frei bleiben. Stecken Sie die beiden Teile fest und nähen Sie sie dann mit 1 cm Abstand zur Kante zusammen. Im Anschluss versäubern Sie die Kante.

7. Um die Versäuberungsnaht zu verstecken, bügeln Sie die soeben versäuberte Kante zuerst nach innen und fixieren sie mit Stecknadeln an der Bluse. Achten Sie darauf, dass Sie den Kragen nicht mit feststecken. Dann klappen Sie den Kragen zur Seite und steppen von außen mit 0,5 cm Abstand zur Kragennaht rundherum um das Halsloch. Wenn Sie den Kragen nun wieder herunterklappen, ist diese Steppnaht nicht mehr sichtbar.

8. Es folgen die Ärmel. Legen Sie bei einem Ärmelschnittteil die kurzen Seiten rechts auf rechts aufeinander und schließen Sie diese Seite mit einer Naht, Abstand zur Kante 1 cm. Dann nähen Sie den anderen Ärmel ebenso. Die Nahtzugabe bügeln Sie jeweils auseinander. Halbieren Sie die Ärmellänge, indem Sie eine offene Kante des Stoffschlauches umkrempeln und auf die andere Stoffkante legen. Beide Kanten liegen dann links auf links bündig aufeinander. Bügeln Sie den entstehenden Bruch.

9. Nun legen Sie die Bluse auf rechts gewendet vor sich. Stülpen Sie die Ärmel so um das jeweilige Armloch, dass alle offenen Kanten aufeinanderliegen. Achten Sie darauf, dass die Seitennaht des Ärmels an der Schulternaht liegt. Fixieren Sie die Kanten mit Stecknadeln und steppen Sie mit 1 cm Abstand zur Kante rundherum. Danach versäubern Sie die Kante. Bügeln Sie die Nahtzugabe in Richtung Schulter und klappen Sie den Ärmel zur Hälfte um.

10. Die beiden hochgekrempelten Ärmel fixieren Sie nun an drei Stellen mit einem Handstich: jeweils 6 cm von der Schulternaht und einmal unten an der Seitennaht. Zum Säumen der Bluse schlagen Sie die Kante zweimal um jeweils 2 cm nach innen um. Bügeln und stecken Sie den Saum rundherum ab. Nun nähen Sie knappkantig an der inneren Saumkante entlang.

HEMDBLUSE MIT STREIFEN

Die klassischen Elemente dieser Hemdbluse: Steg-Kragen, Knopfleiste, Hemdmanschetten und Kellerfalte am Rücken. Aufgepeppt wird der Schnitt mit Abnähern an der Vorderseite und mit der schräg zugeschnittenen Passe am Rücken.

GRÖSSE Konfektionsgröße 34 bis 44

➻ **Schnittmuster unter www.gu.de/diy/51780**

MATERIAL Stoff, zum Beispiel dünne Baumwolle, Größe 34 bis 38: 150 cm (bei 140 cm Breite); Größe 40 bis 44: 170 cm (bei 140 cm Breite) | Bügelvlies, Stärke H200: 30 cm (bei 90 cm Breite) | 9 Knöpfe, Durchmesser 13 mm | farblich passendes Garn

INFO ZUM NÄHEN

Wenn nicht anders angegeben,

- nähen Sie stets mit Geradstich und Stichlänge 2,5.
- versäubern Sie wie auf Seite 25 angegeben.
- verriegeln Sie die Nähte (▸ Seite 24).
- gilt eine Nahtzugabe von 1 cm. Sie ist im Schnitt bereits enthalten.

VORBEREITUNG

Bereiten Sie den Stoff vor (▸ Seite 16).
Schneiden Sie alle Teile des Schnittmusters wie angegeben für den Stoff und das Bügelvlies aus und übertragen sie auf den Stoff. Übernehmen Sie alle Markierungen. Dann schneiden Sie den Stoff zu.
Den Unterkragen, die beiden Schnitteile für den Kragensteg und die beiden Manschetten-Schnittteile bekleben Sie mit dem Bügelvlies auf der linken Stoffseite. Damit an das Bügeleisen kein Kleber kommt, legen Sie am besten Backpapier dazwischen.
Die langen Ärmelseiten versäubern Sie einzeln.

Wichtig: Beim Zuschnitt von Streifenstoff müssen die Streifen ganz genau im Bruch aufeinanderliegen. Stecken Sie den Stoff im Bruch so aufeinander, dass die Linien genau übereinanderliegen. Danach können Sie die Papierschnittteile auf dem Stoff anordnen und zuschneiden.

RÜSCHEN ANSTATT FALTEN

Generell können Falten durch Rüschen ersetzt werden. Die größere Weite für die Falte können Sie ganz einfach durch Kräuseln ausgleichen (▸ Seite 68).
Bei dieser Hemdbluse können Sie zum Beispiel die Quetschfalte am Rücken sowie die Ärmel-Abnäher durch Rüschen ersetzen. Diese verleihen Ihrer klassischen Hemdbluse einen romantischen Touch.

Diagonal zulaufende Rückenpasse, mittige Quetschfalte und ein längeres Rückenteil gestalten die Rückseite der Hemdbluse.

1. Stecken Sie die Abnäher in beiden Vorderteilen entsprechend der Markierungen ab und steppen Sie, ohne am Ende zu verriegeln. Abnäher werden am spitz zulaufenden Ende nicht verriegelt, damit die Spitze schön sauber liegt (Weiteres zu Abnähern ▸ ab Seite 66). Den Faden nicht knapp abschneiden, sondern etwa 2 cm lang lassen, nachdem Sie per Hand noch zwei bis drei Knoten geknüpft haben. Dann die Abnäher zur Mitte bügeln.

2. Für die Knopfleiste auf der Vorderseite der Hemdbluse benötigt man entlang beider Kanten der Vorderteile einen Saum, um der Bluse eine gewisse Stabilität zu verleihen. Dazu schlagen Sie die mittig liegenden Kanten der beiden Vorderteile jeweils 2-mal um 3 cm nach innen um. Bügeln Sie diesen Saum und fixieren Sie ihn mit Stecknadeln. Dann nähen Sie knappkantig an der inneren Saumkante (linke Stoffseite) entlang.

3. Die Passe im Rückteil ist der obere Teil am Rücken der Bluse. Bei der äußeren Rückteilpasse laufen die Streifen in diesem Schnitt diagonal und symmetrisch aufeinander zu. Dazu legen Sie die beiden Schnittteile für die äußere Passe rechts auf rechts aufeinander – achten Sie darauf, dass die Linien im Stoff exakt aufeinanderliegen. Fixieren Sie beide Stoffstücke an der Seite der hinteren Mitte mit Stecknadeln und steppen Sie mit 1 cm Abstand zur Kante, um die beiden Teile zu verbinden.

4. Legen Sie die Quetschfalte (▸ Seite 69) im Rücken-Schnittteil entsprechend der Markierungen. Je nach Streifenbreite kann es sein, dass die Falte nicht perfekt bündig an den Streifen liegt. Stecken Sie die Falte ab und nähen Sie sie mit 0,5 cm Abstand zur oberen Kante fest.

5. Legen Sie nun vor sich: innere Rückteil-Passe mit der rechten Seite nach oben, darauf das untere Rückteil (mit der Quetschfalte) auch mit rechts nach oben und zu guter Letzt noch die symmetrische, äußere Rückteil-Passe mit der rechten Seite nach unten. Alle drei Lagen liegen bündig aufeinander. Die Verbindungsnaht der äußeren Passe liegt mittig auf der Quetschfalte. Fixieren Sie die Lagen mit Stecknadeln und steppen Sie entlang der Kante mit 1 cm Abstand zur Kante. Klappen Sie die beiden Passen nach oben und bügeln Sie sie von rechts. Optional: Steppen Sie noch einmal (sichtbar) von außen 5 mm neben der eben genähten Naht und fixieren damit die Nahtzugabe an der Passe.

6. Legen Sie Rückteil und beide Vorderteile rechts auf rechts, sodass die Schulterkanten bündig aufeinanderliegen. Stecken Sie die Kanten, steppen und versäubern Sie sie. Die Nahtzugabe bügeln Sie in Richtung Rückteil. Optional: Von außen können Sie einen sichtbaren Steppstich hinzufügen. Steppen Sie dazu einfach von außen 5 mm neben der Schulternaht und fixieren Sie somit die Nahtzugabe am Rückteil.

1

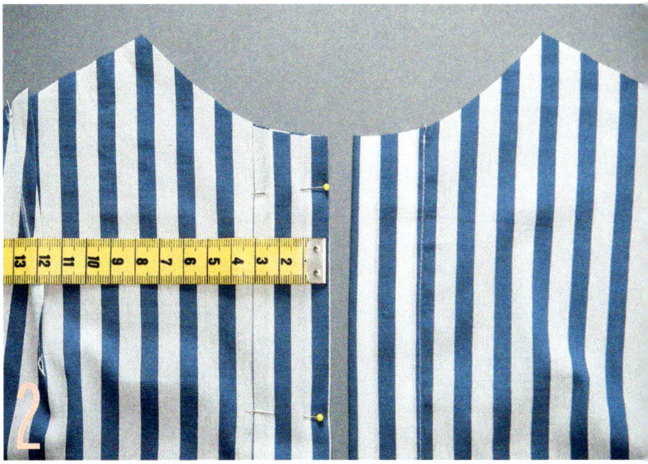

2

3

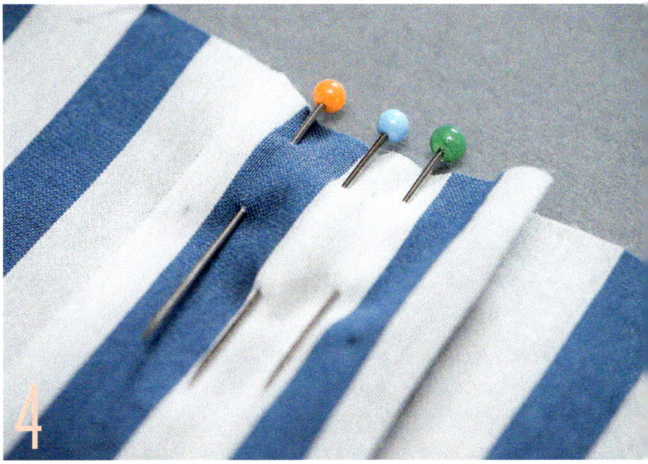
4

5

6

7. Legen Sie das Rückteil und beide Vorderteile wieder rechts auf rechts aufeinander, sodass nun die Seitenkanten bündig aufeinanderliegen. Achten Sie beim Feststecken der Seitenkanten darauf, dass die Markierungen übereinanderliegen. Steppen Sie beide Nähte mit 1 cm Abstand zur Kante und versäubern Sie sie. Die Nahtzugabe bügeln Sie dann in Richtung Rückteil.

8. Jetzt widmen Sie sich den Ärmeln: Stecken Sie die Abnäher der Ärmel laut der Markierung ab. Kennzeichnen Sie die Spitze und zwei Punkte im Verlauf des Abnähers mit je einem Handstich, sodass der Faden herausschaut und diese Stelle markiert. Schließen Sie den Abnäher mit einer Steppnaht (am Ende nicht verriegeln ▸ Seite 45). Bügeln Sie den Abnäher in Richtung Mitte des Ärmels.

9. Die langen versäuberten Strecken der Ärmel legen Sie rechts auf rechts, fixieren die beiden Lagen jeweils mit Stecknadeln und steppen dann von oben bis zur Markierung vor dem Schlitz mit 1 cm Abstand zur Kante. Bügeln Sie anschließend die Nahtzugabe auseinander. Im Bereich des Schlitzes klappen Sie die Nahtzugabe um 1 cm nach innen und bügeln sie. Danach wenden Sie die Ärmel auf rechts.

10. Die nach links umgeklappte Nahtzugabe am Ärmelschlitz steppen Sie mit einer sichtbaren Naht 5 mm neben der Kante auf der rechten Stoffseite ab. An der Spitze des Schlitzes nähen Sie etwa 3-mal hin und her, um den Schlitz vor dem Reißen zu schützen.

11. Wie bei jeder klassischen Hemdbluse nähen Sie auch bei dieser eine Manschette an jeden Ärmel. Legen Sie die Manschette mit der rechten Seite auf die rechte Seite des Ärmelsaums. Achten Sie hierbei auf die Markierungen: Eine Markierung kommt an die Abnähernaht, die zweite Markierung an die Schlitzkante. Auf einer Seite wird die Manschette weiter überstehen. Dieses Ende ist für das Knopfloch vorgesehen. Stecken Sie die Manschette am Ärmelsaum fest und steppen Sie sie mit 1 cm Abstand zur Kante. Dann bügeln Sie die Nahtzugabe in Richtung Manschette. Achten Sie darauf, die Manschetten symmetrisch an den Ärmeln anzubringen: Der Übertritt (abstehende Lasche) zeigt immer zur Seite, nicht nach vorne!

12. Halbieren Sie die Manschette in der Höhe, indem Sie sie so umklappen, dass die rechten Stoffseiten aufeinanderliegen. Die offenen, abstehenden Seiten legen Sie bündig aufeinander. Fixieren Sie diese Kanten mit Stecknadeln und steppen Sie sie mit 1 cm Abstand zur Kante. Schneiden Sie die Ecken zirka 2 mm neben der Naht ab und wenden Sie die Manschette.

13. Klappen Sie die Manschette in Richtung linke Stoffseite des Ärmels. Die Nahtzugabe der offenen Seite der Manschette legen Sie so nach innen (sie macht es schon fast automatisch), dass dadurch die Naht am Ärmelsaum umfasst wird. Wichtig ist, dass dieser Bruch die Ärmelsaumnaht verdeckt. Stecken Sie rundherum akkurat ab und steppen Sie von außen knappkantig. Dann nähen Sie die Manschette des anderen Ärmels auf die gleiche Weise.

14. Nun nähen Sie in die »Lasche« an der Manschette ein Knopfloch. Richten Sie sich dabei nach den Markierungen. Wie Sie das Knopfloch nähen, lesen Sie auf Seite 27. Den Knopf nähen Sie auf der gegenüberliegenden Seite an. Dazu verwenden Sie eine Handnähnadel. Nehmen Sie den Faden (oder sogar festen Zwirn) doppelt, indem Sie ihn durch das Nadelöhr ziehen, bis beide Fadenenden gleich lang sind. Verknoten Sie die beiden Fäden am Ende. Nun nähen Sie an der Knopfmarkierung, wie auf Seite 27 beschrieben, den Knopf an. Wiederholen Sie diesen Schritt auch auf der anderen Manschette.

15. Jetzt nähen Sie die fertigen Ärmel an das Hauptteil an. Achten Sie darauf, dass Sie die Ärmel nicht vertauschen. Passen die Markierungen nicht aufeinander, haben Sie wahrscheinlich den falschen Ärmel am Armloch festgesteckt.
Wenden Sie das Blusen-Hauptteil auf links, den Ärmel auf rechts und stecken Sie ihn durch das Armloch des Hauptteils hindurch. So liegen die beiden Kanten von Armloch und Ärmel rechts auf rechts übereinander. Stecken Sie die Lagen rundherum fest, dann steppen Sie sie mit 1 cm Abstand zur Kante. Anschließend versäubern Sie die Kante. Die Nahtzugabe kann in Richtung Hauptteil gebügelt werden. Nun nähen Sie auf die gleiche Weise den anderen Ärmel ein.

16. Als nächstes folgt der Kragen. Legen Sie Unter- und Oberkragen rechts auf rechts aufeinander – auf dem Foto zeigt die helle umgeklappte Seite die mit Bügelvlies beklebte linke Seite des Unterkragens. Fixieren Sie die beiden kurzen Seiten und die lange Außenseite des Kragens mit Stecknadeln und steppen Sie sie mit 1 cm Abstand zur Kante ab. Die Innenseite des Kragens bleibt noch offen, da Sie an dieser Seite den Kragen mit einem Steg am Hauptteil verbinden. Die Ecken werden 2 mm von der Naht entfernt abgeschnitten. Wenden und bügeln Sie den Kragen.
Optional: Gern wird bei klassischen Hemdblusen noch eine sichtbare Steppnaht am Kragen hinzugefügt. Wenn Sie dies möchten, steppen Sie zusätzlich von rechts 5 mm neben der Kante entlang der kurzen Seiten und der langen Außenseite.

17. Für den Steg am Kragen legen Sie ein Steg-Schnittteil mit der rechten Seite nach oben vor sich hin. Platzieren Sie den Kragen mit den offenen Kanten an der oberen Kante des Stegs (Kante mit den gerundeten Ecken). Dabei zeigt die Kragen-Oberseite nach oben. Nun legen Sie das zweite Steg-Schnittteil mit der rechten Seite nach unten bündig obendrauf. Achten Sie beim Platzieren darauf, dass die Markierungen übereinanderliegen. Stecken Sie dann die drei Schichten akkurat fest. Steppen Sie mit 1 cm Abstand zur Kante Steg und Kragen zusammen.

18. Schneiden Sie in die Nahtzugabe an der Biegung im Abstand von 1 cm kleine Knipse ein, damit sich die Rundung schön formen lässt. Klappen Sie dann die beiden Stegseiten um und bügeln Sie von rechts entlang der Naht von Steg und Kragen.

19. Sie verbinden im nächsten Schritt den Kragen mit dem Hauptteil. Dazu legen Sie das innere Steg-Schnittteil mit der noch offenen langen Kante mit der rechten Seite nach unten bündig an die linke Seite des Halsloches am Hauptteil. Achten Sie dabei auf die Markierungen, um den Steg richtig am Halsloch zu positionieren. Stecken Sie beide Teile fest und steppen Sie mit 1 cm Abstand zur Kante. Klappen Sie anschließen den Steg inkl. Kragen hoch und bügeln Sie entlang des Innenstegs.

20. An der offenen Kante des äußeren Stegs klappen Sie 1 cm Nahtzugabe nach innen um, sodass der Kragen inkl. Steg die soeben genähte Naht umfasst. Stecken Sie akkurat ab und steppen Sie sichtbar von außen knappkantig ab.

21. Nun fehlt noch der Blusensaum: Schlagen Sie den Saum 2-mal jeweils um 0,5 cm nach innen um. Bügeln und stecken Sie den Saum rundherum ab. Nun nähen Sie knappkantig an der inneren Saumkante.

22. Zu guter Letzt bringen Sie noch die Knöpfe und Knopflöcher im Vorderteil an. Die Markierungen zeigen Ihnen, wo Sie die Knöpfe und Knopflöcher positionieren sollen. Wie Sie die Knöpfe und Knopflöcher anbringen, lesen Sie auf Seite 27.
Hinweis: Bei Damenblusen sind die Knopflöcher üblicherweise auf der rechten Vorderseite und die Knöpfe auf der linken Vorderseite angebracht.

15

16

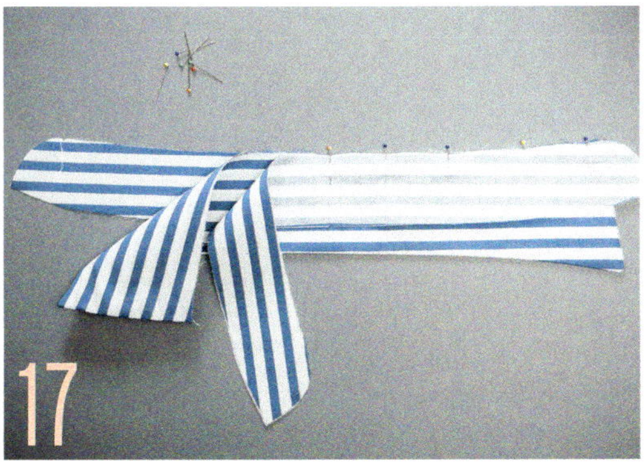
17

18

19

20

21

22

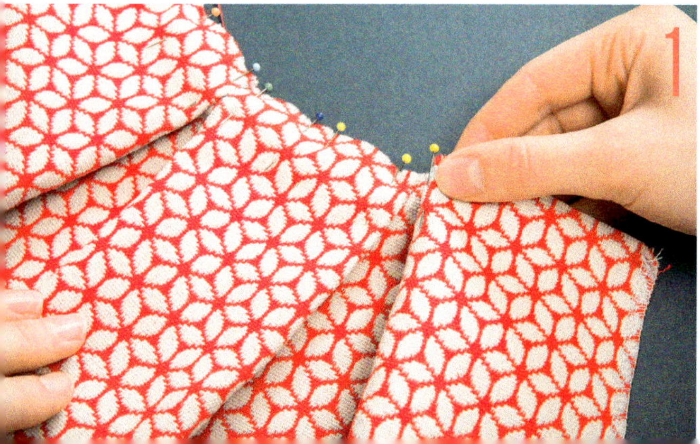
1

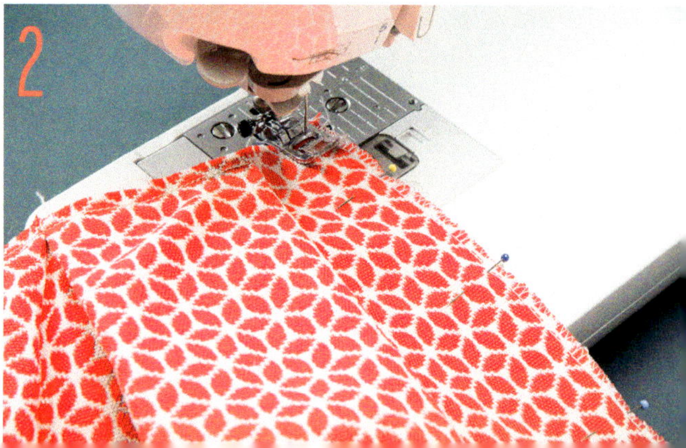
2

GLOCKENROCK MIT KELLERFALTEN

Der Schnitt ergibt einen glockenförmigen Rock mit Kellerfalten, die in der Taille aufspringen. Mit einem festen Stoff erhält der Rock Stand und die gewünschte Glockenform. Mit einem dünneren Stoff bauscht er nicht zu stark in der Taille.

GRÖSSE Konfektionsgröße 34 bis 44

➸ **Schnittmuster unter www.gu.de/diy/51780**

MATERIAL Fester Stoff, zum Beispiel Jaquardgewebe, Größe 34 bis 44: 190 cm (bei 140 cm Breite) | Bügelvlies Stärke H200: 10 cm (bei 90 cm Breite) | nahtverdeckter Kunststoff-Reißverschluss: 25 cm | 1 Knopf: 15 mm Durchmesser | farblich passendes Garn

INFO ZUM NÄHEN

Wenn nicht anders angegeben,

- nähen Sie stets mit Geradstich und Stichlänge 2,5.
- versäubern Sie wie auf Seite 25 angegeben.
- verriegeln Sie die Nähte (▸ Seite 24).
- gilt eine Nahtzugabe von 1 cm. Sie ist im Schnitt bereits enthalten.

VORBEREITUNG

Bereiten Sie den Stoff vor (▸ Seite 16).
Schneiden Sie alle Teile des Schnittmusters wie angegeben aus und übertragen Sie sie auf den Stoff. Übernehmen Sie alle Markierungen. Dann schneiden Sie den Stoff zu.
Versäubern Sie nur die Seitenkanten des Vorder- und Rückteils.

ANLEITUNG

1. Die Kellerfalten sind jeweils mit 3 Markierungen im Schnittmuster gekennzeichnet (▸ Seite 69). Die Falten werden stets auf der rechten Stoffseite gelegt und genäht. Legen Sie die rechte und linke Markierung über die mittlere, um so die Kellerfalte zu erzeugen. Stecken Sie die Falte fest und nähen Sie mit 0,5 cm Abstand zur oberen Rockkante an der gelegten Falte entlang. Wiederholen Sie diesen Schritt bei allen weiteren Kellerfalten.

2. Legen Sie das Vorder- und Rückteil des Rocks rechts auf rechts und fixieren Sie die rechte Rockseite mit Stecknadeln. Steppen Sie dann diese Kante mit 1 cm Abstand zur Kante. Bügeln Sie anschließend die Nahtzugabe auseinander.

3. An der linken Rockseite nähen Sie nun den nahtverdeckten Reißverschluss ein. Markieren Sie zunächst die Position des Anfangsstoppers. Er befindet sich jeweils 1 cm unterhalb der oberen Rockkante. Nähere Infos zum Einnähen eines nahtverdeckten Reißverschlusses lesen Sie auf Seite 39.

4. Platzieren Sie eine Seite des nahtverdeckten Reißverschlusses mit der Vorderseite (Seite ohne Zähne) nach unten auf der rechten Stoffseite des Rockes, sodass die Außenkante des Reißverschlusses mit der versäuberten Stoffkante abschließt. Der Reißverschluss-Anfangsstopper liegt dabei auf der Markierung (▸ Schritt 3). Stecken Sie den Reißverschluss fest, dann öffnen Sie ihn. Setzen Sie an der Nähmaschine den Reißverschluss-Fuß ein. Klappen Sie die Zähne des Reißverschlusses leicht nach außen und steppen Sie 2 mm neben den Zähnen entlang. Die andere Seite des Reißverschlusses nähen Sie entsprechend an die noch offene Rockseite an.

5. Nun schließen Sie die linke Rockseite, indem Sie Vorder- und Rückteil rechts auf rechts legen und die Kante mit Stecknadeln fixieren. Steppen Sie dann vom Saum bis zum Reißverschluss-Endstopper mit 1 cm Abstand zur Kante. Bügeln Sie anschließend die Nahtzugabe auseinander.

6. Nun ist der Bund an der Reihe. Um den Bund zu verstärken, bekleben Sie die untere Hälfte des entsprechenden Schnittteils mit Bügelvlies (im Schnittmuster mit »Außenbund« angegeben), die Nahtzugaben bleiben frei. Legen Sie beim Bügeln Backpapier zwischen Bügelvlies und Bügeleisen, so gelangt kein Kleber an das Bügeleisen.

7. Die rechte Stoffseite des Innenbunds stecken Sie nun an die linke Stoffseite des Rocks. Achten Sie dabei auf die Knipse und Markierungen – auf Höhe des Reißverschlusses wird der Bund überstehen, damit Sie hier noch Platz für den Knopf haben. Dann steppen Sie mit 1 cm Abstand zur Kante. Wir raten Ihnen, hier lieber langsamer zu nähen, damit sich die Kellerfalten nicht verschieben.

8. Falten Sie den Bund nun in der Hälfte rechts auf rechts, legen Sie die kurzen Seiten bündig übereinander, fixieren Sie sie mit Stecknadeln und steppen Sie dann die kurzen offenen Seiten. Anschließend schneiden Sie die Ecken 2 mm von der Naht entfernt ab. Wenden Sie den Bund und schieben Sie die Ecken akkurat raus. Benutzen Sie dafür am besten ein Essstäbchen oder einen Stift. Bitte nicht die Schere verwenden, da Sie sonst ein Loch in den Stoff stechen könnten. Bügeln Sie den Bund nach oben.

9. Nun klappen Sie die offene Kante des Außenbundes 1 cm auf die linke Seite um und fassen damit den noch offenen Saum ein. Platzieren Sie dazu den Außenbund so, dass er die Naht an der Rock-Oberkante verdeckt. Stecken Sie rundherum ab und nähen Sie knappkantig entweder mit einem Geradstich oder direkt über die Kante mit einem Zierstich, zum Beispiel mit einem Zickzackstich.

10. Nähen Sie ein Knopfloch an der markierten Stelle ein sowie den dazugehörigen Knopf wie auf Seite 27 beschrieben. Nach Bedarf orientieren Sie sich für die genaue Position von Knopf und Knopfloch im Schnittmuster.
Zum Abschluss nähen Sie noch den Saum. Dafür klappen Sie ihn 1-mal um 1 cm und noch 1-mal um 2 cm nach links um. Bügeln und stecken Sie die Kante rundherum und steppen Sie sie anschließend knappkantig fest.

EINFACHE FALTEN STATT KELLERFALTEN

Anstelle von Kellerfalten können Sie auch einfache Falten legen (▸ Seite 68). Es können mehrere kleine Falten sein oder größere in größerem Abstand zueinander. Sie können von den Seiten ausgehend in Richtung Mitte symmetrisch angeordnet sein oder nur in einer Richtung liegen. Achten Sie beim Legen der Falten darauf, dass sie in gleichmäßigen Abständen liegen und die Weite des Rocks der Bundweite ohne Lasche für Knopf und Knopfloch entspricht.

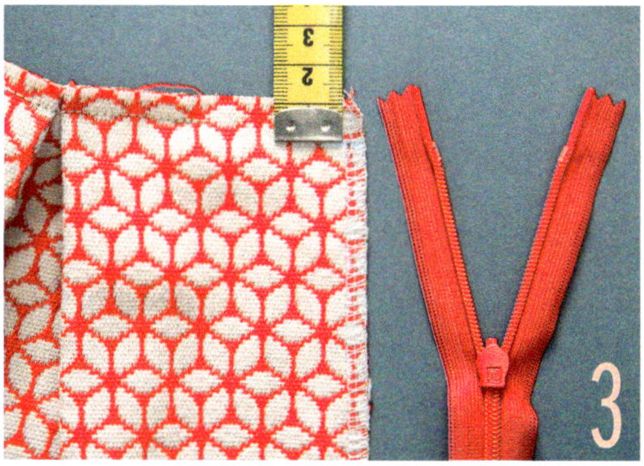
3

4

5

6

7

8

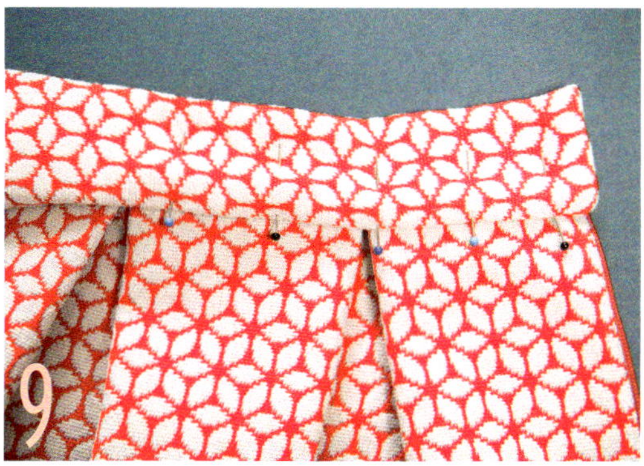
9

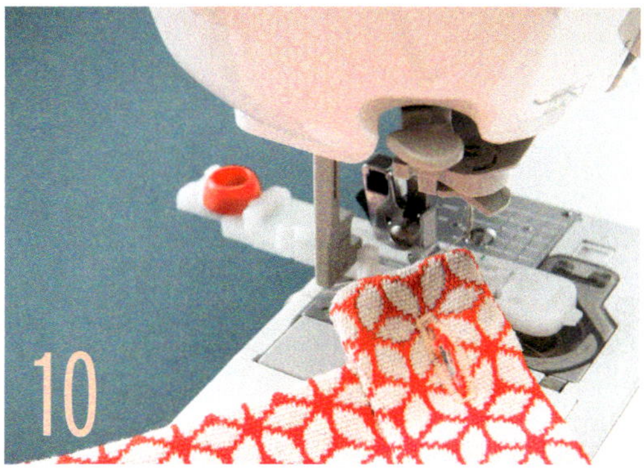
10

ABSCHLÜSSE

Darunter fallen Säume und Manschetten sowie der Taillenbund. Mit Abschlüssen lassen sich offene Stoffkanten gegen Ausfransen schützen oder ein Schnitt individualisieren.

BÜNDCHEN

Beim Bündchen ist die Vorbereitung sehr wichtig und erleichtert Ihnen später das Nähen! Der Stoff sollte in der Breite dehnbar sein.

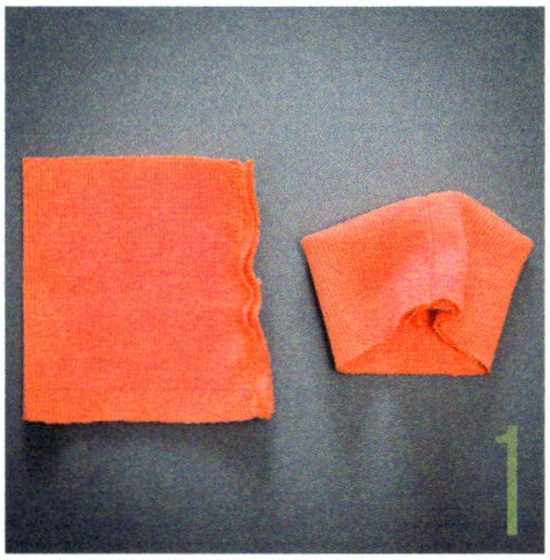

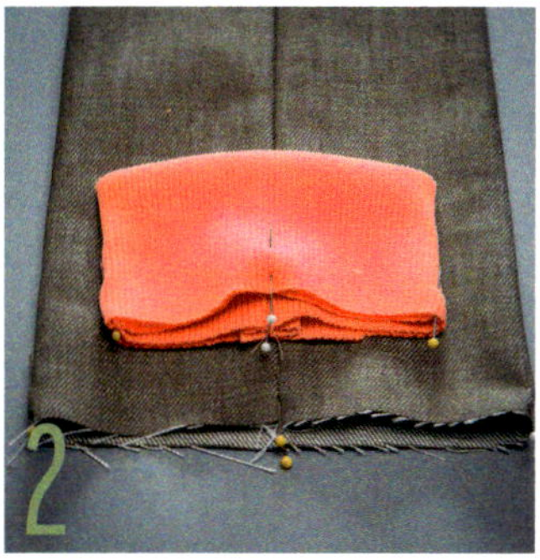

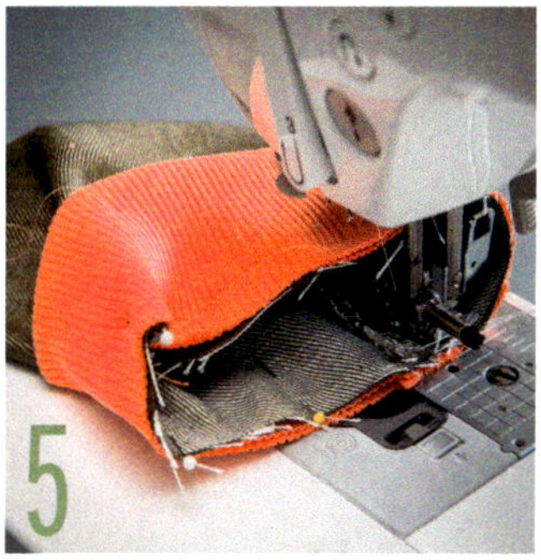

Maße für Bündchen (Bündchenrippen liegen senkrecht): Breite = Umfang x 0,8 cm; Höhe = Bundhöhe x 2; jeweils plus 2 cm für die Nahtzugaben

1. Bündchen vorbereiten: Legen Sie die Seiten rechts auf rechts, schließen Sie das Bündchen zu einem Ring mit einem elastischen Stich (▸ Seite 159) und 1 cm Nahtzugabe. Nahtzugaben auseinanderbügeln. Schlagen Sie es in der Hälfte der Länge nach links auf links um, sodass beide Kanten bündig übereinanderliegen.

2. Fügen Sie 4 Markierungsnadeln hinzu: Die erste an der Naht, die zweite genau gegenüber, die beiden anderen an den Seitenbrüchen (siehe Bild). Markieren Sie auf die gleiche Weise die Kante Ihres Kleidungsstücks, an die das Bündchen angebracht werden soll.

3. Stülpen Sie das Bündchen rechts auf rechts über die Kante des Kleidungsstücks. Die Seitennähte und die Markierungsnadeln liegen übereinander. Stecken Sie an dieser Stelle die beiden Teile fest. Legen Sie nun Stück für Stück die anderen Markierungsnadeln übereinander und stecken Sie die Stoffschichten dort fest. Dazu müssen Sie das Bündchen etwas dehnen.

4. Fügen Sie dazwischen ggf. noch weitere Stecknadeln hinzu, indem Sie die Strecke soweit dehnen, dass die beiden Stoffe glatt aufeinanderliegen.

5. Ist Ihr Kleidungsstück aus einem dehnbaren Stoff, nutzen Sie einen elastischen Stich, sonst können Sie mit dem Standard-Geradstich arbeiten. Nähen Sie mit 1 cm Nahtzugabe rundherum. Das Bündchen wird dabei immer soweit gedehnt, dass die beiden Stoffe glatt aufeinanderliegen. Verarbeiten Sie 2 dehnbare Stoffe, achten Sie darauf, nicht zu stark zu ziehen, da sich Ihr Kleidungsstück ansonsten verzieht. Versäubern Sie bei Bedarf.

TUNNELZUG MIT GUMMIBAND

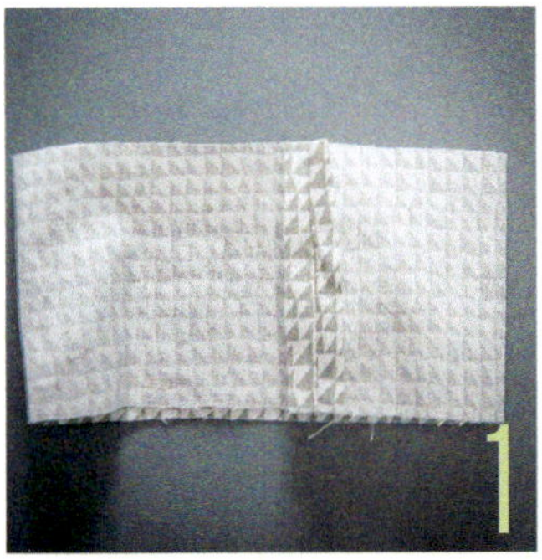

Maße Tunnelzug: Breite = Umfang plus 2 cm für die Nahtzugaben; Höhe = Bundhöhe x 2 plus 2 cm für die Nahtzugaben. **Maße Gummiband:** Breite = Bundhöhe minus 0,5 cm; Länge = entsprechend dem Umfang in leicht gespanntem Zustand plus 2 cm.

1. Die kurzen Seiten rechts auf rechts legen, mit 1 cm Nahtzugabe schließen und die Nahtzugabe auseinanderbügeln. Den Stoffring nun mittig der Länge nach links auf links umklappen (ggf. bügeln).

2. Stülpen Sie den Bund rechts auf rechts über Ihren Saum, die offenen Kanten von Bund und Kleidungsstück liegen übereinander. Stecken Sie ab, steppen Sie rundherum mit 1 cm Nahtzugabe. Lassen Sie auf Höhe einer Seitennaht eine ca. 5 cm große Öffnung.

3. Fädeln Sie mithilfe einer Sicherheitsnadel das Gummiband ein, ohne dass es sich verdreht. Die Gummiband-Enden legen Sie aufeinander, sodass sie sich 1 cm überlappen. Nähen Sie mit einem Standard-Geradstich kreuz und quer darüber, um das Band zu schließen. Das Gummiband liegt nun gleichmäßig im Tunnel. Schließen Sie die Öffnung mit einem Steppstich. Versäubern Sie noch rundherum und bügeln Sie die Nahtzugabe ggf. in Richtung Kleidungsstück.

EINGEFASSTER ÄRMELSCHLITZ (VORBEREITUNG FÜR HEMDMANSCHETTE)

Maße Schrägband: Breite (ungefaltet) = 3,6 cm; Länge = Schlitzlänge x 2 plus 2 cm.

1. Markieren Sie die Position des Schlitzes am Ärmel und schneiden Sie ihn ein. Dieser liegt üblicherweise auf einer Linie mit der Elle und ist 6 bis 8 cm lang.

2. Klappen Sie den Schlitz soweit auf, dass er eine gerade Linie ergibt. Dadurch verhindern Sie, dass beim Nähen an der Spitze des Schlitzes Falten entstehen. Legen Sie das Schrägband rechts auf rechts am Schlitz entlang. Abstecken und im Abstand von 0,8 cm neben der Kante (im Falz) steppen. Nun das

Schrägband umklappen und die offene Kante und die soeben genähte Naht umfassen (▸ Seite 113). Stecken Sie die Kanten fest und steppen Sie knappkantig an der inneren Kante entlang.

3. Der Schlitz kann nun wieder in die ursprünglich »Schlitz-Form« gelegt werden, dabei liegt der Ärmel auf links (also rechts auf rechts aufeinander). Steppen Sie nun an der Schlitzspitze das Schrägband ab.

HEMDMANSCHETTE

Sie wird an den Ärmeln von Hemden und Blusen angebracht. Als »Vorschritt« dafür ist der eingefasste Ärmelschlitz (▸ Seite 88) nötig.

Vorbereitung: Nähen Sie einen Ärmelschlitz ein (▸ Seite 88). Bringen Sie den Ärmelumfang auf die gleiche Länge wie den Umfang Ihres Handgelenks plus 6 cm. Dies machen Sie durch Abnäher, Falten oder Kräuseln (▸ Seite 66–69).
Maße Stoff: Breite = Umfang Ihres Handgelenks plus 8 cm (inkl. Nahtzugabe); Höhe = Manschettenhöhe (üblicherweise 2 bis 6 cm) x 2 plus 2 cm für die Nahtzugaben. **Maße Bügelvlies:** Breite = Umfang Ihres Handgelenks plus 6 cm; Höhe wie beim Stoffteil.

1. Vorbereitung der Manschette: Falten Sie das Stoffstück längs in der Mitte links auf links und bügeln Sie den Falz sowie auch jeweils 1 cm der Längskanten (nach links). Bügeln Sie auf eine Seite mittig das Bügelvlies (mit Backpapier!).

2. Legen Sie die lange Kante ohne Bügelvlies mit der rechten Seite auf die linke Seite des Ärmelsaums. Stecken Sie rundherum ab und steppen Sie mit 0,8 cm Nahtzugabe. An den Seiten steht die Manschette jeweils 1 cm ab.

3. Legen Sie die Manschette rechts auf rechts und schließen Sie die kurzen Seiten mit 1 cm Nahtzugabe (die Nahtzugaben der langen Kanten sind nach innen geklappt). Wenden Sie die Manschette.

4. Klappen Sie die Manschette um die in Schritt 3 genähte Naht, sodass diese umfasst wird. Stecken Sie akkurat ab und nähen Sie von rechts knappkantig die Manschette fest.

5. Auf dem Übertritt bringen Sie das Knopfloch an und am Untertritt den Knopf (Anleitung dazu ▸ Seite 27). Achten Sie beim Anbringen von beiden darauf, dass die Manschettenöffnung immer nach hinten ausgerichtet ist (an den Ärmeln symmetrisch arbeiten!).

LÄSSIGE HOSE

Eine lässige Hose für den Sommer. Kombiniert mit stylischen Schuhen wird sie zum Hingucker bei der nächsten Shopping-Tour. Durch den Tunnelzug an den Knöcheln lässt sie sich bequem in der Weite regulieren.

GRÖSSE Konfektionsgröße 34 bis 44

➸ **Schnittmuster unter www.gu.de/diy/51780**

MATERIAL Stoff, zum Beispiel dünne Baumwolle, Größe 34 bis 38: 160 cm (bei 140 cm Breite); Größe 40 bis 44: 190 cm (bei 140 cm Breite) | Bündchenstoff, Größe 34 bis 44: 25 cm (ab 90 cm Breite) | Band, 15 mm Breite: 1 m | farblich passendes Garn

INFO ZUM NÄHEN

Wenn nicht anders angegeben,
- nähen Sie stets mit Geradstich und Stichlänge 2,5.
- versäubern Sie wie auf Seite 25 angegeben.
- verriegeln Sie die Nähte (▸ Seite 24).
- gilt eine Nahtzugabe von 1 cm. Sie ist im Schnitt bereits enthalten.

VORBEREITUNG

Bereiten Sie den Stoff vor (▸ Seite 16).
Schneiden Sie alle Teile des Schnittmusters wie angegeben aus und übertragen Sie sie auf den Baumwollstoff und Bündchenstoff (▸ Seite 19). Übernehmen Sie alle Markierungen vom Schnittmuster auf den Stoff. Dann schneiden Sie ihn zu.

ANLEITUNG

1. Bei Hosen mit Eingrifftaschen starten Sie üblicherweise mit diesen. Legen Sie dazu das Schnittteil »Taschenbeutel Außen« auf das entsprechende Vorderteil rechts auf rechts, wie im Schnittmuster angegeben. Nähen Sie die beiden Schnittteile nur an der schrägen Kante, wie im Bild zu sehen, zusammen. Im Anschluss versäubern Sie diese Naht.

2. Klappen Sie den Taschenbeutel nach außen, legen Sie dann das Schnittteil »Taschenbeutel Innen« rechts auf rechts darauf und stecken Sie beide Lagen fest. Steppen Sie beide Lagen entlang der Rundung. Die geraden Seiten bleiben offen. Anschließend versäubern Sie diese Naht.

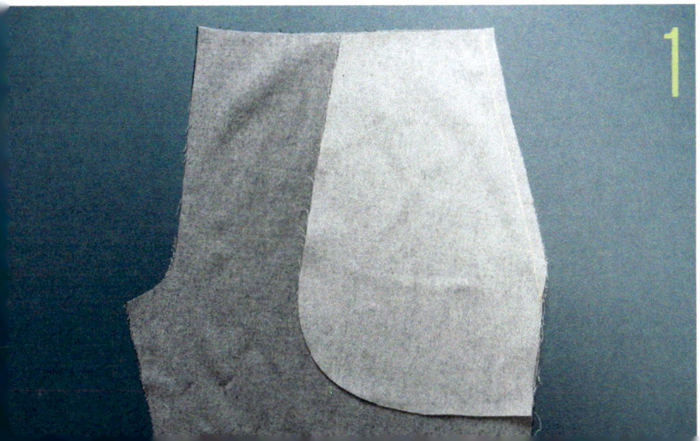

ABSCHLÜSSE

3. Klappen Sie den Taschenbeutel auf die linke Seite des Hosenbein-Vorderteils. Stecken Sie ihn an der Seite innerhalb der Markierungen fest und nähen Sie mit 0,5 cm Abstand zur Kante. Die Schritte 1 bis 3 wiederholen Sie für den zweiten Taschenbeutel.

4. Stecken Sie die beiden Vorderteile rechts auf rechts im Schritt aufeinander und steppen Sie mit 1 cm Abstand zur Kante. Dann versäubern Sie diese.

5. Nun kommt die Rückseite der Hose. Legen Sie für jedes Hosenbein Rückteil 1 und Rückteil 2 rechts auf rechts. Dabei liegen die angegebenen schrägen Kanten übereinander. Stecken Sie beide Teile fest und steppen Sie sie mit 1 cm Abstand zur Kante. Die Kante versäubern Sie nun. Legen Sie dann die beiden Hosenbein-Rückseiten am Gesäß rechts auf rechts bündig, fixieren Sie sie mit Stecknadeln und steppen dann mit 1 cm Abstand zur Kante. Anschließend die Kante versäubern.

6. Rückteil und Vorderteil rechts auf rechts legen. Achten Sie für die Innenbeinnaht darauf, dass die Markierungen sowie die beiden Schrittnähte von Vorder- und Rückteil übereinanderliegen. Danach stecken Sie beide Teile fest, steppen mit 1 cm Abstand zur Kante und versäubern die Kante. Dann schließen Sie die beiden Außenbeinkanten und versäubern die Nähte.

7. Nun kommt der Bund. Legen Sie die kurzen Seiten rechts auf rechts und schließen Sie sie mit einem elastischen Stich (▸ Seite 159) zu einem Ring. Falten Sie den Bund nun in der Höhe zur Hälfte links auf links, sodass die Kanten aufeinanderliegen. Markieren Sie die bestehenden Markierungen im Bund noch zusätzlich mit Stecknadeln, sodass diese den Bund in 4 gleiche Teile teilen: die erste Nadel an der Naht, die zweite genau gegenüber, die beiden anderen Nadeln an den Seitenbrüchen.

8. Stülpen Sie den gefalteten Bund nun um die obere Hosenkante, sodass die 3 offenen Kanten rechts auf rechts übereinanderliegen. Die Markierungen an Bund und Oberkante liegen auch übereinander. Mit den »Markierungs-Stecknadeln« fixieren Sie nun die beiden Teile. Sie können noch weitere Stecknadeln hinzufügen, indem Sie den Bund so weit dehnen, dass er die gleiche Weite wie die Oberkante hat. Dehnen Sie Viertel für Viertel vom Bund und fügen Sie weitere Stecknadeln hinzu. Nun steppen Sie rundherum. Dabei dehnen bzw. ziehen Sie den Bund Stück für Stück immer so weit, bis er glatt auf dem Stoff liegt (Näheres dazu ▸ Seite 87).

9. Für die Fußbündchen legen Sie jeweils die kurzen Seiten eines Schnittteils rechts auf rechts. Steppen Sie dann jeweils von außen bis zur Markierung. Diese ergibt eine 2 cm lange Öffnung (im Schnittmuster angegeben), die Sie später benötigen, um das Band/den Gummi einzufädeln. Bügeln Sie die Nahtzugabe auseinander und steppen Sie von außen knappkantig um die Öffnung herum, um diese zu stabilisieren. Wiederholen Sie den Schritt für das zweite Fußbündchen.

10. Klappen Sie die Fußbündchen in der Höhe um die Hälfte links auf links um und stülpen sie um das jeweilige Hosenbein. Die offenen Kanten liegen dabei bündig übereinander. Achten Sie darauf, dass die Öffnung im Fußbündchen auf der Seitennaht des Hosenbeins liegt (Öffnung auf rechter Stoffseite der Hose). Dann stecken Sie alle Lagen rundherum und steppen sie mit 1 cm Abstand zur Kante. Versäubern nicht vergessen. Fädeln Sie mithilfe einer Sicherheitsnadel jeweils ein Stück Band in ein Fußbündchen ein und machen an der Öffnung eine Schleife. Zusätzlich können Sie auch noch ein Gummiband einfädeln, so dient das Band nur als Zierband.

3

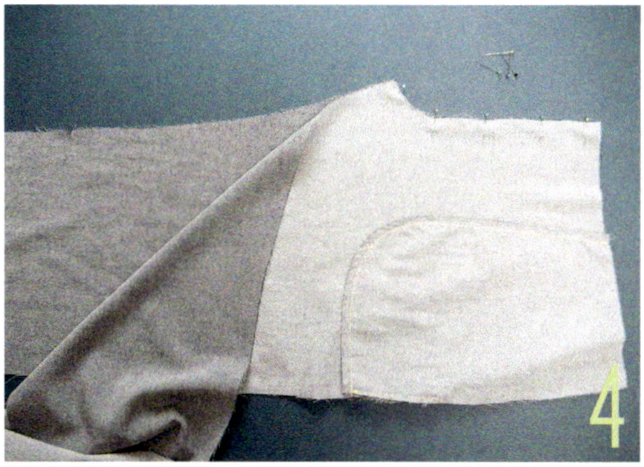
4

5

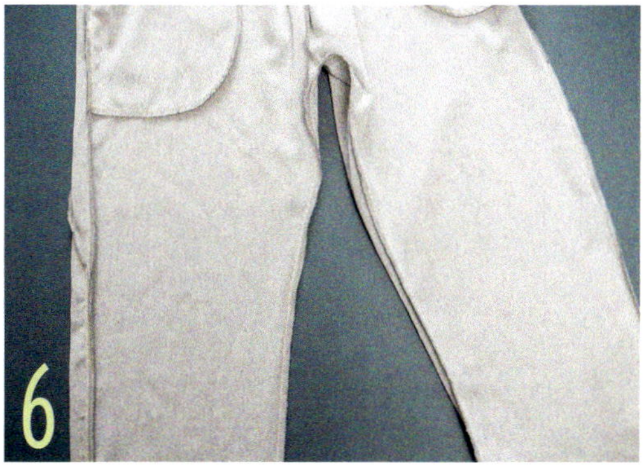
6

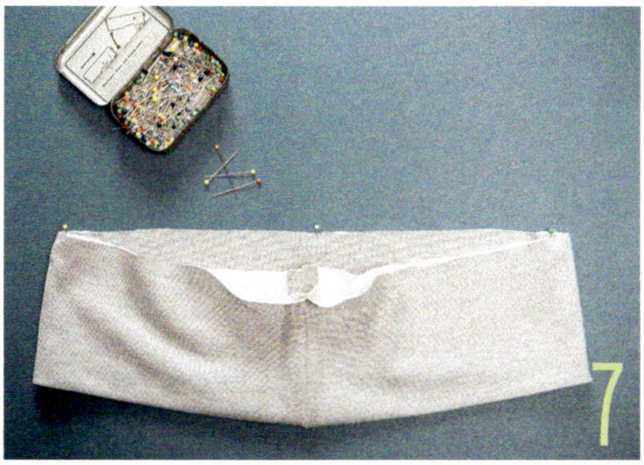
7

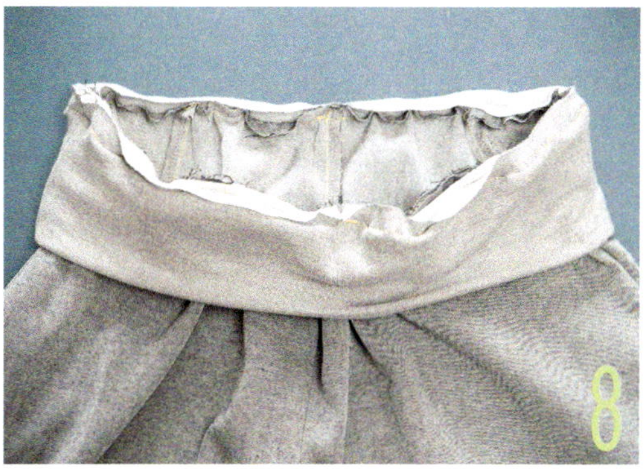
8

9

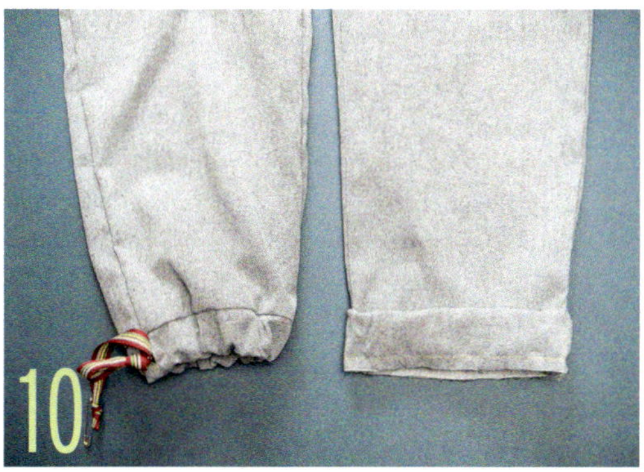
10

LUFTIGE SHIRTBLUSE

Das Besondere an diesem Shirt sind der verdrehte Ausschnitt und die abgerundeten Manschetten. Ein weiterer Clou: der Materialmix aus dehnbarem Jersey und einem luftigen Blusenstoff.

GRÖSSE Konfektionsgröße 34 bis 44

➸ **Schnittmuster unter www.gu.de/diy/51780**

MATERIAL Jersey, Größe 34 bis 44: 90 cm (bei 140 cm Breite) | luftiger Blusenstoff, zum Beispiel Chiffon, Größe 34 bis 44: 90 cm (bei 140 cm Breite) | farblich passendes Garn

INFO ZUM NÄHEN

Wenn nicht anders angegeben,

→ nähen Sie stets mit Geradstich und Stichlänge 2,5.
→ versäubern Sie wie auf Seite 25 angegeben.
→ gilt eine Nahtzugabe von 1 cm. Sie ist im Schnitt bereits enthalten.

VORBEREITUNG

Bereiten Sie den Stoff vor (▸ Seite 16).
Schneiden Sie alle Teile des Schnittmusters aus und übertragen Sie sie auf den Stoff. Übernehmen Sie alle Markierungen. Dann schneiden Sie den Stoff zu.

ANLEITUNG

1. Legen Sie Vorder- und Rückteil rechts auf rechts bündig aufeinander und stecken Sie die Kanten an Schultern und Seiten fest. Steppen Sie mit 1 cm Abstand zur Kante und versäubern die Kante. Die Nahtzugaben an den Schultern und Seiten bügeln Sie in Richtung Vorderteil, damit man sie durch den halbdurchsichtigen Stoff nicht sieht.

2. Für die Ärmel legen Sie die langen Seiten jedes Ärmels rechts auf rechts und steppen mit 1 cm Abstand zur Kante. Dann versäubern Sie die Kanten und bügeln die Nahtzugabe nach hinten. Die Ärmel stecken Sie so in das Armloch, dass rechts auf rechts liegt. Für eine akkurate Positionierung der Ärmel achten Sie bitte auf die Markierungen! Wichtig ist, dass der richtige Ärmel am zugehörigen Armloch sitzt. Passen die Markierungen nicht aufeinander, haben Sie vermutlich den Ärmel vertauscht.

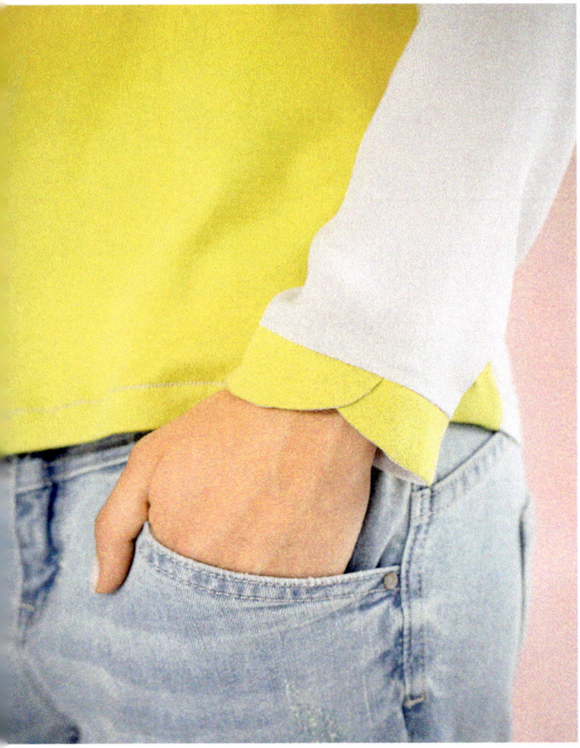

Diese Manschette liefert neben dem verdrehten Ausschnitt das besondere »Etwas« an diesem schlichten Shirt-Schnitt.

3. Nun bereiten Sie die Manschetten vor. Legen Sie dazu die Außen- und Innenmanschette eines Ärmels rechts auf rechts aufeinander und fixieren sie mit Stecknadeln. Dann steppen Sie jeweils an den langen gebogenen Seiten mit 1 cm Abstand zur Kante. Schneiden Sie kleine Knipse in die Rundungen, damit sich diese schön formen. Danach wenden Sie die Manschette auf rechts und bügeln sie.

4. Stecken Sie nun eine Manschette rechts auf rechts auf den zugehörigen Ärmelsaum. Achten Sie auf die Markierungen: Die Markierung in der Mitte der Manschette liegt auf der Ärmelnaht. Die Enden der Manschette überlappen etwas. Stecken Sie nun die Kanten und steppen Sie mit 1 cm Abstand zur Kante rundherum. Danach versäubern Sie die Kanten und bügeln die Nahtzugabe nach oben in Richtung Ärmel. Schritt 3 und 4 wiederholen Sie für die andere Manschette. Wichtig ist, dass die Überlappung beider Ärmelmanschetten symmetrisch ist.

5. Nun ist der Ausschnitt dran. Legen Sie den Stoff für das Bündchen am Ausschnitt rechts auf rechts und schließen Sie die kurzen Seiten, sodass ein Ring entsteht. Die Nahtzugabe klappen Sie auseinander und bügeln sie. Nun kommt das Besondere am Halsloch-Bündchen, die Drehung. Dazu schlagen Sie das Bündchen in der Hälfte links auf links um. Die beiden Seiten werden versetzt festgesteckt, wodurch die Drehung entsteht: Starten Sie bei der Naht, mit der der Streifen zum Ring geschlossen wurde, versetzen Sie die Naht nach rechts bis zur ersten Markierung auf der Innenseite und stecken Sie sie fest. Die nächste Markierung auf der Außenseite versetzen Sie wieder nach rechts unten zur nächsten Markierung auf der Innenseite. So fahren Sie rundherum fort.

6. Wiederholen Sie dies nun bei allen weiteren Markierungen rundherum. Anschließend fixieren Sie den in sich verdrehten Bund, indem Sie beide Kanten mit einem elastischen Stich (▸ Seite 159) und 0,5 cm Abstand zur Kante zusammennähen.

7. Das Halsloch-Bündchen platzieren Sie nun rechts auf rechts auf dem Ausschnitt der Bluse. Die Naht, die in Schritt 5 durch das Zusammennähen des Bündchens entstanden ist, sollte dabei an der hinteren Mitte liegen. Stecken Sie das Bündchen rundherum akkurat fest und steppen mit 1 cm Abstand zur Kante rundherum. Durch das Annähen werden die Drehungen auseinandergezogen. Versäubern Sie die Kante.

8. Für den Saum schlagen Sie den Stoff 2-mal um je 2 cm nach innen um, bügeln das Ganze und stecken den Saum rundherum fest. Nähen Sie dann knappkantig an der inneren Saumkante mit einem elastischen Stich. Vorsicht, wenn Sie den Saum beim Vorderteil nähen: Jersey verzieht sich gern. Nähere Informationen zum Nähen mit dehnbaren Stoffen finden Sie ab Seite 159.

3
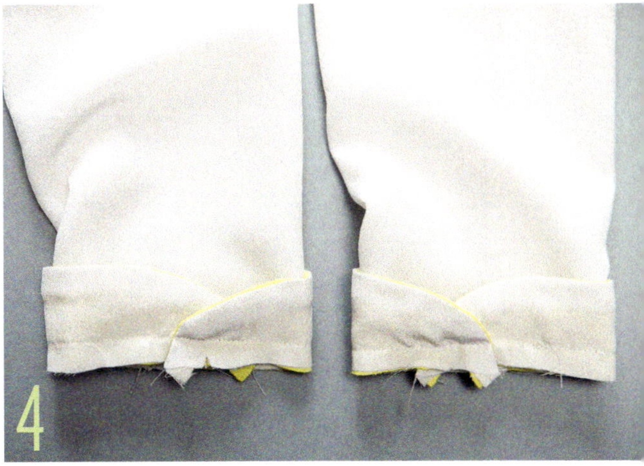
4

5
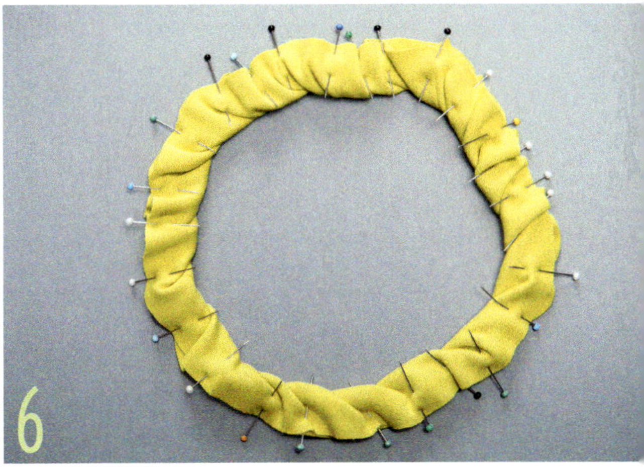
6

7

8
2
3
4

1

2

KURZE HOSE

Die lange Hose von Seite 91 und diese kurze Hose haben den gleichen Grundschnitt. Durch kurze Hosenbeine, den festen Bund mit nahtverdecktem Reißverschluss, Falten an der Vorderseite und Umschlagsaum unterscheiden sie sich.

GRÖSSE Konfektionsgröße 34 bis 44

➸ **Schnittmuster unter www.gu.de/diy/51780**

MATERIAL Taftstoff, Größe 34 bis 38: 110 cm (bei 140 cm Breite) | Taftstoff, Größe 40 bis 44: 125 cm (bei 140 cm Breite) | Bügelvlies, Stärke H200: 10 cm (bei 90 cm Breite) | nahtverdeckter Kunststoff-Reißverschluss, schwarz: 25 cm | farblich passendes Garn

INFO ZUM NÄHEN

Wenn nicht anders angegeben,
- → nähen Sie stets mit Geradstich und Stichlänge 2,5.
- → versäubern Sie wie auf Seite 25 angegeben.
- → verriegeln Sie die Nähte (▸ Seite 24).
- → gilt eine Nahtzugabe von 1 cm. Sie ist im Schnitt bereits enthalten.

VORBEREITUNG

Bereiten Sie den Stoff vor (▸ Seite 16).
Schneiden Sie alle Teile des Schnittmusters wie angegeben aus und übertragen Sie sie auf den Stoff beziehungsweise auf das Vlies (▸ Seite 19). Übernehmen Sie alle Markierungen. Anschließend schneiden Sie den Stoff und das Bügelvlies zu.

ANLEITUNG

1. Bei Hosen mit Eingrifftaschen starten Sie üblicherweise mit den Taschen. Legen Sie dazu das Schnittteil »Taschenbeutel Außen« für die linke Tasche mit der rechten Seite auf die rechte Seite des entsprechenden Vorderteils, wie im Schnittmuster angegeben. Nähen Sie die beiden Schnittteile nur an der schrägen Kante mit 1 cm Abstand zur Kante zusammen. Bei Bedarf fixieren Sie die Seiten mit Stecknadeln. Anschließend versäubern Sie diese Naht.

2. Klappen Sie den Taschenbeutel nach außen, legen Sie das zugehörige Schnittteil »Taschenbeutel Innen« rechts auf rechts darauf und fixieren Sie beide Lagen mit Stecknadeln. Steppen Sie dann beide Lagen entlang der Rundung mit 1 cm Abstand zur Kante. Die geraden Seiten bleiben offen. Anschließend versäubern Sie die eben gesteppte Naht.

ARBEITEN MIT BÜGELVLIES

Bei vielen Projekten im Buch ist Bügelvlies nötig, um Stoffen zum Beispiel mehr Standfestigkeit zu geben. Das sollten Sie dabei beachten:
- → Bügelvlies gibt es in Weiß und in Schwarz. Bei hellen Stoffen, die leicht durchscheinen, sollten Sie stets weißes Vlies verwenden.
- → Haben Sie noch Reste zu Hause, können Sie Bügelvlies auch stückeln, also mehrere Stücke für ein Schnittteil verwenden. Dann sollten die Stücke allerdings ca. 5 mm überlappen.
- → Bügelvlies gibt es in verschiedenen Stärken und kann dadurch an die verschiedenen Stoffarten angepasst werden. Im Buch ist immer angegeben, welche Stärke Sie benötigen.

3. Klappen Sie den Taschenbeutel auf die linke Seite des Hosenbein-Vorderteils. Stecken Sie ihn an der Seite innerhalb der Markierungen fest und nähen Sie mit 0,5 cm Abstand zur Kante. Die Schritte 1 bis 3 wiederholen Sie für den zweiten Taschenbeutel.

4. Nun legen Sie die Falten in den beiden Vorderteilen. »Normale« Falten sind im Schnitt mit zwei Markierungen gekennzeichnet. Legen Sie das linke Hosen-Vorderteil mit der rechten Seite nach oben vor sich. Dann legen Sie die äußere Markierung auf die mittige, um so eine Falte zu erzeugen. Stecken Sie die Falte fest. Steppen Sie nun mit 0,5 cm Abstand zur Bundkante entlang der gelegten Falte. Wiederholen Sie diesen Schritt am rechten Hosen-Vorderteil.

5. Nun legen Sie die beiden Vorderteile im Schritt rechts auf rechts aufeinander. Fixieren Sie die Kante mit Stecknadeln und steppen Sie dann mit 1 cm Abstand zur Kante die beiden Vorderteile zusammen. Anschließend versäubern Sie diese Kante.

6. Nun ist die Rückseite der Hose an der Reihe. Legen Sie für das linke Hosenbein das entsprechende Rückteil 1 und Rückteil 2 rechts auf rechts aufeinander. Dabei liegen die schrägen Kanten wie im Foto gezeigt übereinander. Stecken Sie die Kante und steppen Sie sie dann mit 1 cm Abstand zur Kante. Anschließend versäubern Sie die Kante. Wiederholen Sie diesen Schritt für das rechte Hosenbein. Legen Sie dann die beiden Hosenbeine rechts auf rechts bündig am Gesäß aufeinander, stecken Sie die Kante fest und steppen sie mit 1 cm Abstand zur Kante. Versäubern Sie die Kante.

7. Nun legen Sie das Rückteil und das Vorderteil rechts auf rechts aufeinander. Zunächst widmen Sie sich der Innenbeinnaht: Achten Sie darauf, dass sowohl die Markierungen als auch die beiden Schrittnähte von Vorder- und Rückteil übereinanderliegen. Danach stecken Sie alles, steppen es mit 1 cm Abstand zur Kante und versäubern die Kanten. Danach steppen und versäubern Sie die rechten Außenbeinseiten. Auf die linke Hosenseite nähen Sie später den Reißverschluss ein. Dazu werden zunächst nur die einzelnen Kanten versäubert, die Seite wird noch nicht geschlossen.

8. Nun bereiten Sie den Bund vor. Dazu verstärken Sie die obere Hälfte des Bundes mit Bügelvlies, indem Sie das Vlies auf der linken Seite aufbügeln. So erhält der Bund mehr Stand. Damit kein Kleber an das Bügeleisen kommt, legen Sie ein Backpapier zwischen Vlies und Bügeleisen.

9. Um den Bund mit der Hose zu verbinden, legen Sie ihn rechts auf rechts an die Bundkante der Hose. Achten Sie darauf, dass die verstärkte Seite später an der Außenseite des Bundes liegt, deshalb platzieren Sie das Schnittteil mit der mit Vlies beschichteten Seite nach oben. Positionieren Sie alle Markierungen entsprechend übereinander. Stecken Sie den Bund rundherum ab und steppen Sie ihn mit 1 cm Abstand zur Kante fest. Klappen Sie den Bund nach oben und bügeln Sie die Nahtzugabe nach oben.

10. Nun nähen Sie den Reißverschluss ein. Öffnen Sie dafür den Reißverschluss und legen Sie ihn rechts auf rechts an die offene Kante des Rückteils. Der Anfangsstopper liegt dabei auf halber Bundhöhe (auf Höhe der Markierung). Stecken Sie den Reißverschluss bündig entlang der Kante fest und klappen Sie dabei das oben abstehende Ende zur Seite. Wechseln Sie an der Nähmaschine zum Reißverschluss-Fuß und nähen Sie den Reißverschluss wie auf Seite 39 beschrieben ein. Starten Sie an der offenen Seite und arbeiten Sie sich langsam und konzentriert bis zum Schieber vor.

11. Nun fixieren Sie die zweite Reißverschluss-Seite an der noch offenen Seite wie in Schritt 10 mit Stecknadeln und steppen wie beschrieben. Schließen Sie dann die noch offene Außenseite der Hose vom Saum bis zum Reißverschluss. Vorder- und Rückteil liegen dabei rechts auf rechts. Die Kante versäubern Sie anschließend.

12. Stülpen Sie den Bund rechts auf rechts nach unten. Dabei bleibt die Nahtzugabe vom Bund nach oben geklappt. Befestigen Sie dann die kurzen Seiten am Reißverschluss mit einer Steppnaht in der Reißverschluss-Lasche, knapp neben den Zähnchen.

13. Nun klappen Sie die offene Kante des Innenbundes um 1 cm auf die linke Seite um (es legt sich schon fast von selbst) und fassen damit den noch offenen Saum ein. Platzieren Sie dazu den Bund so, dass er die Naht an der Oberkante verdeckt. Stecken Sie ihn rundherum fest und platzieren Sie dabei die Stecknadeln so, dass der Kopf an der Oberkante liegt – so lassen sich die Nadeln im nächsten Schritt einfacher wieder herausziehen.

14. Nun haben Sie beim Annähen des Bundes zwei Optionen. Entweder fixieren Sie den Bund mit einem unsichtbaren Handstich (zum Beispiel Matratzenstich, ▸ Seite 26) von links. Oder Sie nähen knappkantig mit einem Geradstich von rechts an der unteren Bundkante entlang. Da die Stecknadeln auf der anderen Seite liegen, müssen Sie aufpassen, dass Sie sie rechtzeitig herausziehen. Bei einer sichtbaren Steppnaht ist es immer besser, auf der rechten (bzw. sichtbaren) Seite zu nähen, da Sie dann kontrollieren können, dass die Naht schön wird. Achten Sie darauf, dass Sie den Bund auf der linken Seite akkurat mit einnähen.

15. Der Beinsaum wird ein aufgesetzter Saum. Dafür schließen Sie die beiden Schnittteile jeweils an den kurzen Seiten, indem Sie den Stoff rechts auf rechts legen. Bügeln Sie die Nahtzugabe auseinander. Die Kanten müssen nicht versäubert werden, da der Bund verstürzt wird und die Kanten somit innen liegen.

16. Schlagen Sie die Beinsäume jeweils in der Hälfte links auf links um. Kennzeichnen Sie die bestehenden Markierungen noch zusätzlich mit Stecknadeln, sodass diese den Bund in 4 gleiche Teile teilen: die erste Nadel an der Naht, die zweite genau gegenüber, die beiden anderen Nadeln an den Seitenbrüchen.

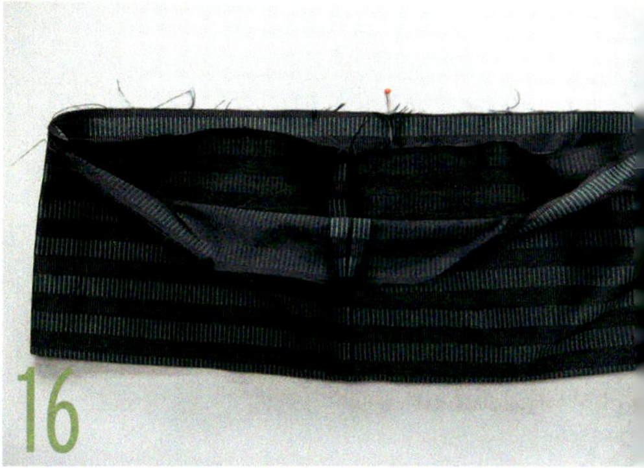

17. Stecken Sie das linke Beinsaum-Schnittteil rechts auf rechts auf ein offenes Hosenbein. Achten Sie darauf, dass die Saumnaht bündig auf der Innenbeinnaht liegt. Stecken Sie die drei Lagen rundherum fest, steppen sie mit 1 cm Abstand zur Kante und versäubern Sie die Naht. Klappen Sie den Saum nun nach unten, dann schlagen Sie seine untere Kante nach außen bis zur Saumnaht hoch und fixieren ihn an den markierten Stellen mit einem Handstich von außen. Wiederholen Sie diesen Schritt beim rechten Hosenbein. Anschließend bügeln Sie den Saum.

VARIATIONEN IM MATERIAL UND SCHNITT

Je nach Stoffart können Sie der kurzen Hose einen anderen Look verleihen:

- Besonders lässig sieht die Hose aus, wenn Sie sie aus Leinen oder aus einem Viskosestoff nähen. Nähen Sie den Schnitt dann in einer Größe größer, damit die Hose lockerer sitzt.
- Nähen Sie die Hose aus einem Jeansstoff Ihrer Wahl. Für die Säume nehmen Sie die linke Jeansstoff-Seite als rechte Seite, damit sie sich abheben.
- Lassen Sie die Beinsaum-Schnittteile weg und schlagen Sie die Hosensäume zweimal um jeweils 1 cm nach innen um und nähen Sie knappkantig an der inneren Kante entlang.

SCHLICHTER KIMONO

Der Schnitt dieses Kimonos ist dem traditionellen japanischen Kimono nachempfunden. Er lässt sich vielseitig abwandeln. Ein paar Vorschläge dazu lesen Sie im Info-Kasten auf dieser Seite.

GRÖSSE Konfektionsgröße 34 bis 44

➻ **Schnittmuster unter www.gu.de/diy/51780**

MATERIAL Gewebter Stoff ohne Stretch, zum Beispiel Viskose (die linke Seite sollte auch »schön« sein), Größe 34 bis 44: 220 cm (bei 140 cm Breite) | farblich passendes Garn

INFO ZUM NÄHEN

Wenn nicht anders angegeben,

- → nähen Sie stets mit Geradstich und Stichlänge 2,5.
- → versäubern Sie wie auf Seite 25 angegeben.
- → verriegeln Sie die Nähte (▸ Seite 24).
- → gilt eine Nahtzugabe von 1 cm. Sie ist im Schnitt bereits enthalten.

VORBEREITUNG

Bereiten Sie den Stoff vor (▸ Seite 16).
Schneiden Sie alle Teile des Schnittmusters wie angegeben aus und übertragen Sie sie auf den Stoff (▸ Seite 19). Übernehmen Sie auch alle Markierungen vom Schnittmuster auf den Stoff. Dann schneiden Sie den Stoff zu.

VARIATIONEN

Wandeln Sie den Schnitt dieses Kimonos nach Ihren Vorlieben ab. Hier ein paar Beispiele:

- → Nähen Sie sich mit diesem Schnitt einen Bademantel. Verlängern Sie dazu nur die Vorderteile und das Rückteil und verwenden Sie einen weichen Frottee- oder Nickistoff.
- → Aus Seide oder einem anderen dekorativen Stoff genäht, wird der Kimono zur ausgefallenen Theater- oder Konzertjacke.
- → Mit einem Gürtel – entweder aus Leder oder aus dem Stoff genäht – wird der Kimono zur trendigen Ausgeh-Jacke.

1. Stecken Sie beide Abnäher im Vorderteil entsprechend der Markierungen ab und steppen Sie sie, ohne am Ende zu verriegeln. Die Abnäher werden am spitz zulaufenden Ende nicht verriegelt, damit die Spitze schön sauber wird (Weiteres zu Abnähern ▸ ab Seite 66). Den Faden nicht knapp abschneiden, sondern 2 cm lang lassen, nachdem Sie per Hand noch 2 bis 3 Knoten geknüpft haben. Dann bügeln Sie die Abnäher nach unten.

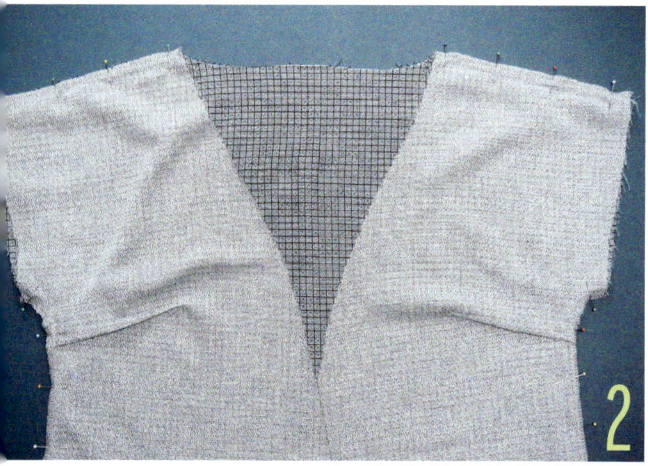

2. Legen Sie die beiden Vorderteile rechts auf rechts auf das Rückteil, sodass die Schulterkanten und Seiten bündig aufeinanderliegen. Fixieren Sie die Kanten mit Stecknadeln. Dann steppen Sie mit 1 cm Abstand zur Kante und versäubern anschließend die Kante.

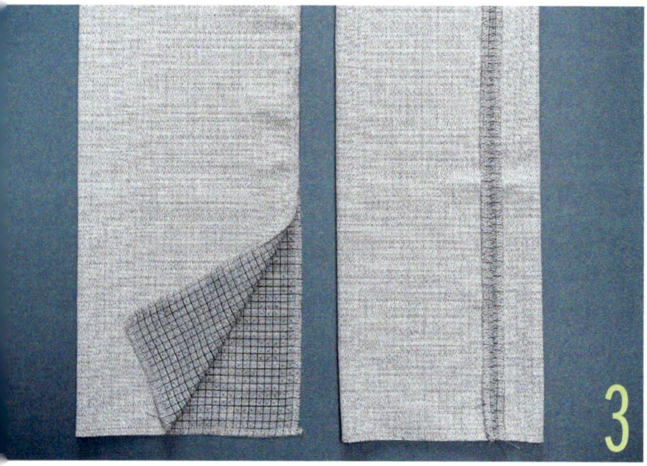

3. Als nächstes kommen die Ärmel. Versäubern Sie die Seiten und den Saum, also die untere Kante des Ärmels. Legen Sie dann die langen Ärmelseiten rechts auf rechts bündig aufeinander und steppen Sie mit 1 cm Abstand zur Kante. Bügeln Sie die Nahtzugabe auseinander. Dann wiederholen Sie diesen Schritt für den anderen Ärmel.

4. Nun kommt der pfiffige Teil des Schnitts: der Schlitz in den Ärmeln. Wenden Sie die Ärmel auf rechts. Schlagen Sie nun den Saum eines Ärmels auf der Ärmelseite mit der Markierung für den Schlitz um 11 cm rechts auf rechts um und stecken Sie den Saum fest.

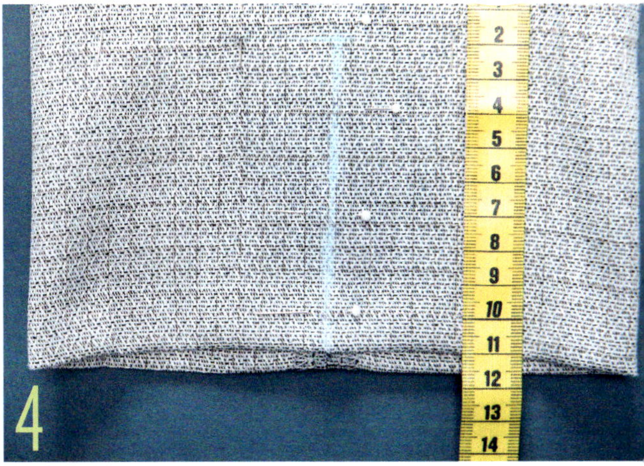

5. Steppen Sie nun – ausgehend vom Stoffbruch – entlang der Markierung für den Schlitz mit 2 mm Abstand zur Markierung. Schritt 4 und 5 wiederholen Sie für den anderen Ärmel.

6. Schneiden Sie nun den Schlitz an jedem Ärmel ganz vorsichtig ein bis kurz vor dem Querriegel. Dann wenden Sie den Saum auf rechts und drücken die Ecken am Schlitz mithilfe eines Essstäbchens oder eines Stifts akkurat heraus.

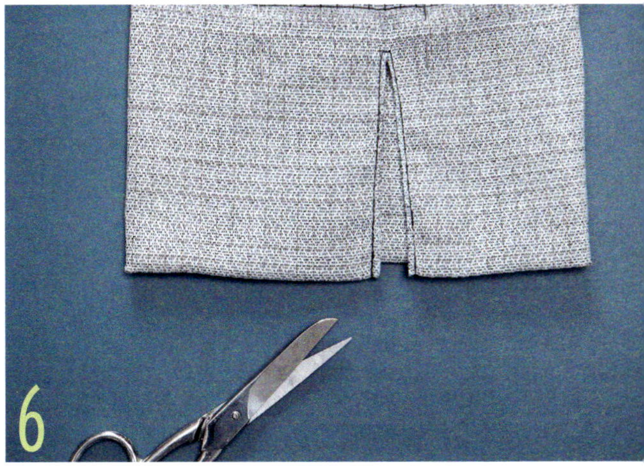

Ein besonderes Detail an diesem schlichten Kimono sind die aufgesetzten Schlitzärmel. Sie verleihen ihm eine gewisse Eleganz.

7. Beide Ärmelsäume steppen Sie nun auf der inneren Ärmelseite 0,5 cm von der Saumkante entfernt fest. Durch den Schlitz ist es nicht nötig, den Ärmel zum Steppen auf links zu drehen.

8. Nun setzen Sie die Ärmel ein. Da bei diesem Schnitt die Ärmel ausnahmsweise symmetrisch und gleich sind, ist es egal, welchen Ärmel Sie auf welche Seite des Kimonos stecken. Wenden Sie den Kimono auf links. Stecken Sie nun je einen Ärmel in ein Armloch, die rechten Stoffseiten liegen aufeinander. Legen Sie dazu die Ärmelnaht auf die Seitennaht des Kimonos und stecken Sie von da aus rundherum ab. Nun steppen Sie mit 1 cm Abstand zur Kante rundherum und versäubern die Nahtzugaben.

9. Für den Kimonosaum klappen Sie den Stoff zuerst um 1 cm und dann um 10 cm nach links um, stecken ihn fest und steppen knappkantig herum.

10. Nun kommt der Kragen. Als Clou ist hier die linke Stoffseite die »schöne« Seite. Verbinden Sie die beiden Kragen-Schnittteile, indem Sie jeweils eine der kurzen Seiten »links« auf »links« aufeinanderlegen, mit einer Steppnaht schließen und die Nahtzugaben auseinanderbügeln. Dadurch ist ein ca. 2 m langes Kragen-Schnittteil entstanden. Falten Sie das Kragen-Schnittteil der Länge nach in der Hälfte, legen den Stoff »rechts« auf »rechts« und bügeln ihn, sodass Sie in der Mitte des Streifens eine Bügelfalte bekommen. Klappen Sie anschließend den Streifen wieder auseinander.

11. Legen Sie die »linke« Stoffseite des Kragen-Schnittteils auf die linke Seite des Kimonos entlang der Kanten von Kragen, Rückteil und Vorderteilen. Alle Markierungen müssen übereinanderliegen. Dann stecken Sie alles ab. Achten Sie darauf, dass Sie tatsächlich nur die »linke« Stoffseite des Kragens annähen. Die beiden Enden des Kragen-Schnittteils stehen am Saum der Vorderteile jeweils 1 cm ab (im Foto gezeigt). Darauf kommen wir in Schritt 13 wieder zurück. Steppen Sie entlang des Kragens mit 1 cm Abstand zur Kante. Die Naht müssen Sie nicht versäubern, da sie gleich wieder versteckt wird.

12. Nun klappen Sie den Kragen nach oben und bügeln die Nahtzugabe in Richtung Kragen.

13. Falten Sie die abstehenden Enden des Kragens, also die offenen Längsseiten links auf links längs in der Hälfte und steppen Sie die kurze halbierte Kante mit 1 cm Abstand zur Kante. Achten Sie darauf, dass Sie dabei nicht auf dem Vorderteil nähen. Wenden Sie den Kragen wieder auf links.

14. Nun hilft die Bügelfalte, dass sich der Kragen schon fast von allein legt. Die offene Kante des Kragens klappen Sie nun um 1 cm um und stecken sie am Kimono fest, sodass die Naht überdeckt wird. Von rechts knappkantig steppen.

7

8

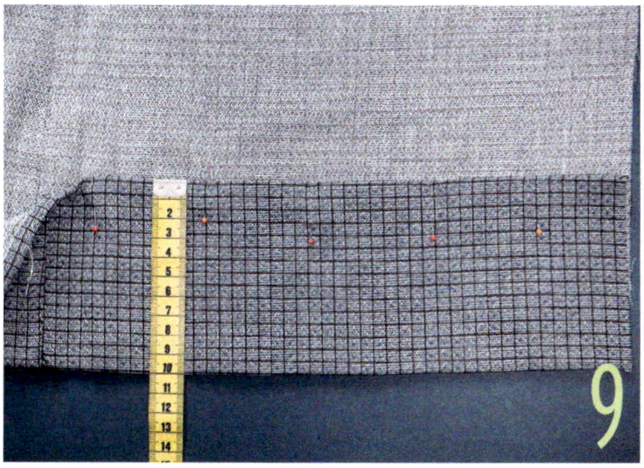
9

10

11

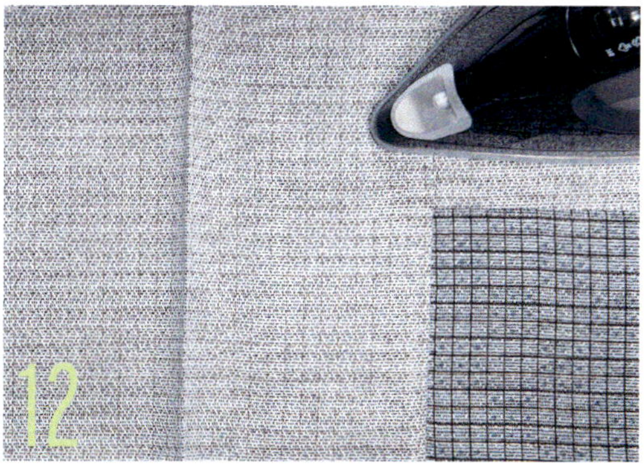
12

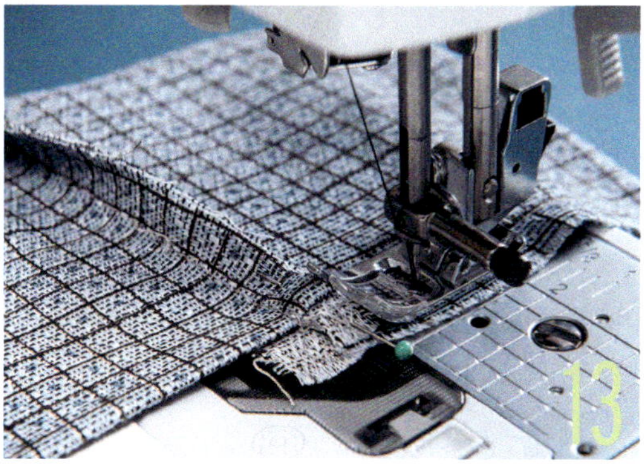
13

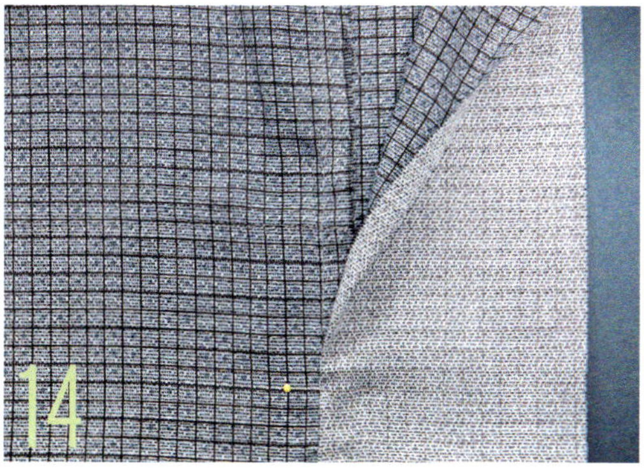
14

PASPEL & SCHRÄGBAND

Paspeln und Schrägband weisen auf eine hochwertige Verarbeitung hin. Paspeln werden in Nähte integriert, um sie zu betonen und plastisch wirken zu lassen. Mit Schrägband kann man offene Kanten umfassen, somit sind sie versäubert.

»FALSCHE« PASPEL

Durch Einnähen einer »falschen« Paspel können Sie eine Naht in Ihrem Nähprojekt auch ohne ein Paspelband verschönern.

Material: Stoffstreifen, 2,5 cm breit, Länge entspricht der Naht, an die die falsche Paspel eingenäht werden soll. Wenn diese Naht eine Rundung enthält, schneiden Sie schräg zum Fadenlauf zu (▸ Seite 31).

1. Legen Sie den Stoffstreifen rechts auf rechts an die gewünschte Kante des Schnittteils. Klappen Sie den Paspelstreifen links auf links, sodass die drei Kanten bündig aufeinanderliegen. Stecken Sie ggf. fest und steppen Sie mit 0,8 cm Nahtzugabe.

2. Platzieren Sie nun das zweite Schnittteil rechts auf rechts darauf, stecken und steppen Sie nochmals, diesmal mit 1 cm Nahtzugabe.

PASPEL SELBST MACHEN

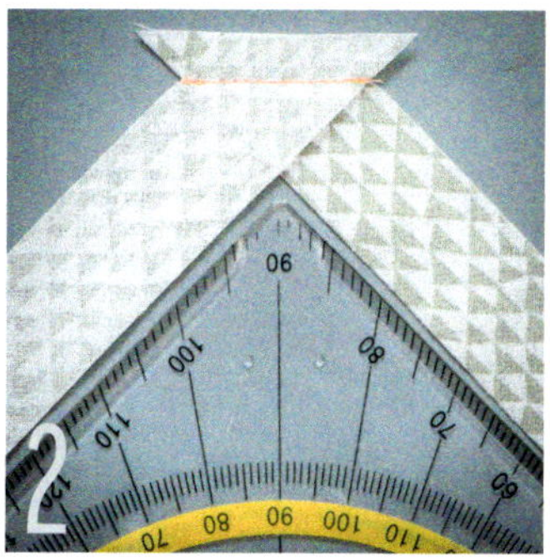

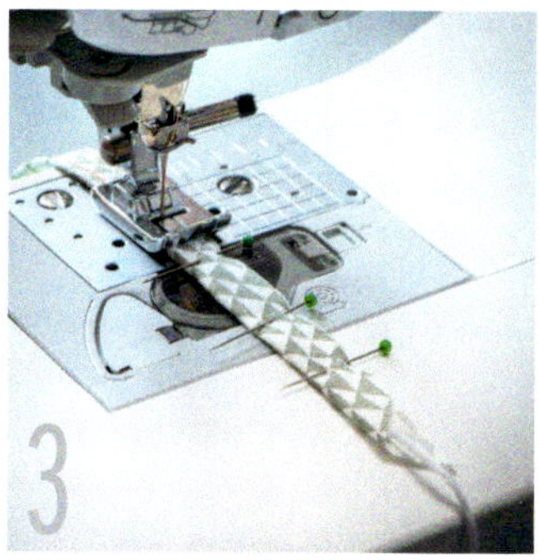

Paspeln können Sie schon als Paspelband beim Nähzubehör finden. Wenn Sie eine besondere Farbe benötigen oder einen bestimmten Stoff als Paspel verwenden möchten, können Sie die Paspel auch ganz einfach selbst herstellten.
Material: 1 m Baumwollstoff (bei 140 cm Breite) ergeben ca. 55 m Paspelband; Kordel 55 m lang und ca. 2 bis 3 mm dick.

1. Stoffstreifen zuschneiden: Schneiden Sie den Stoff schräg in 2,5 cm breite Streifen (bei 1 cm Nahtzugabe beim Einnähen) zu. »Schräg« bedeutet, dass der Stoff im Winkel von 45° zur Webkante zugeschnitten wird, um mehr Flexibilität zu erhalten.

2. Nun nähen Sie die Stoffstreifen aneinander, damit Sie ein langes Band erhalten. Dazu legen Sie Streifen

für Streifen an den kurzen Seiten rechtwinklig rechts auf rechts und schließen die Kanten füßchenbreit. Die Nahtzugaben bügeln Sie anschließend auseinander und die Ecken schneiden Sie ab.

3. Klappen Sie den Stoffstreifen der Länge nach links auf links und legen Sie die Kordel in die Bruchkante. Sie können das Ganze mit Stecknadeln fixieren oder nur zurechtlegen, bevor Sie es zusammennähen. Wichtig ist nur, dass Sie Stück für Stück arbeiten. Wechseln Sie zum Reißverschluss-Nähfuß (oder – wenn vorhanden – zum speziellen Paspel-Nähfuß) und positionieren Sie die Nadel links. Steppen Sie mit einem lockeren Stich (Stichlänge 4) an der Kordel entlang, dabei sollte die Kordel aber noch locker eingefasst sein (nicht zu dicht).

Nähen mit dem Paspel-Nähfuß:
Wenn Sie gern Paspeln verarbeiten, lohnt sich die Investition in diesen speziellen Nähfuß. Er ist sehr komfortabel, da die Paspel im Nähfuß einfasst ist und die Kordel somit zwischen den zwei Stoffteilen gehalten wird. Sie verrutscht nicht und die Naht erfolgt dadurch gleichmäßig parallel zur Kordel. Der Nähfuß ist nicht nur praktisch zum Herstellen von Paspeln, sondern er eignet sich auch zum Einnähen der Paspeln.

PASPEL EINNÄHEN

Paspeln werden immer in eine Naht eingefasst, das heißt, sie liegen immer zwischen zwei Stofflagen. Nutzen Sie einen Reißverschluss-Fuß oder einen speziellen Paspel-Nähfuß, der sehr komfortabel ist.

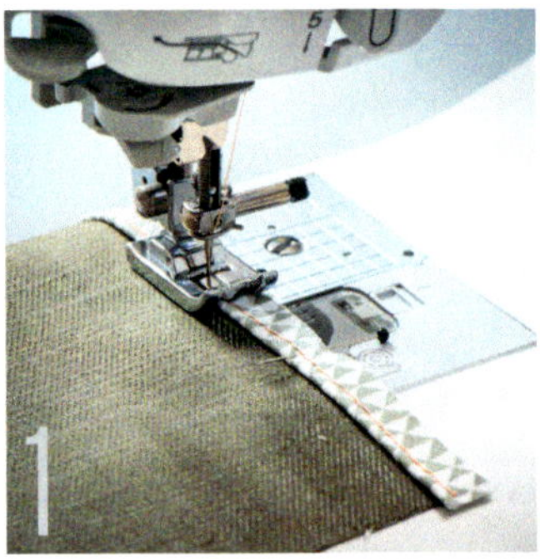

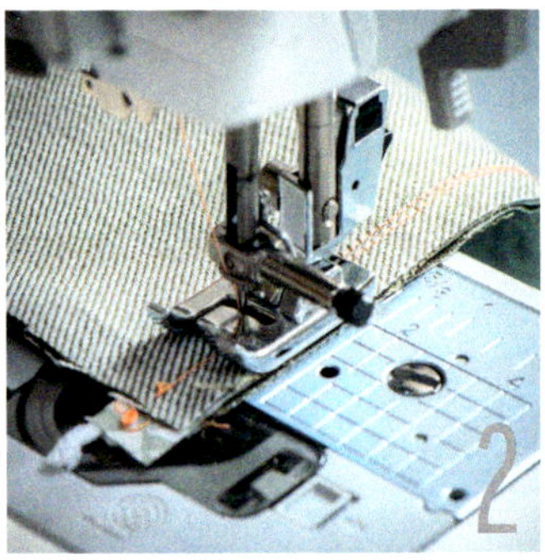

1. Das Paspelband auf eine der beiden Stofflagen auf rechts legen, sodass die Kordel mit 1 cm Abstand zur Kante und die Paspelnaht ca. 0,8 cm neben der Kante liegen. Sie können das Paspelband feststecken oder Sie arbeiten Stück für Stück, positionieren die Paspel in Abschnitten von ca. 5 cm auf dem Stoff und nähen im Anschluss darüber. Nähen Sie auf der Paspelnaht mit einem Geradstich (Stichlänge 2,5). Achten Sie darauf, dass Sie mit 0,8 mm Abstand zur Kante nähen (Paspelbänder sind nicht immer gleich breit).

2. Legen Sie nun das 2. Schnittteil mit rechts auf die Paspel. Die Kanten der Schnittteile liegen bündig aufeinander. Stecken Sie nun ab und nähen Sie bündig und dicht an der Kordel, 1 bis 2 mm neben der vorher genähten Naht. An Rundungen schneiden Sie Knipse ein, sodass das Band schön angelegt werden kann.

3. An Ecken schneiden Sie zwei Knipse ein – kurz vor der Ecke und danach. Haben Sie die Paspel einmal rundherum genäht, schneiden Sie am Paspelende ca. 2 cm der Kordel ab, klappen 1 cm nach innen um und stülpen das »leere« Band über den Anfang der eingenähten Paspel. Alternativ legen Sie die Enden übereinander und lassen sie jeweils diagonal in Richtung Kante herauslaufen (wie links im Bild zu sehen).

SCHRÄGBAND HERSTELLEN

Sie können es in verschiedenen Breiten herstellen – am gängigsten ist eine Breite von 18 mm, auch 12 mm und 25 mm sind üblich (wenn bereits gefaltet).

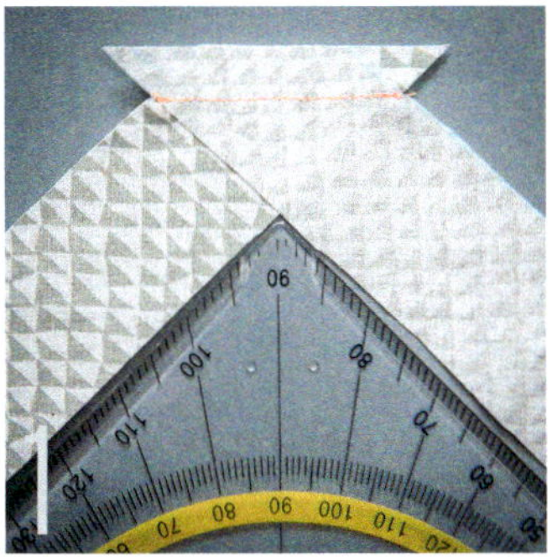

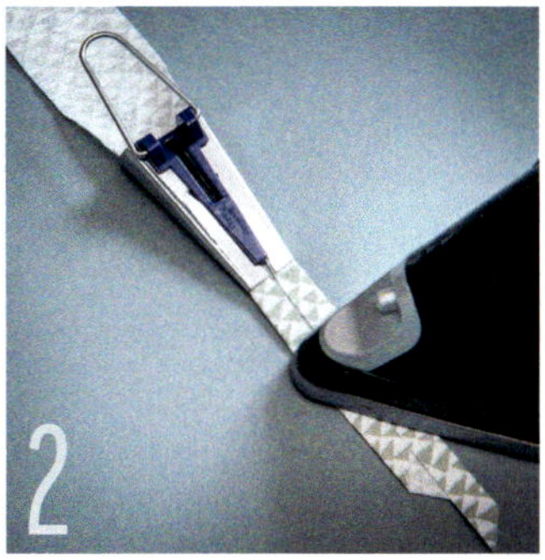

Material: 1 m Baumwollstoff (bei 140 cm Breite) ergeben ca. 37 m Schrägband, Schrägbandformer (18 mm).

1. Schneiden Sie den Stoff schräg in 3,6 cm breite Streifen zu (schräger Zuschnitt ▸ Seite 31). Mit einem Rollschneider und einer Schneidematte geht es etwas akkurater und schneller als mit der Stoffschere. Nun nähen Sie die Stoffstreifen aneinander, um ein langes Band zu erhalten. Dazu legen Sie Streifen für Streifen an den kurzen Seiten rechtwinklig rechts auf rechts und schließen füßchenbreit. Nahtzugaben auseinander bügeln, die überstehenden Ecken abschneiden.

2. Schieben Sie das Band durch den Schrägbandformer und bügeln Sie die beiden Bruchkanten.

SCHRÄGBAND ANNÄHEN

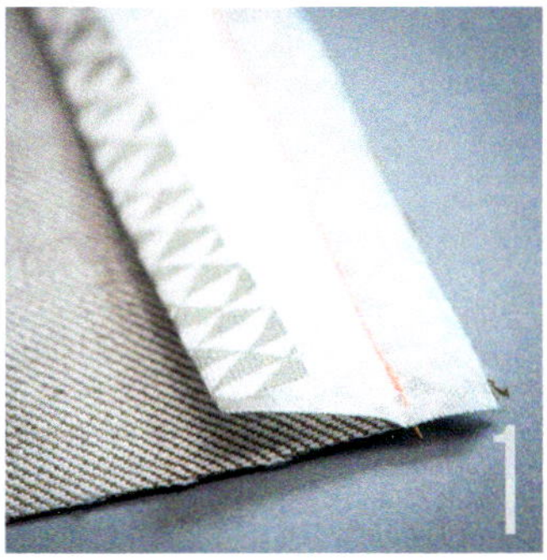

Eine von mehreren Möglichkeiten, wie man offene Kanten mit Schrägband umfassen kann.

1. Das Schrägband aufklappen, mit rechts bündig auf die linke Stoffseite der Kante, die Sie einfassen möchten, stecken und mit 0,8 cm Nahtzugabe (im Falz) steppen. Stoff an geraden Strecken schön einhalten, dass sich das Band nicht verzieht, an Rundungen können Sie ggf. am Band etwas ziehen, um es zu dehnen.

2. Das Schrägband umklappen und damit die eben genähte Naht umfassen. Rundherum abstecken und von rechts knappkantig an der inneren Schrägbandkante steppen. Stecken Sie hier senkrecht, da das Band ggf. zu schmal ist, um es waagerecht zu stecken.

3. **Ecken nähen:** Das Schrägband auf der linken Seite bis zur Ecke festnähen, die Nähmaschinennadel hochziehen und den Stoff im rechten Winkel zur Kante zu einer Falte umschlagen. Auf der anderen Seite der Falte die Nadel wieder einstechen und weiternähen. Anschließend das Schrägband wieder um die Stoffkante legen und feststecken. Auf der rechten Seite legen Sie wieder eine Falte in der Ecke.

KULTURBEUTEL MIT PASPEL

Der geräumige Beutel für jede Reise. Nicht nur für Badutensilien, sondern auch für Laptop- oder Kameraequipment kann diese Tasche dienen. Der Einsatz der Paspel wertet den schlichten Beutel auf und verleiht ihm eine besondere Note.

GRÖSSE 27 x 15 x 12 cm

➻ Schnittmuster unter www.gu.de/diy/51780

MATERIAL Baumwollstoff (obere Hälfte außen): 20 cm (ab 110 cm Breite) | wasserabweisender Stoff (untere Hälfte außen): 20 cm (ab 110 cm Breite) | wasserabweisender Futterstoff: 40 cm (ab 110 cm Breite) | Bügelvlies, Stärke F220: 35 cm (bei 90 cm Breite) | Kunststoff-Reißverschluss: 40 cm | Paspelband: 2 x 27 cm | farblich passendes Garn

INFO ZUM NÄHEN

Wenn nicht anders angegeben,

- → nähen Sie stets mit Geradstich und Stichlänge 2,5.
- → verriegeln Sie die Nähte (▸ Seite 24).
- → gilt eine Nahtzugabe von 1 cm. Sie ist im Schnitt bereits enthalten.

VORBEREITUNG

Bereiten Sie den Stoff vor (▸ Seite 16).
Schneiden Sie die Schnittteile laut Schnittmuster für den Stoff und das Bügelvlies zu (▸ Seite 19) und übernehmen Sie alle Markierungen. Bügeln Sie die Vliesschnittteile auf alle Außenschnittteile. Schneiden Sie die Paspel in die angegebene Länge.
Verwenden Sie für den wasserabweisenden Stoff keine Stecknadeln, denn sie hinterlassen Löcher.

VEREINFACHTE VARIANTE

Wenn Ihnen unser Kulturbeutel für den Anfang zu schwierig ist, bieten wir Ihnen hier ein paar einfachere Lösungen:

- → Wasserabweisender Stoff ist schwieriger zu nähen. Verwenden Sie stattdessen für den Boden einen stärkeren Baumwollstoff.
- → Nähen Sie statt der Paspel eine »falsche« Paspel ein (▸ Seite 111).
- → Lassen Sie das Futter weg. Dann müssen Sie jedoch alle Nähte versäubern.

Wichtig: Die Laschen können Sie nicht weglassen, denn sie sind nötig, um den Kulturbeutel öffnen zu können.

1. Sie starten direkt mit dem Einnähen der Paspel: Legen Sie die Paspel auf die rechte Seite an die Kante A des oberen Außenstoffes. Achten Sie darauf, dass die Paspelnaht 1 cm von der Kante entfernt liegt (eventuell ist das Paspelband weniger als 1 cm breit). Stecken Sie die Paspel fest. Setzen Sie den Paspel- oder Reißverschluss-Nähfuß ein. Nähen Sie entlang der Paspelnaht – verriegeln am Anfang und Ende nicht vergessen. Die Stecknadeln können hier ausnahmsweise senkrecht zur Naht stecken, da sonst die »Paspelwulst« im Weg ist.

2. Legen Sie nun den oberen Außenstoff rechts auf rechts auf den unteren Außenstoff, jeweils bündig an der Paspelseite A. Stecken Sie die 3 Lagen und nähen Sie die 3 Teile zusammen mit 1 cm Abstand zur Kante, sodass das neue Stoffstück mit eingefasst wird.

3. Dann bügeln Sie die Nahtzugabe von außen nach unten – in Richtung des wasserabweisenden Stoffes. Wiederholen Sie die Schritte 1 bis 3 mit den beiden anderen Außenteilen und der übrigen Paspel.

4. Breiten Sie ein Außenteil mit der rechten Seite nach oben vor sich aus. Platzieren Sie den Reißverschluss mit der rechten Seite nach unten mittig an der langen (noch unvernähten) Seite B. Die Reißverschluss-Zähnchen zeigen ebenfalls nach unten. Fixieren Sie den Reißverschluss an der oberen Kante, wo beide Teile bündig aufeinanderliegen, mit Stecknadeln, dann öffnen Sie den Reißverschluss. Setzen Sie den Reißverschluss-Fuß ein und steppen Sie füßchenbreit entlang der Reißverschluss-Zähne. Diesen Schritt wiederholen Sie mit dem verbliebenen Außenteil an der zweiten Seite des Reißverschlusses.
Wichtig: Der Reißverschluss muss offen sein, damit Sie später den Kulturbeutel wenden können.

5. Legen Sie nun ein Futterstoff-Schnittteil mit der rechten Seite nach unten auf die rechte Seite eines Außenteils. Beide Stoffteile liegen an der Seite B (= Kante mit Reißverschluss) bündig aufeinander, der Reißverschluss liegt dazwischen. Fixieren Sie die Lagen mit Stecknadeln. Sie können hier die Stecknadeln auch senkrecht zur Naht stecken, da ansonsten die Zähne des Reißverschlusses etwas hinderlich sind.

6. Nähen Sie die drei Lagen mit 1 cm Abstand zur Kante zusammen. Starten Sie jedoch 2 cm neben der Futter-Kante C1. Enden Sie auch wieder 2 cm vor dem Ende der Kante. Nun verfahren Sie mit dem zweiten Futterstoff-Schnittteil und dem zweiten Außenteil wie in Schritt 5 und 6. Klappen Sie anschließend alle Schnittteile so auseinander, dass der Reißverschluss sichtbar dazwischen liegt.

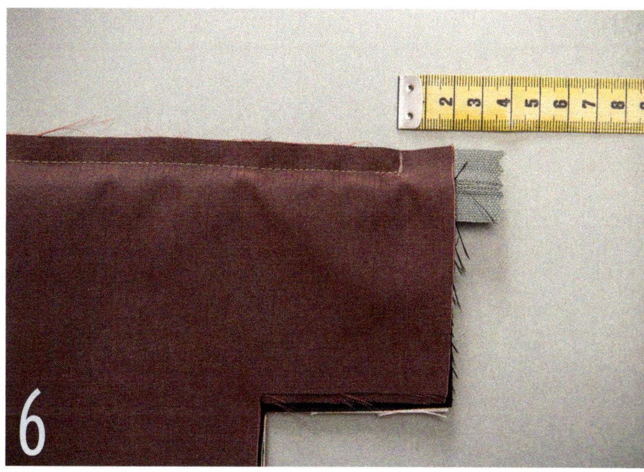

7

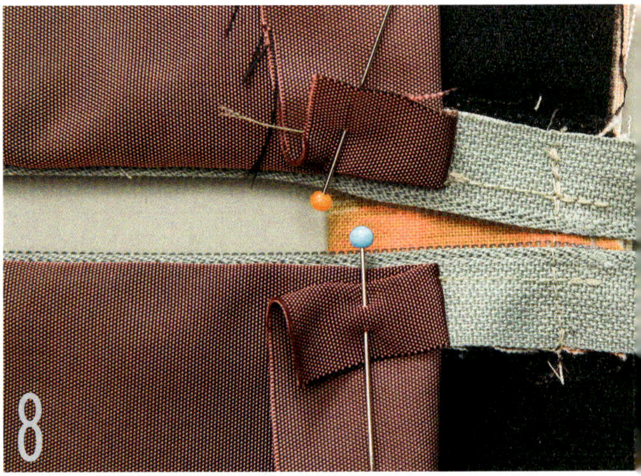
8

9

10

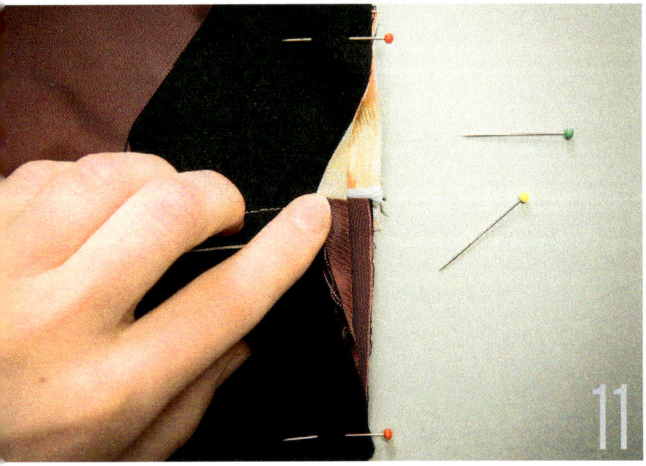
11

12

7. Nun nähen Sie die Laschen: Klappen Sie die Stoffstücke jeweils 1-mal der Länge nach rechts auf rechts zusammen. Steppen Sie dann jeweils entlang der beiden Seiten ausgehend vom Bruch mit 1 cm Abstand zur Kante. Schneiden Sie die Ecken am Bruch knapp neben der Naht ab und wenden Sie die Laschen. Bügeln Sie sie von außen.

8. Klappen Sie nun die überstehenden 2 cm des Futterteils, die Sie in Schritt 6 nicht mit angenäht haben, um und stecken Sie sie wie im Foto fest – sie werden nicht mit an die Laschen genäht. Nun legen Sie eine Lasche an ein Ende des Reißverschlusses (rechte Seite) und zwar so, dass die offenen Kanten der Lasche mittig und bündig mit dem Ende des Reißverschlusses abschließen, und fixieren es mit Stecknadeln. Die andere Lasche befestigen Sie auf die gleiche Weise am anderen Ende des Reißverschlusses. Steppen Sie mit 1 cm Abstand zur Kante die Laschen fest. Dabei wird auch der Reißverschluss fixiert.

9. Nun schließen Sie die Bodennähte. Dazu legen Sie die beiden unteren Außenstoff-Schnittteile rechts auf rechts aufeinander, stecken die lange Kante (Boden) und steppen entlang der Kante mit 1 cm Abstand zur Kante. Wiederholen Sie dies nun mit den beiden Futterstoff-Schnittteilen an der Bodenkante. Lassen Sie hier jedoch eine Wendeöffnung von 15 cm in der Mitte der Kante offen.

10. Nun kommen die Seiten dran. Legen Sie den oberen und den unteren Außenstoff so aufeinander, dass jeweils die Reißverschluss-Seite C1 bündig auf der Boden-Seite C2 liegt. Stecken Sie die Kanten und steppen Sie sie mit 1 cm Abstand zur Kante. Legen Sie dabei das Futter zur Mitte (ggf. stecken), damit es beim Steppen nicht mit eingefasst wird. Diesen Schritt wiederholen Sie auch beim Futter.

11. Außenstoff (Außenseite des Kulturbeutels): Ziehen Sie die noch offenen Ecken auseinander, sodass die Kanten der Ecken jeweils aufeinanderliegen (wie im Bild zu sehen). Fixieren Sie die Kanten mit Stecknadeln und steppen Sie sie dann mit 1 cm Abstand zur Kante. Nun wiederholen Sie diesen Schritt bei den offenen Kanten im Futter.

12. Wenden Sie das Ganze nun durch die Öffnung in der Bodennaht des Futters. Dann nähen Sie die Öffnung von rechts knappkantig zu oder schließen sie mit einem Matratzenstich (▸ Seite 26). Zum Schluss stülpen Sie das Futter durch den offenen Reißverschluss in die Tasche und formen die Ecken des Kulturbeutels.

INNENTASCHEN

In alle Taschen, die gefüttert sind, können Sie zusätzlich Innentaschen einnähen. Nähen Sie die Innentaschen immer an den Futterstoff, bevor Sie diesen in die Tasche einnähen.
Für Kulturbeutel eignen sich einfache aufgesetzte Innentaschen (▸ Seite 51).
Achten Sie beim Abmessen und Positionieren des Stoffstücks für die Innentasche darauf, dass Sie mindestens 3 cm Abstand zu den Außenkanten haben. Beim Zuschnitt für die Innentasche addieren Sie 2 cm Saumzugabe an der Oberkante und 1 cm an den Seiten und an der Unterkante dazu. Nähen Sie die Innentasche wie auf Seite 51 beschrieben an. Wenn Sie die Innentasche unterteilen möchten, nähen Sie eine zusätzliche senkrechte Naht an der gewünschten Position von der Unter- bis zur Oberkante (Stichlänge 2,5).

1

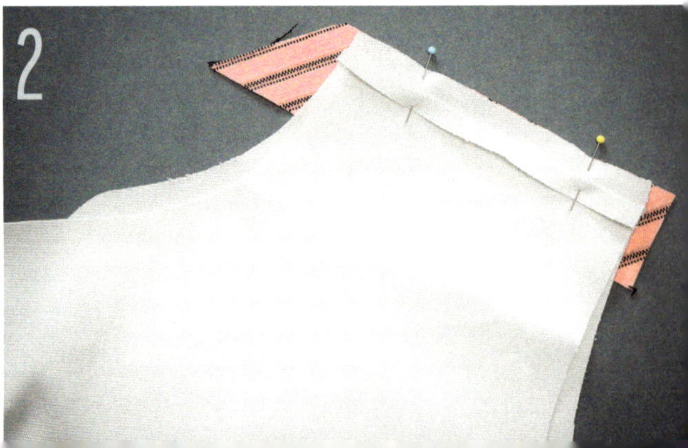
2

LEGERE KURZJACKE

Schrägband kann nicht nur im Inneren von Kleidungsstücken und bei Säumen verwendet werden. Bei dieser »Inside-Out-Jacke« werden damit sogar Akzente gesetzt durch ein Schrägband in einer knalligen Farbe.

GRÖSSE Konfektionsgröße 34 bis 44

➻ **Schnittmuster unter www.gu.de/diy/51780**

MATERIAL Für die Jacke: fester Baumwollstoff/Canvas, Größe 34 bis 38: 130 cm (bei 140 cm Breite); Größe 40 bis 44: 140 cm (bei 140 cm Breite) | für das Schrägband: Baumwollstoff (zum Beispiel Popeline): 80 cm (bei 140 cm Breite) oder fertiges Schrägband: 9 m (2 cm breit, bereits gefaltet) | farblich passendes Garn

INFO ZUM NÄHEN

Wenn nicht anders angegeben,
- nähen Sie stets mit Geradstich und Stichlänge 2,5.
- versäubern Sie wie auf Seite 25 angegeben.
- verriegeln Sie die Nähte (▸ Seite 24).
- gilt eine Nahtzugabe von 1 cm. Sie ist im Schnitt bereits enthalten.

VORBEREITUNG

Bereiten Sie den Stoff vor (▸ Seite 16).
Schneiden Sie alle Teile des Schnittmusters wie angegeben aus und übertragen Sie sie auf den Stoff. Übernehmen Sie alle Markierungen. Dann schneiden Sie den Stoff zu.
Für das **Schrägband** können Sie entweder ein fertiges benutzen oder Sie schneiden eines selbst aus einem Stoff Ihrer Wahl mit 36 mm Breite zu (▸ Seite 113). Dann darf der Stoff aber beim Zuschneiden nur einfach liegen. Liegt er doppelt, kann es ansonsten passieren, dass die Stoff- beziehungsweise die Muster-Richtung nicht stimmt.
»Inside-Out-Jacke« bedeutet, dass bei der Verarbeitung die Schnittteile immer links auf links gelegt werden, dadurch liegen beim fertigen Nähprojekt alle Nahtzugaben außen.

ANLEITUNG

1. Legen Sie die Vorderteile und das Rückteil links auf links. Zuerst legen Sie die Schulterkanten bündig aneinander, stecken sie und steppen sie mit 1 cm Abstand zur Kante. Anschließend legen Sie die beiden Seiten des Jäckchens bündig aufeinander, stecken sie und steppen sie mit 1 cm Abstand zur Kante. Dann bügeln Sie die Nahtzugaben an den Schultern und Seiten auseinander.

2. Nun fassen Sie jede Nahtzugabe mit Schrägband ein. Arbeiten Sie mit einem Schrägbandformer, dann können Sie vorgehen wie auf Seite 113 beschrieben. Wenn Sie dies nicht besitzen, nähen Sie wie im Folgenden beschrieben. Achten Sie darauf, dass das Schrägband immer ca. 1 cm an den Enden übersteht. Legen Sie eine der beiden Schulter-Nahtzugaben bündig rechts auf rechts auf das Schrägband und fixieren Sie die Kante mit Stecknadeln. Steppen Sie dann mit 0,8 cm Nahtzugabe direkt neben der Schulternaht.

3. Klappen Sie nun das Schrägband nach oben und bügeln Sie die Kante. Dann klappen Sie die noch offene Kante des Schrägbands um 1 cm nach links um und bügeln auch diese Bruchkante.

4. Klappen Sie das Schrägband in der Hälfte um und umfassen Sie damit die Nahtzugabe. Stecken Sie das Schrägband bei Bedarf mit Stecknadeln an der Nahtzugabe fest und nähen Sie das Band knappkantig an die Nahtzugabe. Idealerweise liegen die beiden Nähte nun direkt aufeinander. Ist dies nicht der Fall, ist es nicht weiter schlimm, weil die unten liegende Naht nicht sichtbar ist. Nähen Sie nun auf die gleiche Weise an alle Schulter-Nahtzugaben sowie an die Seiten-Nahtzugaben Schrägbänder. Schneiden Sie im Anschluss die abstehenden Schrägband-Enden ab.

5. Wenn Sie ein selbstgemachtes Schrägband verarbeiten, müssen Sie jetzt einige Streifen aneinandernähen, sodass ein langes Band von ca. 3 m bis 3,30 m Länge entsteht (je nach Konfektionsgröße). Dazu legen Sie die Streifen im 45°-Winkel rechts auf rechts aufeinander und steppen sie mit 1 cm Abstand zur Kante zusammen. Bügeln Sie die Nahtzugaben anschließend auseinander und schneiden Sie die abstehenden Ecken ab (▸ Seite 113).

6. Umfassen Sie mit dem langen Schrägband die lange offene Kante von Ausschnitt, vorderen Seiten und Saum. Stecken Sie dazu das Schrägband mit der rechten Seite nach unten entlang der Kante auf die linke Stoffseite der Jacke. Dann steppen Sie einmal rundherum mit 1 cm Abstand zur Kante. Klappen Sie das Schrägband dann um die Kante und nähen es fest wie in Schritt 3 und 4 beschrieben.

7. An den Rundungen ziehen Sie das Schrägband etwas, damit es sich dehnt und Sie vom schrägen Zuschnitt »profitieren«. Es schmiegt sich dann schön an die Rundungen an.

8. Legen Sie die Ärmel links auf links und schließen Sie jeweils die langen Seiten mit einer Steppnaht mit 1 cm Abstand zur Kante. Die Nahtzugaben bügeln Sie dann auseinander. Anschließend fassen Sie sie wieder einzeln mit Schrägband ein, wie in den Schritten 2 bis 4 beschrieben.

Stecken Sie nun die Ärmel ans Armloch, doch dieses Mal »richtig« rechts auf rechts. Achten Sie hierbei auf die Markierungen, damit Sie die richtigen Ärmel einsetzen. Sollten die Markierungen nicht passen, haben Sie vielleicht die Ärmel vertauscht. Stecken Sie die Kanten rundherum fest und steppen sie. Versäubern Sie die Kanten mit einem Zickzackstich, mit der Overlock-Maschine oder mit einem Overlock-Ersatzstich. Alternativ können Sie auch diese Nähte mit Schrägband einfassen.

9. Auch beide Ärmelsäume umfassen Sie mit dem Schrägband. Starten Sie jeweils auf der linken Stoffseite an der Ärmelnaht. Klappen Sie dabei den Anfang des Schrägbands um 1 cm nach links um. Haben Sie das Schrägband einmal rundherum festgesteckt, lassen Sie das Endstück des Schrägbands den Anfang um 1 cm überlappen.

10. Alternative: In diesem Schritt wird das Schrägband auf eine andere Weise vernäht als in den Schritten davor und zwar so, dass die komplette Schrägbandbreite außen liegt. Klappen Sie nun die offene lange Kante vom Schrägband um 1 cm nach innen um und bügeln Sie rundherum. Jetzt wird das Schrägband inkl. der eben gebügelten Nahtzugabe mit der linken Seite auf die rechte Seite des Ärmels gelegt und festgesteckt. Nähen Sie rundherum knappkantig an der Innenkante.

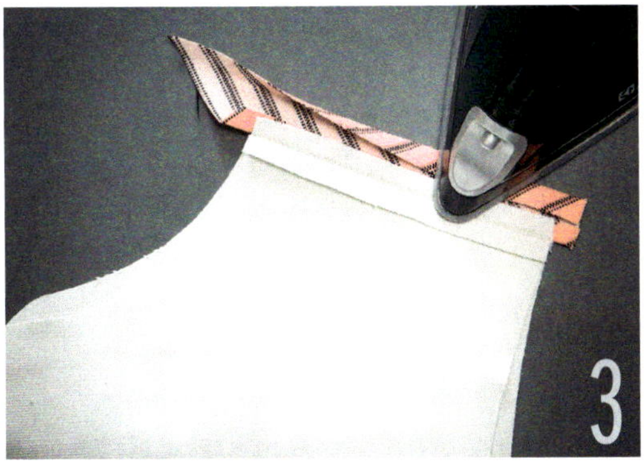
3

4

5

6

7
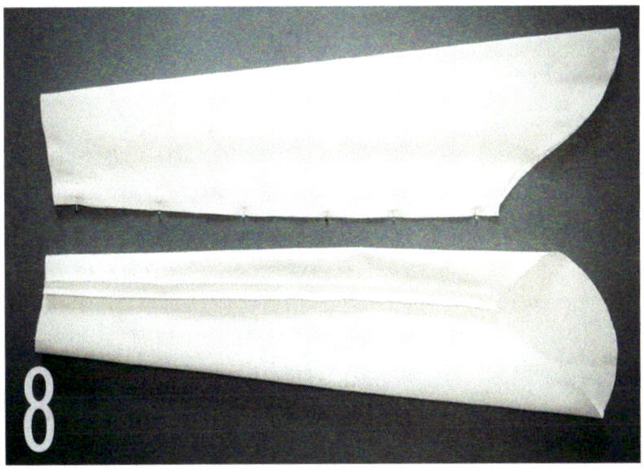
8

9
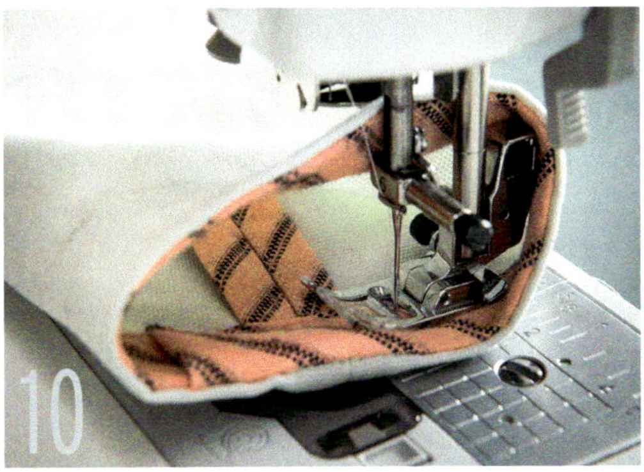
10

ÄRMELLOSES SEIDENTOP

Die luftige Bluse ist der perfekte Urlaubsbegleiter oder ein angenehmes Schlafshirt im Sommer. Sie erhalten einige Tipps zum Verarbeiten von Seide. Nähanfängern empfehlen wir zunächst Viskose oder einen weniger rutschigen Stoff.

GRÖSSE Konfektionsgröße 34 bis 44

➳ **Schnittmuster unter www.gu.de/diy/51780**

MATERIAL Seidenstoff (oder fließende Viskose), Größe 34 bis 38: 80 cm (bei 140 cm Breite); Größe 40 bis 44: 140 cm (bei 140 cm Breite) | Schrägband, 1,8 cm breit, bereits gefaltet: 3 m | farblich passendes Garn

INFO ZUM NÄHEN

Wenn nicht anders angegeben,
- → nähen Sie stets mit Geradstich und Stichlänge 2,5.
- → versäubern Sie wie auf Seite 25 angegeben.
- → verriegeln Sie die Nähte (▸ Seite 24).
- → gilt eine Nahtzugabe von 1 cm. Sie ist im Schnitt bereits enthalten.

VORBEREITUNG

Bereiten Sie den Stoff vor (▸ Seite 16).
Schneiden Sie alle Teile des Schnittmusters wie angegeben aus und übertragen Sie sie auf den Stoff (▸ Seite 19). Übernehmen Sie alle Markierungen auf den Stoff. Dann schneiden Sie den Stoff zu.
Übernehmen Sie die Länge der einzelnen Schrägband-Teile für den Ausschnitt und die Armlöcher von der Tabelle im Schnittmuster.

NÄHEN MIT FEINEN STOFFEN

Bei feinen Stoffen wie Seide verwenden Sie unbedingt eine extradünne, am besten neue Nadel. Mit Nadelstärke 70 haben Sie eine passende Nähnadel. Eine stumpfe Nadel erkennen Sie daran, dass sie Fäden aus dem Stoff zieht und diesen somit beschädigt. In diesem Fall sollten Sie die Nähnadeln immer auswechseln. Für die Stecknadeln gilt dies ebenso: Feine und unbeschädigte Stecknadeln benutzen.
Seide und andere rutschige, feine Stoffe verziehen sich sehr schnell. Das heißt, Sie müssen beim Nähen darauf achten, dass Sie den Stoff nicht verformen, indem Sie ihn zu sehr ziehen oder zu sehr in die Maschine schieben. Es ist eine Herausforderung, mit Seide zu nähen. Planen Sie deshalb für dieses Projekt Zeit und Geduld ein – und üben Sie eventuell im Voraus an einem Probe-Stoffstück. Sie können alternativ auch einen locker fallenden Viskosestoff nehmen. Wenn Sie darauf achten, dass der Stoff nicht sehr rutschig ist, ist es auch einfacher, ihn zu verarbeiten. Der gewählte Stoff sollte keinen Stand haben und fließend sein, damit die Bluse auch locker fällt.

Feine Stoffe lassen sich gut kräuseln. Zusammen mit dem kontrastfarbenen Schrägband setzt die Kräuselnaht Akzente am Rücken.

1. Überprüfen Sie die Markierungen an der Passe für das Rückteil, ob diese auch deutlich gekennzeichnet sind – am besten mit kleinen Knipsen. Die Markierungen sollten symmetrisch liegen – das heißt, sie sollten den gleichen Abstand zum Bruch, also zur Mitte des Schnittteils, haben. Sie sind wichtig für den nächsten Schritt.

2. Als Erstes wird das Rückteil an der oberen Kante gekräuselt: Dazu steppen Sie innerhalb der Markierungen 2-mal mit der längsten Stichlänge (4) parallel zur oberen Kante, 1-mal 3 mm und 1-mal 7 mm von der Kante entfernt. Beide Nähte werden am Anfang und Ende nicht verriegelt. Wenn Sie den Oberfaden von beiden Seiten vorsichtig ziehen, kräuselt sich der Stoff. Weitere Infos zum Kräuseln ▸ Seite 68.

3. Um die gewünschte Breite der zu kräuselnden Strecke zu erreichen, legen Sie das Rückteil rechts auf rechts auf die Rückteil-Passe. Fixieren Sie zuerst die Seiten mit Stecknadeln, dann legen Sie die Mitte und dann die restlichen Markierungen übereinander und stecken sie fest. Nun ziehen Sie die Oberfäden am Rückteil weiterhin, bis die passende Breite erreicht ist. Verteilen Sie die Rüschen gleichmäßig. Dann stecken Sie die gerüschte Strecke mit vielen Nadeln an die Rückteil-Passe.

4. Nähen Sie nun das Rückteil und die Rückteil-Passe mit 1 cm Abstand zur Kante zusammen. Das Rückteil mit den Rüschen liegt oben, sodass Sie diese immer im Blick haben und sie nach Bedarf noch richten können, das heißt, dass sie gerade liegen und gleichmäßig verteilt sind. Versäubern Sie die Nahtzugabe und bügeln Sie sie nach oben zur Passe hin.

5. Nun kommen die Schulter-Abnäher im Vorderteil dran. Dazu stecken Sie beide Abnäher entsprechend der Markierungen ab und nähen sie von den Kanten in Richtung Spitze. Die Abnäher werden am spitz zulaufenden Ende nicht vernäht, damit die Spitze schön sauber wird, sondern die Endfäden werden verknotet. Lassen Sie noch ca. 2 cm Faden abstehen. Weitere Infos zu Abnähern ▸ ab Seite 66. Die Abnäher bügeln Sie dann Richtung Ausschnitt.

6. Legen Sie die Falte in der vorderen Mitte auf der linken Stoffseite laut Markierung und stecken sie, dann steppen Sie von der oberen Kante entlang der Markierung nach unten. Damit die Falte nicht aufgeht, verriegeln Sie die Naht schräg nach oben – wie im Foto zu sehen – durch 2- bis 3-maliges Hin- und Zurücknähen. Diese Linie ist auch im Schnittmuster gekennzeichnet. Die durch das Legen der Falte entstandene Spitze klappen Sie zur rechten Seite und stecken sie am Vorderteil fest.

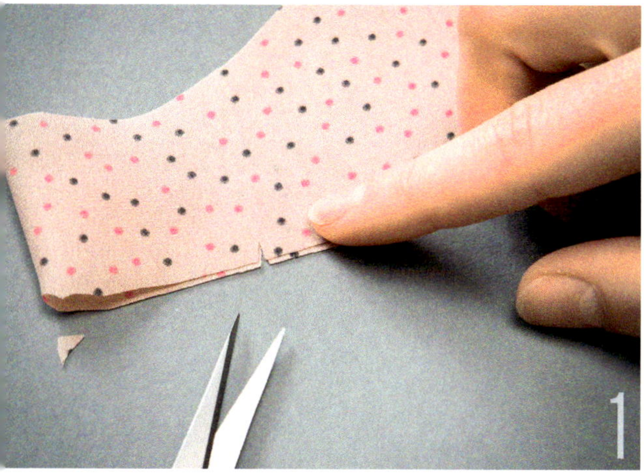
1

2

3

4

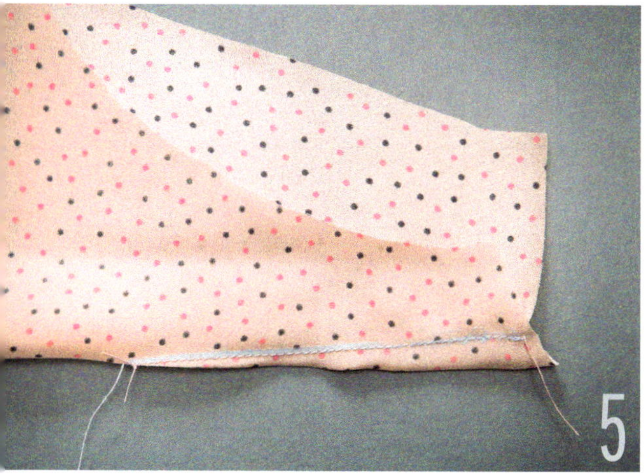
5

6

7

8

9

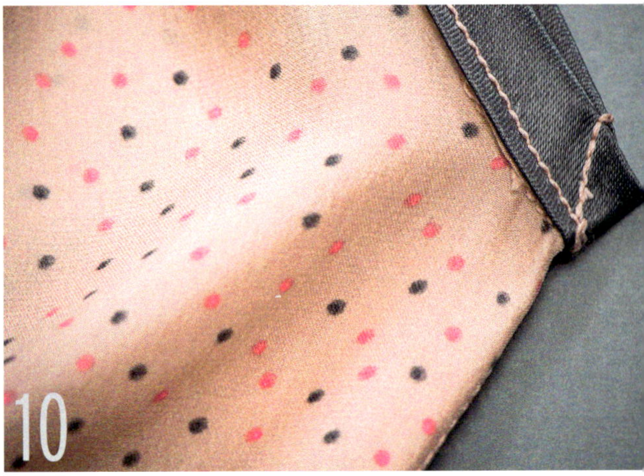
10

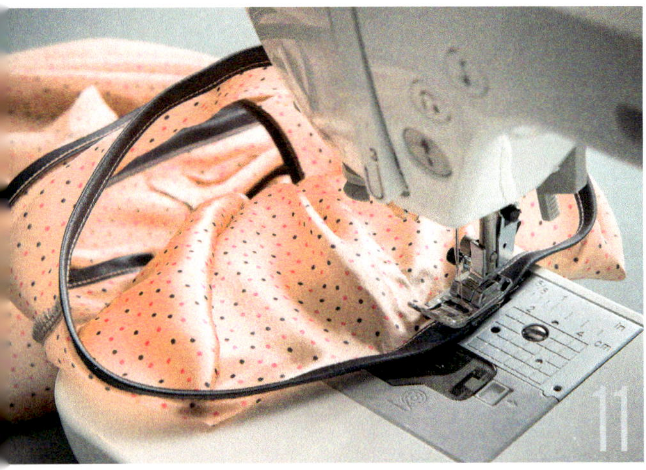
11

12

7. Nun legen Sie das Vorder- und das Rückteil rechts auf rechts, um die Schulter- und Seitennähte zu schließen. Starten Sie mit den Schulternähten. Legen Sie die Kanten jeweils bündig aneinander und achten Sie bei den Seiten darauf, dass die Markierungen übereinanderliegen. Verwenden Sie hier beim Feststecken lieber mehr Stecknadeln als sonst, dann hat der Stoff nicht mehr viel Spielraum, um zu verrutschen. Dann steppen Sie beide Nähte mit 1 cm Abstand zur Kante zusammen. Im Anschluss schließen Sie nach dem gleichen Prinzip die Seitennähte. Versäubern Sie jeweils die Nahtzugaben und bügeln Sie diese in Richtung Rückteil.

8. Den Ausschnitt mit Schrägband einfassen: Sie merken wahrscheinlich bereits, dass das Schrägband für den Ausschnitt zunächst zu kurz erscheint. Dies liegt am Stoff, da sich fließende Seide (und auch Viskose) stark ausdehnt, insbesondere wegen des schrägen Zuschnitts (weitere Informationen dazu ▸ Seite 31). Es ist aber möglich, die Strecke des Halslochs auf die Strecke des Schrägbandes zu bringen, ohne Falten oder Rüschen zu legen. Dies ist auch wichtig, da nur so der Ausschnitt schön anliegt (ansonsten ist er verzogen). Als Unterstützung können Sie eine Hilfsnaht nähen, bevor Sie mit dem Schrägband starten. Zuvor schließen Sie das Schrägband an der kurzen Seite rechts auf rechts, sodass Sie einen Schrägband-Schlauch haben (Nahtzugaben auseinanderbügeln). Nähen Sie für die Hilfsnaht mit einem langen Geradstich (Stichlänge 5) und 0,5 cm Abstand zur Kante um das Halsloch herum. Wichtig ist, dass Sie am Anfang und Ende nicht verriegeln und die Fäden ca. 5 cm abstehen lassen. Ziehen Sie leicht an den abstehenden Fäden so weit, bis der Umfang vom Schrägband-Schlauch erreicht wird und der Stoff gleichmäßig verteilt ist, ohne dass sich Rüschen bilden. Sie können zwischendurch immer wieder mit dem Schrägband-Schlauch überprüfen, ob der gewünschte Umfang erreicht ist.
Legen Sie nun das Schrägband rechts auf links an das Halsloch. Achten Sie darauf, dass die Naht im Schrägband-Schlauch über einer der Schulternähte der Bluse liegt. Stecken Sie es fest und steppen Sie mit 0,8 cm Abstand zur Kante im Schrägbandfalz rundherum. Um die Spitze am Ausschnitt einfassen zu können, klappen Sie den Ausschnitt so weit auf, bis er eine gerade Linie ergibt. Dann setzen Sie das Ansteppen des Schrägbands fort.

9. Haben Sie das Schrägband einmal rundherum angenäht, klappen Sie es zur Kante hoch und bügeln es. (Weitere Infos zum Annähen von Schrägbändern ▸ Seite 113). Klappen Sie das Schrägband in der Hälfte um und umfassen Sie damit die Nahtzugabe. Stecken Sie das Schrägband rundherum an der Nahtzugabe fest und steppen Sie dann von rechts knappkantig an der inneren Schrägbandkante. Achten Sie darauf, dass die Naht aus Schritt 8 verdeckt ist.
Wichtig: Beim Ausschnitt dürfen Sie auf keinen Fall ziehen. Um auf die Länge vom Schrägband zu kommen, ist es eher nötig, die Strecke des Ausschnitts in das Schrägband zu »schieben«, da sich der Ausschnitt dann schöner in Form legt. Das Schrägband erscheint zunächst zu kurz für die Länge des Ausschnitts zu sein – lassen Sie sich davon jedoch nicht irritieren.

10. Direkt an der Spitze des vorderen Ausschnitts nähen Sie auf der linken Seite im Schrägband eine Art kleinen Abnäher ein, sodass die Spitze des Ausschnitts definierter ist.

11. Nun fassen Sie beide Armlöcher ebenfalls mit Schrägband ein. Gehen Sie dazu vor wie in den Schritten 8 und 9 beschrieben.

12. Den Saum klappen Sie 2-mal um je 0,5 cm nach links um und bügeln ihn. Dann fixieren Sie den Saum mit Stecknadeln und steppen knappkantig einmal rundherum. Achten Sie beim Nähen darauf, dass Sie den Stoff weder zu sehr ziehen noch zu sehr schieben, sodass eine gleichmäßige Naht entsteht und sich der Stoff nicht verzieht.

APPLIKATIONEN

Applikationen dienen zum Verschönern, Individualisieren für Kinderkleidung oder um Löcher oder Flecken zu verdecken. Verwenden Sie klare Formen.

APPLIKATIONEN

Material: Lieblingsmotive aus Stoff/Stoffresten, doppelseitiges Bügelvlies (Vliesofix), Fixier-Stickvlies

1. Zeichnen Sie Ihre Lieblingsmotive spiegelverkehrt! auf die linke Seite des Stoffs auf. Schneiden Sie das Vliesofix etwas größer zu als das aufgezeichnete Motiv. Ziehen Sie dann die erste Papierseite vom Vliesofix ab, legen Sie es auf die linke Stoffseite der Applikation und bügeln Sie es fest. Schneiden Sie nun Ihre Applikation aus.

2. Zweite Seite vom Vliesofix abziehen und Flicken auf dem Stoff positionieren (Vliesofix zeigt nach unten). Bügeln Sie es fest.

3. Das Fixier-Stickvlies auf die linke Seite hinter die Applikationen bügeln (glatte Stickvlies-Seite zum Stoff). Durch das Stickvlies erhalten Sie ein saubereres Ergebnis (es wird später wieder entfernt). Nun nähen Sie von rechts entlang der Kanten der Applikation mit einem engen Zickzackstich (Länge 3, Breite 0,4).

FREIHANDAPPLIZIEREN

Dies ist fast wie Malen auf Stoff. Sie benötigen dafür einen speziellen Nähfuß und einen Stickrahmen. Viel üben, um ein Gefühl dafür zu bekommen.

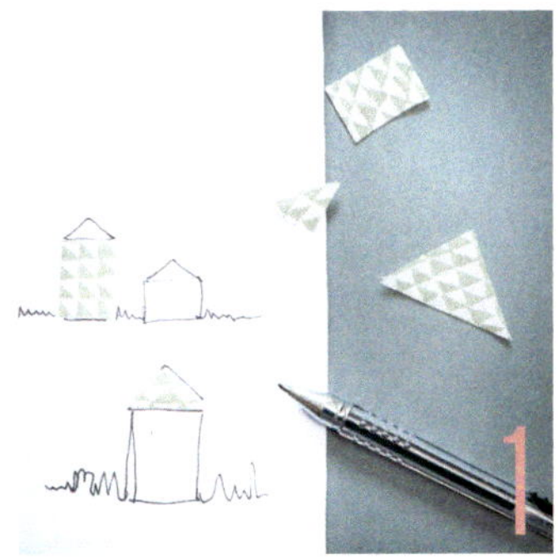

1. Wenn Sie mehrere Applikationen auf einem Teil anbringen oder freihandapplizieren möchten, empfehlen wir, einen Entwurf zu zeichnen. Integrieren Sie dabei auch »normale« Applikationen.

2. Setzen Sie den Freihand-Nähfuß ein und versenken Sie den Transporteur. Klemmen Sie den Stoff in den Stickrahmen, um ihn zu straffen. Verschieben Sie den Rahmen unter der Nadel (Standard-Geradstich, Stichlänge 2,5) und nähen Sie Ihr gewünschtes Muster. Geübte können sich auch an Buchstaben trauen. Je schneller Sie den Stoff bewegen, desto größere Stiche erhalten Sie, bei langsamen Bewegungen sind die Stiche kurz. Zuletzt trennen Sie das Stickvlies heraus.

UMHÄNGETASCHE

Da dieser Taschenschnitt simpel ist, können Sie sich gut auf die Applikationen konzentrieren. Applizieren Sie mit einem Freihand-Nähfuß, so können Sie mit der Nähmaschine quasi »malen« und hübsche Freihandapplikationen erstellen.

GRÖSSE 28 x 20 cm

➵ **Schnittmuster unter www.gu.de/diy/51780**

MATERIAL Wollfilz, 1–2 mm dick: 40 cm (ab 90 cm Breite) | Teppichstramin: 27 x 18 cm | Stoffflicken von Musterstoffen | Vliesofix nach Bedarf | Fixier-Stickvlies nach Bedarf | Zierbänder nach Belieben | verschiedene Garnfarben nach Belieben | fertiger Taschen-Tragegurt | bei Bedarf Stickrahmen | Freihand-Nähfuß

INFO ZUM NÄHEN

Wenn nicht anders angegeben,

- nähen Sie stets mit Geradstich und Stichlänge 2,5.
- verriegeln Sie die Nähte (▸ Seite 24).
- gilt eine Nahtzugabe von 3 mm. Sie ist im Schnitt bereits enthalten.

VORBEREITUNG

Wichtig ist, dass Ihr Taschenstoff nicht franst. Dazu eignet sich am besten Wollfilz. So können offene Kanten auch auf rechts liegen.
Schneiden Sie alle Schnittteile nach Schnittmuster aus, übernehmen Sie alle Markierungen. Machen Sie sich eine grobe Skizze Ihrer Applikation auf Papier, die Sie später mit Schneiderkreide auf den Filz übertragen, oder verwenden Sie unsere Vorlage.

ANLEITUNG

1. Schließen Sie die Abnäher im vorderen Taschenschnittteil. Da alle Nähte sichtbar sein werden, stecken Sie die Ecken links auf links fest und steppen mit 3 mm Nahtzugabe. Am Anfang und Ende verriegeln.

2. Taschen-Rückteil und Klappe sind ein Schnittteil. So können Sie die Applikation von der Klappe auf das Rückteil ausdehnen. Hauptsächlich sollte die Applikation aber auf der Klappe platziert werden. Ordnen Sie Ihre Stoffflicken und Bänder auf der rechten Filzseite entweder nach Ihrer Skizze oder nach unserer Vorlage an. Bügeln Sie die Stoffflicken mit Vliesofix auf die rechte Seite auf (▸ Seite 131) und das Fixier-Stickvlies auf die linke Seite über die Stelle, an der Sie applizieren möchten. Danach stecken Sie die Bänder fest.

3. Dann nähen Sie die Bänder mit einem Zierstich (▸ Seite 48) auf das Schnittteil. Nun widmen Sie sich der Freihandapplikation. Übertragen Sie hierfür Ihre Skizze mit Schneiderkreide auf die rechte Filzseite der Klappe. Setzen Sie dann den Freihand-Nähfuß ein und klemmen Sie den Stickrahmen rund um die Stelle, an der Sie applizieren möchten. Eventuell müssen Sie den Rahmen im Verlauf des Applizierens versetzen, wenn Ihre Applikation größer als der Durchmesser des Rahmens wird. Richten Sie sich beim Nähen nach Ihrer aufgezeichneten Skizze oder nähen Sie »freestyle«. Nähen Sie unbedingt auch über Ihre Stoffflicken, um diese in das »Gemälde« zu integrieren. Sie können auch mehrere Garnfarben verwenden, wenn Sie möchten. Nach Fertigstellung Ihrer Applikation trennen Sie das Fixier-Stickvlies auf der Rückseite des Filzes ab. Wechseln Sie dann wieder zum Standard-Nähfuß an Ihrer Nähmaschine.
Wichtig: Sollten Sie das erste Mal den Freihand-Nähfuß verwenden, empfehlen wir Ihnen, an Wollfilz-Resten ein wenig zu üben, um ein Gefühl für den Nähfuß zu erhalten. Weitere Infos dazu ▸ Seite 173.

4. Platzieren Sie den Stramin auf dem zweiten großen Schnittteil (Rückteil-Innenseite) auf der unteren Hälfte wie im Schnittmuster angegeben. Stecken Sie beide Teile fest und nähen Sie 5 waagerechte Nähte (Geradstich, Stichlänge 2,5) im Abstand von 4 cm zueinander, um den Stramin mit dem Wollfilz zu verbinden. Diese Nähte sind auch im Schnittmuster eingezeichnet. Vergessen Sie nicht, am Anfang und Ende zu verriegeln.

5. Legen Sie nun die beiden großen Schnittteile links auf links aufeinander. Die Applikation befindet sich auf der oberen Hälfte und der Stramin auf der unteren Hälfte. Fixieren Sie nur die Kante der oberen Hälfte (das entspricht der Klappe) zwischen den beiden Markierungen mit Stecknadeln und nähen Sie mit 3 mm Abstand zur Kante (Geradstich, Stichlänge 2,5).

6. Nun nähen Sie die beiden Schlaufen. Legen Sie dafür jeweils die langen Seiten der beiden Schnittteile links auf links aufeinander und steppen Sie knappkantig entlang der langen offenen Kante (Geradstich, Stichlänge 2,5). Nun platzieren Sie jeweils eine kurze Seite der Schlaufen-Schnittteile an den markierten Stellen links und rechts an der Rückteil-Innenseite des großen Schnittteils (mit dem Stramin). Bilden Sie wie im Foto zu sehen jeweils eine Schlaufe, die Sie am großen Schnittteil feststecken und mit einer geraden Naht (Geradstich, Stichlänge 2,5) annähen.

7. Legen Sie nun das Taschen-Vorderteil links auf links auf die untere Taschen-Innenseite (mit dem Stramin), sodass die Rundungen beider Schnittteile bündig aufeinanderliegen. Stecken Sie die Kante und nähen Sie mit 3 mm Abstand zur Kante (Geradstich, Stichlänge 2,5). Nun schlagen Sie die Klappe der Tasche nach unten und haken den Tragegurt an den Schlaufen ein. Sie können nach Belieben auch noch einen Taschenverschluss anbringen, etwa einen Magnet-Verschluss.

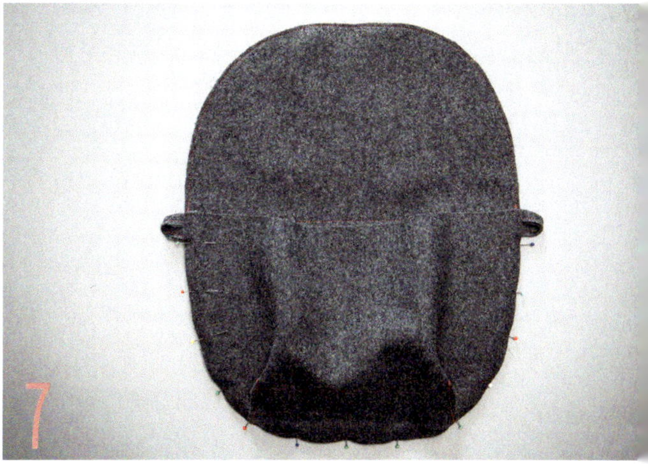

INDIVIDUELLE WÄRMFLASCHE

Der Überzug aus weichem Fleece dient nicht nur als Isolierung für die Wärme, sondern er kann auch nach Belieben mit Applikationen und Nähten verziert ein wärmendes Geschenk werden – lassen Sie Ihrer Kreativität freien Lauf!

GRÖSSE 21 x 34 cm (für eine Standard-Wärmflasche)

➻ **Schnittmuster unter www.gu.de/diy/51780**

MATERIAL Fleecestoff: 40 cm (ab 90 cm Breite) | Musterstoff: ca. 50 x 25 cm | Vliesofix: ca. 25 x 25 cm | Fixier-Stickvlies: ca. 50 x 25 cm | farblich passendes Garn (nach Belieben auch eine Kontrastfarbe)

INFO ZUM NÄHEN

Wenn nicht anders angegeben,

- nähen Sie stets mit Geradstich und Stichlänge 2,5.
- versäubern Sie wie auf Seite 25 angegeben.
- verriegeln Sie die Nähte (▸ Seite 24).
- gilt eine Nahtzugabe von 1 cm. Sie ist im Schnitt bereits enthalten.

VORBEREITUNG

Bereiten Sie den Stoff vor (▸ Seite 16).

Schneiden Sie aus dem Fleecestoff die Schnittteile wie im Zuschneideplan angegeben zu. Übernehmen Sie alle Markierungen.

Aus dem Musterstoff schneiden Sie ein Stück zu, dessen untere Rundung der Rundung des Fleecestoff-Schnittteils entspricht, den Verlauf der oberen Kante können Sie frei wählen. Außerdem schneiden Sie noch ein paar Dreiecke oder Formen nach Lust und Laune zu. Da die Formen aus dem Musterstoff sehr vom Muster abhängen, enthält das Schnittmuster nur die Grundform des Wärmflaschen-Schnittteils.

WERDEN SIE KREATIV!

Dieses Projekt bietet sich gut an, dekorative Stiche an Ihrer Nähmaschine zu testen und sich kreativ auszutoben. Zu Beginn empfehlen wir, an Stoffresten zu üben – denn wie beim Zeichnen gilt auch hier: Übung macht den Meister.

- Ein Garn in einer Kontrastfarbe ergibt einen schönen Effekt. Verwenden Sie auch mehrere Garnfarben, die zusammenpassen.
- Sind Sie schon geübter im Applizieren, können Sie sich auch an Schriftzügen und Buchstaben versuchen. Dazu benötigen Sie einen Freihand-Nähfuß (▸ Seite 173).
- Bringen Sie Zierstiche zum Einsatz! Applikationen lassen sich anstatt mit dem engen Zickzackstich auch mit Zierstichen umranden. (Probe-Applikation vorher nähen!)
- Statt geometrischer Muster nähen Sie einfache Formen aus der Natur auf, etwa Pilze.

1

2

3

4
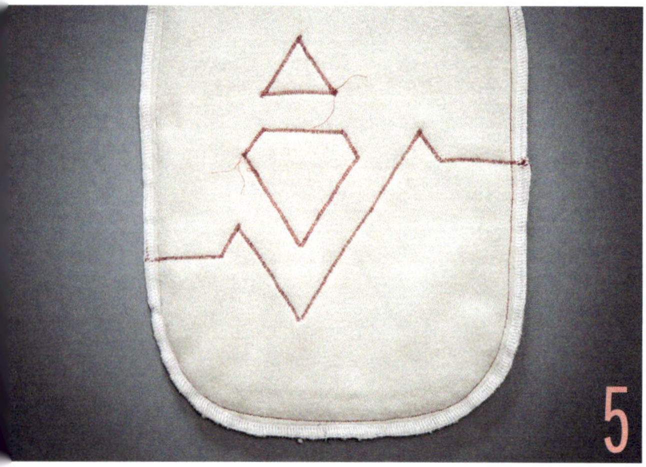
5

6

1. Legen Sie das Schnittteil aus dem Musterstoff (mit der Rundung) mit der linken Seite nach unten auf die rechte Seite des Fleecestoffes und stecken Sie es fest. Achten Sie darauf, dass die Rundungen an der unteren Kante bündig aufeinanderliegen. Stecken Sie dann die beiden Lagen entlang der unteren Kante ab. Der genaue Verlauf der oberen Kante des Musterstoffes bleibt Ihnen überlassen, er hängt vom Stoffmuster ab. Dann bügeln Sie das Fixier-Stickvlies auf die Rückseite des Fleecestoffes großzügig an den Stellen, an denen Sie den Musterstoff und die Flicken daraus annähen möchten. Die glatte Seite des Stickvlieses zeigt zum Fleecestoff. Durch das Fixier-Stickvlies wellen sich die Nähte nicht zu sehr und das Ergebnis wird schöner (es wird später wieder entfernt). Nun nähen Sie von rechts entlang des oberen Rands des Musterstoffs mit einem engen Zickzackstich (Stichlänge 3, Stichbreite 0,4). Wenn Sie ein Garn in einer Kontrastfarbe wählen, ergibt dies einen schönen Effekt. **Wichtig:** Um eine schöne Spitze an den Ecken zu erhalten, stoppen Sie kurz, wenn Sie an der Spitze ankommen, lassen die Nadel im Stoff, heben den Nähfuß an und drehen das Schnittteil. Dann senken Sie den Nähfuß wieder und nähen weiter.

2. Verteilen Sie dann die Applikations-Stoffflicken erst einmal auf dem Stoff und stecken Sie sie, wie es Ihnen gefällt. Lassen Sie Ihrer Kreativität hier freien Lauf und probieren Sie ein paar Varianten aus, bis Sie Ihre Entscheidung treffen. Sie können die Vorder- und Rückseite zum Beispiel auch symmetrisch gestalten.

3. Schneiden Sie für die Applikationen das Vliesofix zu. Es sollte etwas kleiner sein als die Stoffflicken für die Applikationen. Ziehen Sie die erste Papierseite vom Vliesofix ab und legen Sie es auf die linke Stoffseite der Applikation. Bügeln Sie das Vliesofix fest. Je nach Material des Musterstoffes müssen Sie die Hitze des Bügeleisens an den Stoff anpassen. Vergessen Sie nicht, Backpapier zwischen Bügeleisen und Vliesofix zu legen, damit kein Kleber an das Bügeleisen kommt. Ziehen Sie nun die zweite Seite beim Vliesofix ab und positionieren Sie die Flicken mit dem Vliesofix nach unten an den gewünschten Stellen auf dem Fleece-Schnittteil. Achtung: Bügeln Sie die Flicken mit geringer Hitze fest – der Fleecestoff besteht aus Kunstfasern und schmilzt ansonsten.

4. Nähen Sie nun die Flicken an, indem Sie sie von rechts mit einem engen Zickzackstich (Stichbreite 3, Stichlänge 0,4) umranden. Diese zusätzlichen Nähte fixieren die Flicken, außerdem verleihen sie den schönen Applikationseffekt. Wenn Sie alle Flicken fixiert haben, können Sie das Fixier-Stickvlies auf der linken Seite des Fleeces heraustrennen.

5. Wenn Sie fertig sind mit dem Applizieren, legen Sie die beiden Fleece-Schnittteile rechts auf rechts aufeinander, stecken Sie sie rundherum fest und steppen Sie dann mit einem elastischen Stich (▸ Seite 159) mit 1 cm Abstand zur Kante. Achtung: Die obere gerade Seite bleibt offen! Danach versäubern Sie die Kante. Wenden Sie den Bezug durch die Öffnung auf rechts.

6. Für den Saum am Wärmflaschen-Hals klappen Sie den Fleecestoff 2-mal um jeweils 1 cm nach links um und nähen knappkantig mit einem elastischen Stich (▸ Seite 159) rundherum.

FÜTTERN

Gefüttert wirkt jedes Kleidungsstück – egal ob Rock, Jacke oder Kleid – gleich viel professioneller. Ein Futter dient als An- und Ausziehhilfe an den Ärmeln oder kann Teile für eine Winter-Variante aufrüsten.

WOZU EIN FUTTER?

Kleidungsstücke oder Accessoires zu füttern bedeutet, sie mit einem Innenleben auszustatten. Das kann zum einen praktische Gründe haben, aber auch rein dekorativen Zwecken dienen. Da man das Futter oft nur beim Anziehen sieht oder bei einer Tasche beim Öffnen, kann man mit dem Futter ein Stück »Persönlichkeit« ausdrücken – es klingt etwas esoterisch, ist aber bei vielen (Hobby-)Näherinnen so. Gemeint ist die kleine Freude am bunt gemusterten Futterstoff im schlichten Bleistiftrock oder das blumige Ärmelfutter, das man nur sieht, wenn man den Ärmel umschlägt. Zudem können Sie gedeckte, eher trister wirkende Farben im Oberstoff mit einem helleren oder bunteren Futterstoff für das Gesamtbild aufpeppen – auch wenn es von außen nicht zu sehen ist.
Wir empfehlen ein Futter in folgenden Situationen zu integrieren:

- **Unangenehmer Oberstoff:** Wenn Sie einen Stoff verarbeiten, der sich kratzig oder unangenehm an der Haut anfühlt, z. B. bei Jacken oder Blazern.
- **Winterkleider oder -röcke:** Bei kalten Temperaturen werden Röcke und Kleider stets mit Strumpfhosen getragen. Damit der Rock auch immer locker fällt (und nicht an der Strumpfhose »klebt«), sollte ein Futter eingenäht werden.
- **Isolierung:** Bei Mänteln und Jacken für den Winter können Sie eine isolierende Schicht in das Futter einnähen. Das kann entweder ein Volumenvlies sein oder Sie verwenden gleich einen vorgesteppten, wattierten Stoff (unsere Empfehlung!).
- **Innentaschen:** Möchten Sie bei Taschen oder Jacken Innentaschen einfügen, müssen Sie diese in ein Futter einnähen.
- **Professionalität und Dekoration:** Dies dient zwar keinem praktischen Zweck, dennoch können Sie Ihre selbstgenähte Garderobe dadurch aufwerten und sich beim Innenleben »austoben«.

STOFFE ZUM FÜTTERN

Je nach Verwendungszweck ist der im Handel als »Futterstoff« bezeichnete Stoff nicht für alle Zwecke gleich geeignet. Wir geben Ihnen hier einen kleinen Überblick über die Möglichkeiten, verschiedenes Material als Futter zu verwenden:

- **Futterstoff aus Viskose:** Dieser hochwertige, rutschige Stoff (▸ Seite 15) eignet sich gut für mittelschwere bis schwere Oberstoffe, wie zum Beispiel für Mäntel und Jacken.
- **Futterstoff aus Acetat:** Hier finden Sie voraussichtlich die größte Auswahl. Dieser Stoff aus Kunstfasern ist rutschig und bietet sich als Ärmelfutter bei Mänteln und Jacken an sowie auch als Rockfutter bei Winterröcken und -kleidern, damit der Oberstoff schön fällt.
- **(Dünne) Baumwolle:** Sie eignet sich für Sommerkleider, -röcke oder Oberteile. Baumwolle ist angenehm auf der Haut und auch bei durchsichtigen Oberstoffen eine gute Option. Für Taschenfutter ist sie ebenfalls geeignet.
- **Wattiertes Futter oder Fellimitat:** Sie dienen zur Isolierung oder verleihen die »Kuschelnote« für kalte Tage. Sie sind passend bei Mänteln, Jacken, Mützen und Westen.
- **Wasserabweisender Stoff:** Er lässt sich gut als Taschenfutter verwenden, etwa bei Kulturbeuteln, die somit Feuchtigkeit ausgesetzt werden können. Gewachste Stoffe liefern dazu noch Standfestigkeit.

OBERTEIL/KLEID FÜTTERN

Das Futter kann ärmellos, ohne Reißverschluss oder mit seitlichem Reißverschluss genäht werden. Einen Rock füttern Sie nach dem gleichen Prinzip.

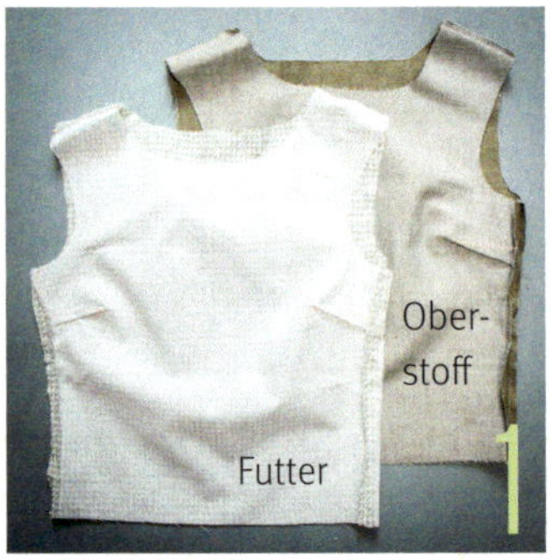

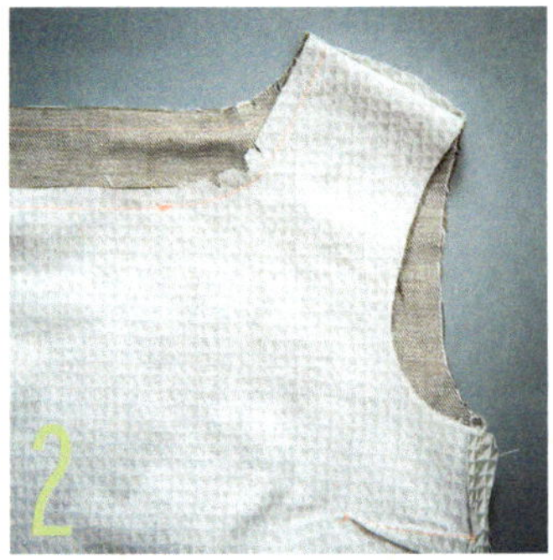

Zuschnitt für das Futter: Sie benötigen die gleichen Schnittteile wie für das Hauptteil. Schneiden Sie allerdings die Teile rundherum um 2 mm größer aus. Die Nähte müssen nicht versäubert werden.

1. Nähen Sie die Schnittteile für das Futter genauso zusammen, wie es beim Haupt-Schnittteil steht. Auch die Nahtzugaben bügeln Sie immer auseinander. Für ein Kleid schneiden Sie noch zusätzlich die Rock-Schnittteile aus dem Futterstoff zu, allerdings in der gleichen Größe wie im Schnitt angegeben.

2. Nun stülpen Sie das Futterteil rechts auf rechts auf den Oberstoff und schließen das Halsloch rundherum mit 1 cm Abstand zur Kante. Schneiden Sie die Nahtzugabe auf 5 mm zurück, außerdem schneiden Sie Knipse in die Rundungen, damit sich diese nach dem Wenden schön formen lassen.

3. Wenden Sie nun das Futter durch das Halsloch nach innen (auf rechts). Klappen Sie den Oberstoff an einer Seite so weit hoch, dass Sie an die Ärmelöffnung kommen. Nun legen Sie die beiden Lagen entlang des Armlochs rechts auf rechts und steppen das Armloch rundherum mit 1 cm Abstand zur Kante. Diesen Schritt wiederholen Sie für das zweite Armloch. Wenn Sie nur ein Oberteil füttern möchten, klappen Sie den Saum jeweils an Ober- und Futterstoff 1 cm nach innen um und nähen knappkantig entlang des Saums. Sie können am Saum auch ein Schrägband verarbeiten (▸ Seite 113).

4. Wenn Sie ein Kleid füttern möchten, ist nun der Rock an der Reihe. Schließen Sie dafür die Seiten, indem Sie sie rechts auf rechts legen und mit 1 cm Abstand zur Kante steppen. Wenn Sie in Ihrem Hauptkleid Rüschen oder Falten haben, müssen Sie das auch im Futter ausgleichen. Legen Sie im Futter-Rock große, einseitige Falten (▸ Seite 68), bis er den gleichen Umfang hat wie der Oberstoff-Rock. Rüschen Sie den Futter-Rock nicht, ansonsten entsteht zu viel Volumen und das trägt sehr auf.

5. Stülpen Sie das Oberteil über den Rock, sodass die offenen Kanten rechts auf rechts übereinanderliegen. Stecken Sie rundherum und steppen Sie dann mit 1 cm Abstand zur Kante. Versäubern Sie diese Kante. Die Nahtzugabe bügeln Sie zum Oberteil.

JACKE/MANTEL FÜTTERN

Nehmen Sie bei dieser Variante für Ärmel einen rutschigen Futterstoff. Für eine wärmende Variante nehmen Sie ein wattiertes Futter.

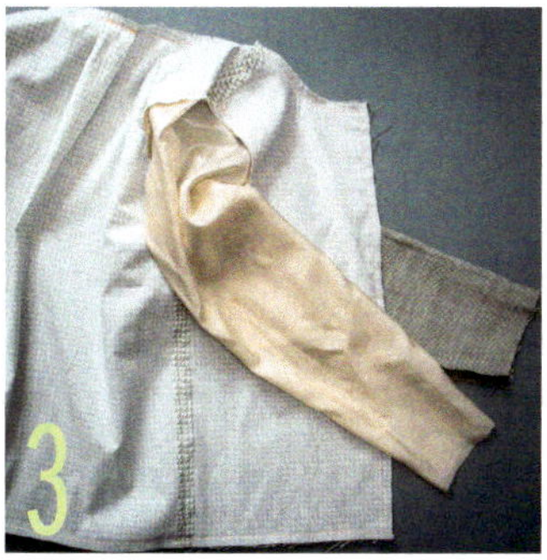

Zuschnitt für das Futter: Sie benötigen die gleichen Schnittteile wie für das Hauptteil. Schneiden Sie die Teile aber rundherum um 2 mm größer aus. Den Schnittmusterbruch des Rückteils legen Sie leicht schräg zum Stoffbruch, sodass die Ecke des Saums vom Schnittteil direkt am Bruch liegt und die Ecke des Halsloch 4 cm daneben. So schneiden Sie das Rückteil zu. Die Nähte werden nicht versäubert.

1. Die Mehrweite, die im Rückteil beim Zuschnitt hinzugefügt wurde, dient dazu, dass das Futter nicht spannt. Sie muss nun ausgeglichen werden. Fügen Sie dazu am Rücken in der Mitte des Halsausschnitts eine Kellerfalte (▸ Seite 69) hinzu, die 4 cm breit ist (gemessen von der innenliegenden linken bis zur rechten Bruchkante der Falte). Fixieren Sie diese Falte mit einer Naht mit ca. 0,5 cm Abstand zur Kante.

2. Nähen Sie dann die Futter-Schnittteile zusammen, wie Sie das Haupt-Schnittteil nähen. Die Nahtzugaben bügeln Sie immer auseinander. Lassen Sie eine 20 bis 30 cm große Öffnung in einem Ärmel (je nachdem, ob der Oberstoff dünner oder dicker ist). Durch die Öffnung wird später alles gewendet.

3. Nun nähen Sie das Futter rechts auf rechts auf den Jackenkorpus: Dazu stecken Sie die Kanten am Saum von Unterkante, vorderer Jackenöffnung sowie am Halsloch aufeinander und steppen rundherum mit 1 cm Abstand zur Kante. Auch die beiden Seiten der vorderen Jackenöffnung schließen Sie. Befindet sich an der vorderen Jackenöffnung ein Reißverschluss, nähen Sie das Futter in die Nahtzugabe des Oberstoffes inkl. der Reißverschluss-Laschen ein.

4. Schlagen Sie die Futterärmel ein Stück auf die linke Seite um. Stecken Sie die umgeschlagene Ärmelseite in den Oberstoff-Ärmel, sodass die Ärmelsäume rechts auf rechts liegen. Rundherum stecken und mit 1 cm Abstand zur Kante steppen.

5. Wenden Sie nun alles durch die Öffnung im Ärmel in Richtung Hauptteil (nicht in Richtung Ärmelsaum). Bügeln Sie die verstürzten Kanten, das Futter darf von außen nicht zu sehen sein. Gerade an den Ärmeln passiert das gern – hier können Sie zusätzlich noch durch eine Steppnaht 0,5 bis 2 cm neben der Kante das Futter am Ärmel fixieren. Schließen Sie die Öffnung im Ärmel mit einem Matratzenstich (▸ Seite 26).

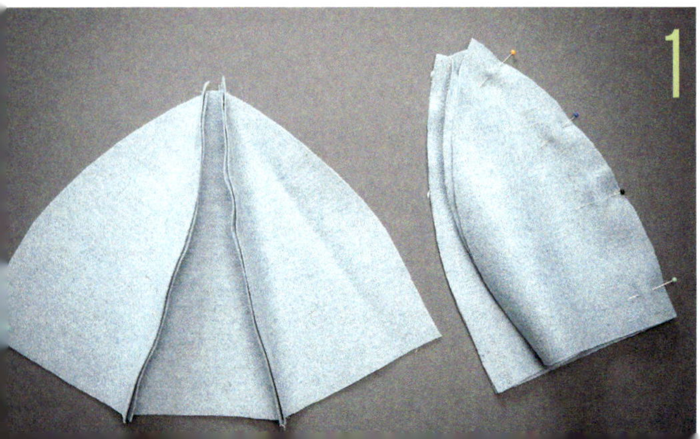
1

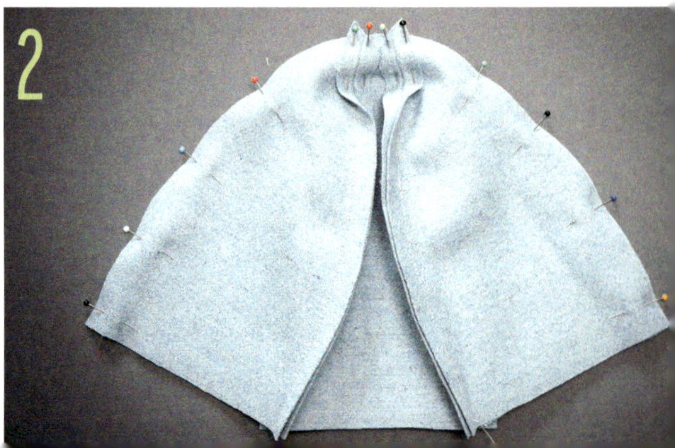
2

KUSCHELIGE FLIEGERMÜTZE

Eine Mütze für warme Ohren an kalten Tagen – und das für jedermann! Mit den Ohrenklappen und dem Schirm ist sie der russischen Uschanka nachempfunden. Durch das Kunstfell als Futter wird die Mütze noch kuscheliger und wärmer.

GRÖSSE Kopfumfang 52 bis 58 cm

➳ **Schnittmuster unter www.gu.de/diy/51780**

MATERIAL Wollstoff: 30 cm (bei 140 cm Breite) | Fellimitat: 30 cm (bei 140 cm Breite) | Band, 15 mm breit: 2-mal 30 cm | farblich passendes Garn

INFO ZUM NÄHEN

Wenn nicht anders angegeben,

→ nähen Sie stets mit Geradstich und Stichlänge 2,5.

→ verriegeln Sie die Nähte (▸ Seite 24).

→ gilt eine Nahtzugabe von 1 cm. Sie ist im Schnitt bereits enthalten.

VORBEREITUNG

Schneiden Sie alle Teile des Schnittmusters wie angegeben aus und übertragen Sie sie auf den Stoff (▸ Seite 19). Übernehmen Sie alle Markierungen vom Schnittmuster. Dann schneiden Sie den Stoff zu.
Bei den Schnittteilen müssen Sie keine Kanten versäubern, da alle offenen Kanten innen liegen.

ANLEITUNG

1. Platzieren Sie an den beiden langen Seiten von einem Schnittteil A jeweils ein Schnittteil B rechts auf rechts. Stecken Sie die Rundung ab und steppen Sie sie mit 1 cm Abstand zur Kante. Dann bügeln Sie die Nahtzugaben auseinander. Dies kann etwas umständlicher sein, da es eine Rundung ist. Verwenden Sie entweder ein Bügelkissen oder schneiden Sie Knipse in die Rundung. Wiederholen Sie diesen Schritt bei dem zweiten Schnittteil A und den restlichen beiden Schnittteilen B.

2. Legen Sie nun die beiden in Schritt 1 genähten »Dreier-Teile« rechts auf rechts, sodass die Kanten an den offenen Rundungen übereinanderliegen. Achten Sie darauf, dass die Nahtzugaben im Bereich der Mützenspitze auseinandergeklappt bleiben. Dies geht am besten, wenn Sie sie mit Stecknadeln wie im Foto gezeigt fixieren. Stecken Sie dann die Kanten entlang der Rundung fest und steppen Sie sie mit 1 cm Abstand zur Kante.
Wiederholen Sie die Schritte 1 und 2 mit den Schnittteilen für das Fellfutter.

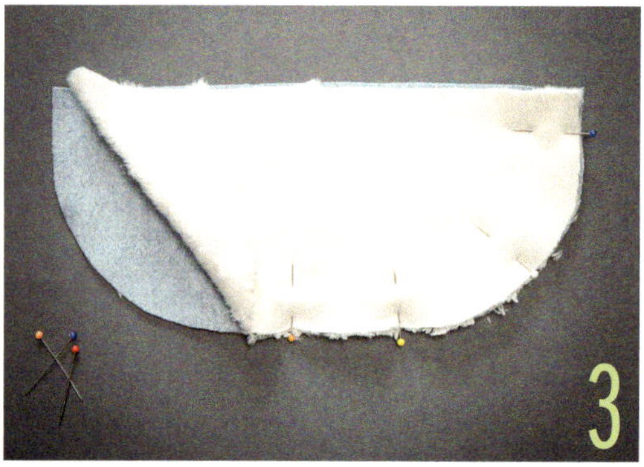
3

4
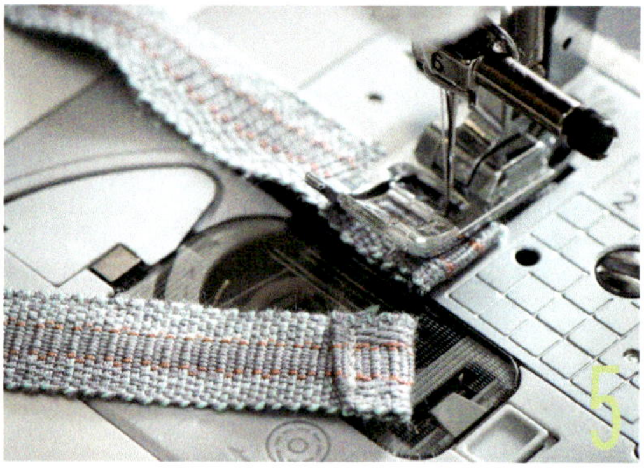
5
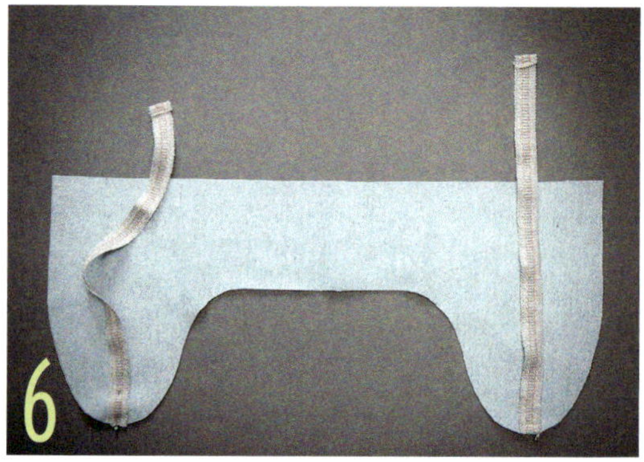
6
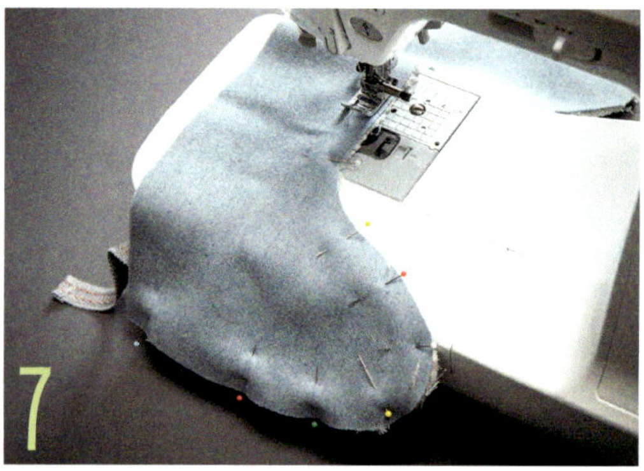
7
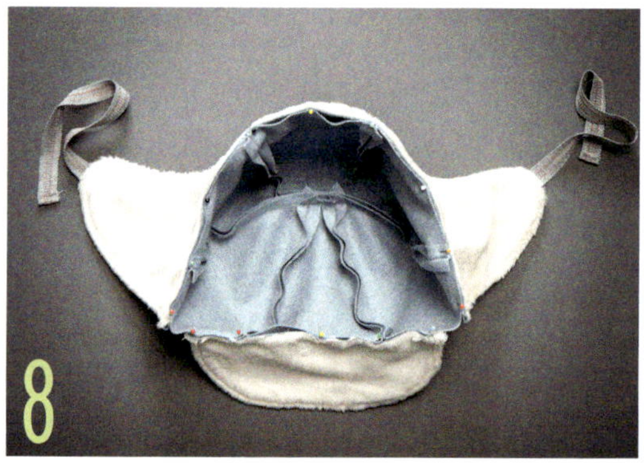
8

9
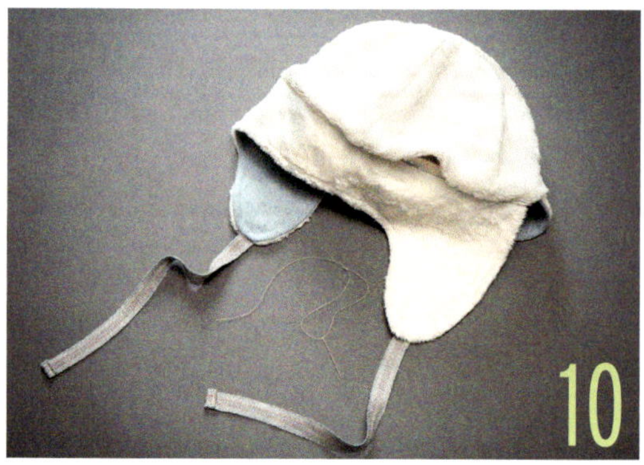
10

3. Nun ist der Mützenschirm an der Reihe: Legen Sie die Schnittteile aus dem Futterstoff und aus dem Außenstoff mit den rechten Seiten aufeinander. Stecken Sie beide Lagen entlang der gebogenen Kante und steppen Sie sie mit 1 cm Abstand zur Kante. Die gerade Strecke bleibt offen. In die Rundungen schneiden Sie kleine Knipse, damit sie sich nach dem Wenden besser rund fügen.

4. Wenden Sie nun den Mützenschirm und setzen Sie auf der Außenseite des Schirms an der eben genähten Rundung 0,5 cm neben der Kante eine weitere sichtbare Naht.

5. An den Bändeln klappen Sie jeweils ein Ende 2-mal um 0,5 cm um und steppen diese Enden dann knappkantig. So sind die Enden schön versäubert und können nicht ausfransen.

6. Legen Sie das Außenstoff-Ohrenschnittteil mit der rechten Seite nach oben vor sich. Platzieren Sie an den unteren Rundungen des Ohren-Schnittteils jeweils das unversäuberte Ende der beiden Bändel an den Markierungen mit der rechten Seite nach unten. Die genaue Stelle ist im Schnittmuster angegeben. Die Bändel liegen dabei über der Ohrenklappe nach oben! Stecken Sie die Bändel am Stoff fest und nähen Sie mit 0,5 cm Abstand zur Kante quer über das Ende von jedem Bändel.

7. Nun legen Sie das Außenstoff-Ohrenschnittteil mit der rechten Seite nach unten auf die rechte Seite des Ohren-Schnittteils aus dem Futterstoff. Stecken Sie die beiden Lagen entlang der gebogenen Kante zusammen und steppen Sie diese Kante mit 1 cm Abstand zum Rand. Die gerade Strecke bleibt komplett offen. Schneiden Sie in die Rundungen kleine Knipse, dann wenden Sie das Ohren-Schnittteil. Steppen Sie wie beim Mützenschirm noch einmal auf dem Außenstoff an der eben genähten Rundung mit 0,5 cm Abstand neben der Kante eine sichtbare Naht.

8. Nun komplettieren Sie die Mütze. Dazu stecken Sie das Ohren-Schnittteil und den Mützenschirm an das in Schritt 1 und 2 genähte Außenstoff-Hauptteil rechts auf rechts fest. Achten Sie darauf, dass die hintere Mitte des Ohrenteils über der Mitte von (einem) Schnittteil A liegt. Auf der gegenüberliegenden Seite – dem zweiten Schnittteil A – liegt der Mützenschirm mittig angeordnet. Stecken Sie Schirm und Ohrenteil rundherum an der Mütze fest und steppen Sie die Kante mit 0,7 cm Abstand zum Rand. Ohrenteil und Mützenschirm werden vorerst nicht umgeklappt.

9. Nun stülpen Sie das Mützenfutter rechts auf rechts über die Mütze. Achten Sie darauf, dass die senkrechten Nähte von Futter und Außenstoff übereinander- und die Nahtzugaben noch auseinanderliegen. Markieren Sie eine Wendeöffnung von ca. 8 cm, am besten im Bereich des Ohrenteils, und stecken Sie die Lagen zusammen. Dann steppen Sie rundherum mit 1 cm Abstand zur Kante, nur die Öffnung lassen Sie frei.

10. Wenden Sie das Ganze durch die Öffnung und schließen Sie die Öffnung mit einem Matratzenstich (▸ Seite 26). Dann stülpen Sie die Innenseite der Mütze mit dem Fellfutter nach innen.

WÄRMENDE FUTTERSTOFFE

Anstelle des Fellimitats können Sie auch andere wärmende Futtervarianten verarbeiten:

- **Gestepptes, wattiertes Futter:** Diese Stoffe sind extra als wärmendes Futter konzipiert. Achten Sie darauf, dass sich die innere Stoffseite angenehm anfühlt.
- **Kaschmir- oder Merinowollstoff:** Diese Stoffe halten sehr warm und sind sehr hochwertig. Dazu sind sie kuschelig weich und verleihen der Mütze weniger Volumen.
- **Volumenvlies:** Wenn Sie einen Baumwollstoff als Futter verwenden möchten, nähen Sie einfach eine wärmende Schicht Volumenvlies mit ein (weitere Infos ▸ Seite 171/172).

SOMMERLICHES KLEID

Legeres Kleid mit Raglan-Ärmeln. Durch den Tunnelzug an der Taille lässt es sich nach Belieben taillieren. Das Besondere an der Fütterung: Nur der Rock ist gefüttert. Den Ausschnitt ziert ein kontrastfarbener Beleg.

GRÖSSE Konfektionsgröße 34 bis 44

➻ **Schnittmuster unter www.gu.de/diy/51780**

MATERIAL Baumwollstoff, Größe 34 bis 38: 200 cm (ab 110 cm Breite); Größe 40 bis 44: 220 cm (ab 110 cm Breite | Futterstoff (dünne Baumwolle), Größe 34 bis 44: 130 cm (bei 140 cm Breite) | Band, 15 mm breit: 150 cm | farblich passendes Garn

INFO ZUM NÄHEN

Wenn nicht anders angegeben,

- → nähen Sie stets mit Geradstich und Stichlänge 2,5.
- → versäubern Sie wie auf Seite 25 angegeben.
- → verriegeln Sie die Nähte (▸ Seite 24).
- → gilt eine Nahtzugabe von 1 cm. Sie ist im Schnitt bereits enthalten.

VORBEREITUNG

Bereiten Sie den Stoff vor (▸ Seite 16).
Schneiden Sie alle Teile des Schnittmusters wie angegeben aus und übertragen Sie sie auf den Stoff (▸ Seite 19). Übernehmen Sie alle Markierungen. Dann schneiden Sie den Stoff zu. Versäubern Sie vom Halsloch-Beleg die kurzen Kanten (an den Schultern) und die lange gebogene Außenkante.

ANLEITUNG

1. Stecken Sie die Abnäher an den Ärmel-Schnittteilen laut der Markierung ab und steppen Sie sie, ohne am Ende zu verriegeln (▸ Seite 45). Dann bügeln Sie die Abnäher in Richtung Rückteil.

2. Dieses Kleid hat Raglan-Ärmel, was vorwiegend in der Sport- und Freizeitmode verbreitet ist. Bei dieser Schnittform befinden sich Ärmel und Schulterpartie in einem Schnittteil. Der Ärmeleinsatz beginnt am Ausschnitt und verläuft diagonal bis zur Achsel. Stecken Sie beide Ärmel-Schnittteile jeweils rechts auf rechts auf das Vorderteil entlang der vorderen Ärmeleinsatzkanten. Steppen Sie mit 1 cm Abstand zur Kante und versäubern Sie die Kanten. Bügeln Sie die Nahtzugaben in Richtung Vorderteil nach unten.

1

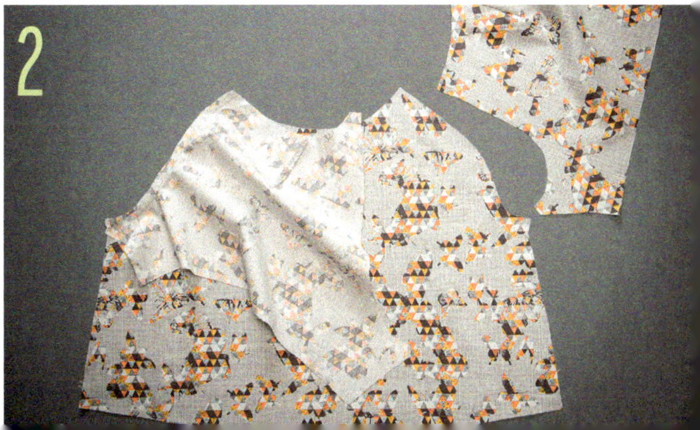
2

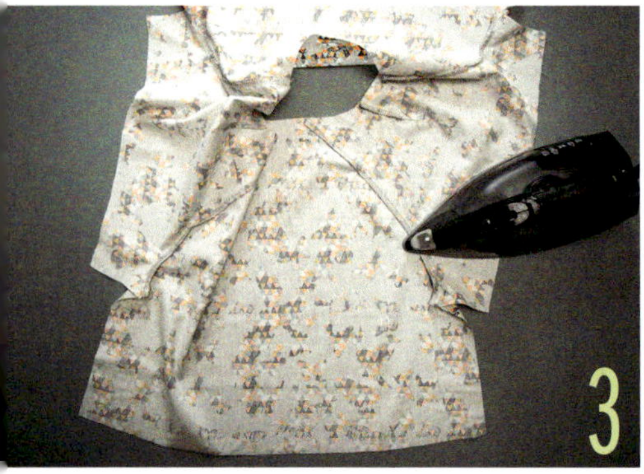

3. Nun legen Sie die Ärmel jeweils rechts auf rechts auf das Rückteil entlang der hinteren Ärmeleinsatzkanten. Fixieren Sie die Kanten mit Stecknadeln und steppen Sie sie mit 1 cm Abstand zur Kante zusammen. Anschließend versäubern Sie die Kanten. Die Nahtzugaben bügeln Sie in Richtung Rückteil nach unten.

4. Legen Sie die Beleg-Schnittteile an den kurzen Seiten rechts auf rechts bündig aufeinander und stecken Sie sie fest, sodass ein »Beleg-Ring« entsteht. Steppen Sie nun die Stellen mit 1 cm Abstand zur Kante. Versäubern, dann bügeln Sie die Nahtzugaben auseinander.

5. Platzieren Sie den Beleg rechts auf rechts auf dem Ausschnitt, dabei liegen die schrägen Nähte im Beleg über den hinteren Ärmeleinsatznähten. Stecken Sie den Beleg rundherum fest und steppen Sie ihn mit 1 cm Abstand zur Kante. Klappen Sie dann den Beleg nach innen und bügeln Sie den Ausschnitt, sodass man von außen nichts mehr vom Beleg sieht.

6. Damit der Beleg nicht durch den Ausschnitt nach außen klappen kann, befestigen Sie ihn innen am Kleid jeweils mit etwa 3 Stichen im Nahtschatten der hinteren Ärmeleinsatznähte. »Nähen im Nahtschatten« heißt, dass man auf der Außenseite einer Naht steppt, mit der zwei Stoffteile zusammengenäht wurden. Sie können Start- und Endpunkt dieser kurzen Naht mit Stecknadeln begrenzen.

7. Legen Sie nun das Vorder- und das Rückteil des Oberteils rechts auf rechts, sodass die Seitenkanten und die unteren Ärmelkanten jeweils bündig übereinanderliegen. Achten Sie darauf, dass die Markierungen genau übereinanderliegen. Fixieren Sie bei Bedarf die Kanten mit Stecknadeln und steppen Sie sie mit 1 cm Abstand zur Kante. Versäubern Sie dann die Seiten.

8. Für den Ärmelsaum schlagen Sie den Stoff 2-mal um jeweils 1 cm nach innen um. Bügeln Sie den Saum und stecken Sie ihn rundherum ab. Nähen Sie dann knappkantig an der inneren Kante. Wiederholen Sie diesen Schritt am zweiten Ärmel.

9. Für den Bund legen Sie jeweils die kurzen Seiten der Bund-Schnittteile von Außenstoff und Futterstoff rechts auf rechts. Steppen Sie die Seiten, sodass jeweils ein Schlauch entsteht. Bügeln Sie die Nahtzugaben auseinander.

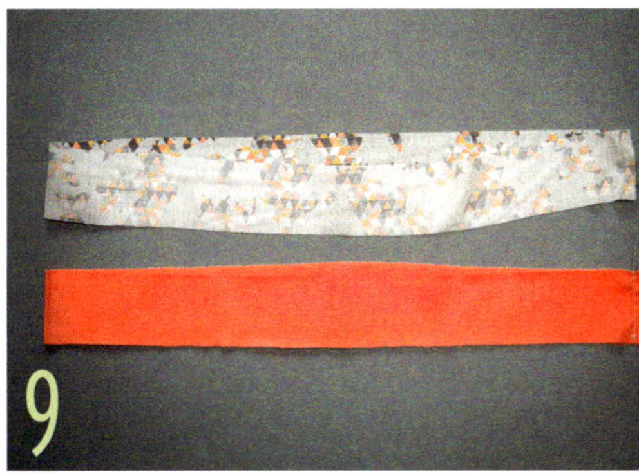

10. Platzieren Sie nun die Bund-Schnittteile so an der Unterkante des Kleid-Oberteils, dass der Innenbund rechts auf links am Saum und der Außenbund rechts auf rechts am Saum liegt. Die Quernähte mit den auseinandergebügelten Nahtzugaben liegen dabei übereinander auf Höhe einer Seitennaht im Oberteil. Stecken Sie alle drei Teile rundherum fest und steppen Sie sie mit 1 cm Abstand zur Kante zusammen, ohne im Anschluss zu versäubern.

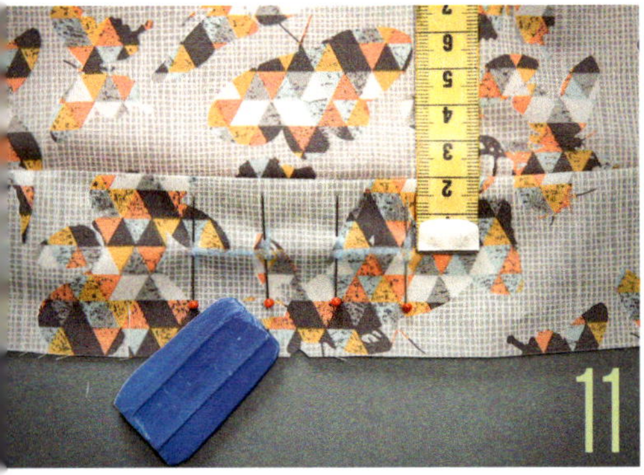

11. Als Öffnung für die Bänder im Bund dienen 2 Knopflöcher im Außenbund und zwar 2 cm unter der eben genähten Naht. Zeichnen Sie dafür mit Schneiderkreide 2 ca. 2 cm lange Linien parallel zur Naht ein. Begrenzen Sie bei Bedarf den Start- und Endpunkt der Knopflöcher mit Stecknadeln. Sie können die beiden Knopflöcher entweder vorne mittig im Bund platzieren oder seitlich – wie es Ihnen besser gefällt.

12. Nähen Sie die Knopflöcher nur in den Außenbund. Wie Sie die Knopflöcher nähen, lesen Sie auf Seite 27. Wenn der Stoff für das Kleid sehr dünn ist (machen Sie ein Probeknopfloch an einem Stoffrest!), legen Sie einen kleinen Stoffrest auf die linke Seite, den Sie mit dem Knopfloch einnähen. So wird die Knopfloch-Naht verstärkt. Nach der Fertigstellung der Knopflöcher können Sie den überstehenden Stoffrest wieder zurückschneiden. Öffnen Sie die Knopflöcher vorsichtig mit einem Nahttrenner oder einer feinen Fadenschere.

13. Klappen Sie die beiden Bund-Schnitteile nach unten und bügeln Sie entlang der Kante. An der noch offenen unteren Kante stecken Sie die beiden Bund-Schnittteile zusammen.

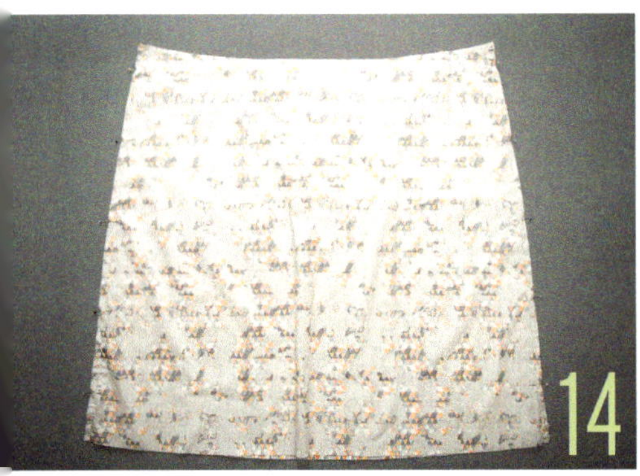

14. Nun kommt der Rock dran. Legen Sie das Vorder- und Rückteil (Außenstoff) rechts auf rechts, sodass die Seiten bündig aufeinanderliegen. Achten Sie auf die Markierungen. Stecken Sie die Kanten bei Bedarf fest und steppen Sie die Seiten mit 1 cm Abstand zur Kante. Versäubern Sie die Seiten und bügeln Sie die Nahtzugabe Richtung Rückteil. Wiederholen Sie diesen Schritt mit den beiden Futter-Schnittteilen.

15. Nun verbinden Sie Oberteil und Unterteil miteinander. Dazu legen Sie den in Schritt 13 gesteckten Bund zwischen Außenrock und Rockfutter. Der Außenrock liegt rechts auf rechts auf dem Außenbund und das Rockfutter rechts auf rechts auf dem Innenbund. Die Seitennähte des Rocks liegen auf der gleichen Höhe wie die Seitennähte des Oberteils. Um dieses »Sandwich« zusammenzustecken, benutzen Sie gleich die Stecknadeln, mit denen Sie die Bund-Schnittteile zusammengesteckt hatten. Steppen Sie die 4 Lagen rundherum mit 1 cm Abstand zur Kante und versäubern Sie diese. Klappen Sie dann die Rockteile nach unten.

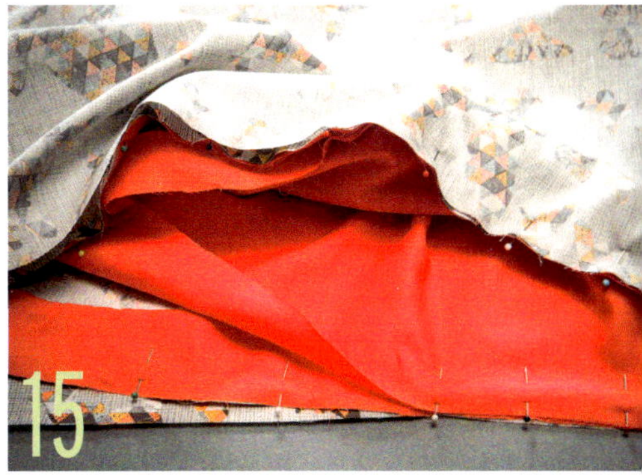

16. Nun wird der Rock gesäumt. Klappen Sie dazu im Außenrock den Saum zuerst um 1 cm und dann um 2 cm nach innen um. Bügeln Sie den Saum, stecken Sie ihn rundherum ab und steppen Sie ihn knappkantig an der inneren Kante.

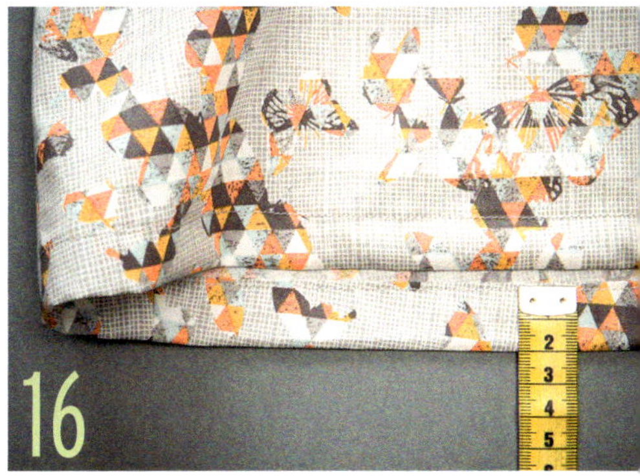

17. Damit der Futterrock nicht unter dem Außenrock hervorblitzt, wird dieser breiter gesäumt und somit kürzer. Dazu klappen Sie den Saum 2-mal um 3 cm nach außen um. Bügeln und stecken Sie den Saum. Anschließend steppen Sie ihn knappkantig an der inneren Kante. Zum Abschluss ziehen Sie noch das Band mithilfe einer Sicherheitsnadel durch den Tunnelzug an der Taille.

DEN SCHNITT VEREINFACHEN

- Dieser Schnitt funktioniert auch ohne Futter. Benötigen Sie kein Rockfutter, lassen Sie es weg und nähen den Bund nur an den Außenstoff.
- Halsloch-Belege: Wer verhindern möchte, dass der Beleg bei weniger akkuratem Arbeiten durch die andere Farbe sichtbar ist, schneidet ihn ebenfalls aus dem Außenstoff zu. Oder Sie lassen ihn komplett weg. Dann klappen Sie den Ausschnitt 2-mal um jeweils 1 cm nach innen, stecken ab und steppen knappkantig entlang der inneren Kante.
- Ist Ihnen der Tunnelzug zu aufwendig, lassen Sie ihn weg und verlängern den Saum um 4 cm.

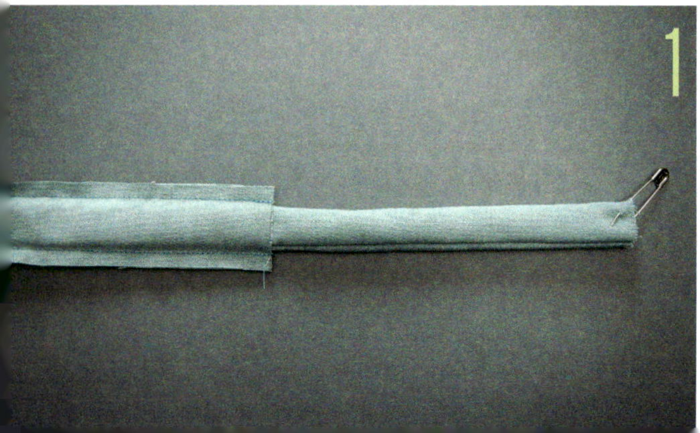

1

2

PFLEGELEICHTER RUCKSACK

Dieser Rucksack besticht durch seine schlichte Form. Mit seinem großen Innenraum lässt er sich zudem vielseitig einsetzen. Dank dem wasserabweisenden Futter und Bodeneinsatz ist er auch einfach zu reinigen.

GRÖSSE zirka 35 x 37 cm, optional auch zirka 35 x 47 cm

➸ Schnittmuster unter www.gu.de/diy/51780

MATERIAL Canvas-Stoff: 60 cm (ab 110 cm Breite) | Wachstuch (alternativ auch PVC): 100 cm (ab 110 cm Breite) | Bügelvlies, Stärke S320: 60 cm (bei 90 cm Breite) | festes Bügelvlies, Stärke S133: 27 x 15 cm | 1 Taschenschnalle (oder Schiebeschnalle), silberfarben, 30 mm breit | Kordel, Durchmesser 1 cm: 2-mal 180 cm (Farbe nach Wunsch) | farblich passendes Garn

INFO ZUM NÄHEN

Wenn nicht anders angegeben,
- → nähen Sie stets mit Geradstich und Stichlänge 2,5.
- → versäubern Sie wie auf Seite 25 angegeben.
- → verriegeln Sie die Nähte (▸ Seite 24).
- → gilt eine Nahtzugabe von 1 cm. Sie ist im Schnitt bereits enthalten.

VORBEREITUNG

Schneiden Sie die einzelnen Schnittteile wie im Zuschneideplan angegeben zu. Übernehmen Sie alle Markierungen.
Bügeln Sie das Bügelvlies auf die Canvas-Schnittteile (Taschen-Außenteile und Schnallen-Schlaufe) und das feste Bügelvlies auf das Boden-Schnittteil. Legen Sie Backpapier zwischen Vlies und Bügeleisen, damit kein Kleber an das Bügeleisen gelangt.
Wichtig: Verwenden Sie beim Wachstuch anstelle von Stecknadeln Stoffklammern, so entstehen keine unschönen Löcher.

ANLEITUNG

1. Legen Sie für die obere Leiste am Rückteil, an der die Kordel festgemacht wird (sie dient später als Träger), die beiden Leisten-Schnittteile rechts auf rechts, stecken Sie sie und steppen Sie die langen Kanten mit 0,7 cm Abstand zur Kante. Wenden Sie den Schlauch mithilfe einer Sicherheitsnadel auf rechts.

2. Platzieren Sie die Leiste auf der rechten Seite des Rückteils an der im Schnittmuster angegebenen Stelle. Stecken Sie sie fest und markieren Sie auch mit Stecknadeln die Öffnungen in der Leiste. Steppen Sie die Leiste dann knappkantig entlang der langen Seiten. Achten Sie darauf, die angegebenen Öffnungen frei zu lassen. An diesen Stellen ist es besonders wichtig, dass Sie am Anfang und Ende verriegeln. Zusätzlich nähen Sie an den Seiten der Öffnungen senkrecht zur langen Naht 2-mal hin und her quer über die gesamte Leiste (wie auf dem Foto zu sehen). Somit werden die langen waagerechten Nähte verstärkt.

3. Legen Sie nun die beiden Schnittteile für die Lasche (zum Öffnen und Schließen des Rucksacks) rechts auf rechts aufeinander. Steppen Sie mit 0,7 cm Abstand zur Kante entlang der beiden langen Seiten und der kurzen schrägen Seite. Schneiden Sie die Ecke an der Spitze 2 mm neben der Naht ab und wenden Sie die Lasche. Steppen Sie von außen knappkantig (ca. 2 mm) an den eben genähten Seiten. Platzieren Sie die Lasche mit der Canvas-Seite nach unten mittig auf der rechten Seite des Rucksack-Rückenteils. Steppen Sie sie mit 0,5 cm Abstand zum Rand oben fest.

4. Zum Befestigen der Schnalle klappen Sie eine der beiden kurzen Seiten des Schnallen-Schnittteils um 1 cm nach innen. Dann klappen Sie auch die langen Seiten um 1 cm nach innen. Steppen Sie nun die drei Seiten mit 0,7 cm Abstand zur Kante fest. Anschließend stecken Sie die Schnallen-Lasche über den Mittelsteg der Schnalle.

5. Nun befestigen Sie die Schnalle auf dem Rucksack-Vorderteil. Dazu legen Sie die Enden der Schnallen-Lasche links auf links. Dabei liegen die beiden kurzen Seiten aber nicht direkt aufeinander, sondern die untere (nicht versäumte) Seite ist um 1 cm versetzt; dadurch hat die Schnalle mehr Spiel. Positionieren Sie die Lasche wie im Schnittmuster angegeben. Wechseln Sie zum Reißverschluss-Nähfuß (damit kann man näher an der Kante nähen als mit dem Standard-Fuß) und steppen Sie den unteren Teil der Lasche in Form eines Rechtecks auf dem Vorderteil fest. Das Rechteck muss so groß sein, dass Sie auch die nicht versäumte Seite der Lasche mit einfassen. Am besten nähen Sie 2-mal rundherum, damit die Schnalle fest angenäht ist.

6. Legen Sie die beiden großen Canvas-Schnittteile rechts auf rechts und steppen Sie den Boden mit 1 cm Abstand zur Kante. Dies wiederholen Sie mit den zwei großen Futter-Schnittteilen, hier lassen Sie aber eine ca. 18 cm große Öffnung, durch die Sie zum Schluss alles wenden. Die Nahtzugaben können Sie, müssen aber nicht jeweils auseinanderbügeln.

7. Nähen Sie im Boden (Boden-Schnittteil aus Wachstuch inkl. festem Bügelvlies) an den im Schnittmuster angegebenen Positionen die Knopflöcher ein (Knopfloch einnähen, ▸ Seite 27). Die 4 Knopflöcher bilden zwei Bodenschlaufen für die Träger. Klappen Sie nun an den beiden langen Seiten des Bodensaums jeweils 1 cm nach innen um und stecken mit Stoffklammern ab. Platzieren Sie das Boden-Schnittteil mit der linken Seite auf der rechten Seite des Canvas und stecken mit Klammern die beiden Teile an den Seiten zusammen. Die beiden Teile werden nun mit 4 parallelen Steppnähten verbunden: 2 kürzeren, die den Taschenboden begrenzen, und 2 längeren an den äußeren Bodensäumen. (Im Bild ist einer der längeren Bodensäume noch geklammert.)

8. Legen Sie Vorder- und Rückseite rechts auf rechts und steppen Sie jeweils die Seiten. Um die Bodenöffnung zu schließen, legen Sie jeweils die Kante mit der Bodennaht und die Kante mit der Seitennaht rechts auf rechts. Fixieren Sie die Lagen mit Stoffklammern. Achten Sie darauf, dass die Nahtzugaben auseinandergeklappt sind und übereinanderliegen. Steppen Sie diese Kante mit 1 cm Abstand zum Rand. Dann steppen Sie die andere Kante. Wiederholen Sie diesen Schritt mit dem Futter-Teil.

9. Wenden Sie das Canvas-Außenteil auf rechts. Stülpen Sie das Futter-Teil darüber, sodass Außen- und Futterstoff rechts auf rechts liegen. Die offenen Kanten liegen bündig aufeinander. Stecken Sie rundherum ab und schließen Sie die Kante mit einer Steppnaht. Wenden Sie den Rucksack durch die Bodenöffnung im Futter und schließen Sie die Öffnung von rechts mit einer knappkantigen Steppnaht.

10. Zum Abschluss müssen Sie noch die Kordeln einfädeln. Dazu knicken Sie eine der beiden Kordeln in der Hälfte und führen die entstandene Schlaufe von oben durch eine der Öffnungen in der Leiste an der Rucksack-Rückseite. Fädeln Sie beide Enden durch die Schlaufe und dann eines der Enden von hinten nach vorne durch die entsprechende Bodenschlaufe (Knopflöcher). Nun verbinden Sie die beiden Enden mit einem beliebigen Knoten. Um die Träger verstellen zu können, bietet sich zum Beispiel der schnell und einfach zu knotende Schiebeknoten an. Im Internet finden Sie einige Videos und Anleitungen dazu. Auch Diamant- oder Kreuzknoten sind sehr schöne Zierknoten.

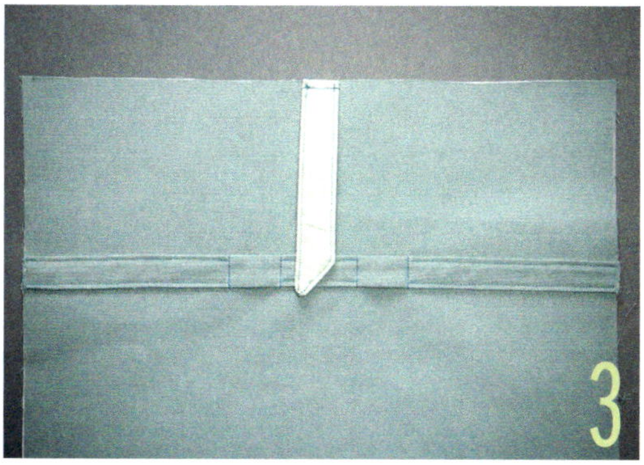
3

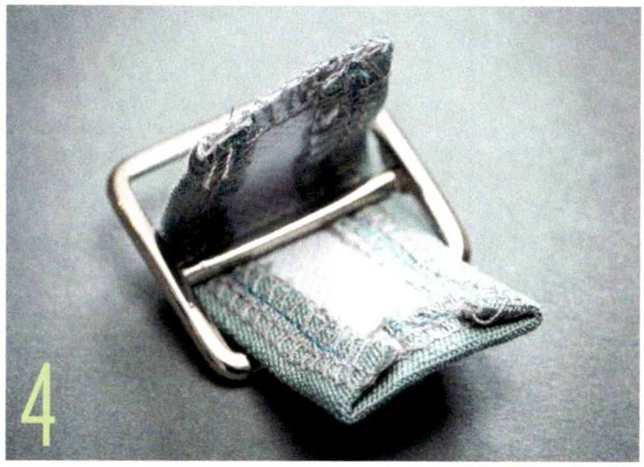
4

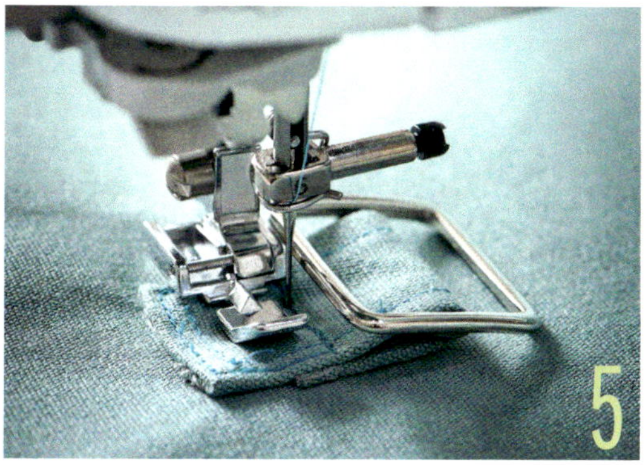
5

6

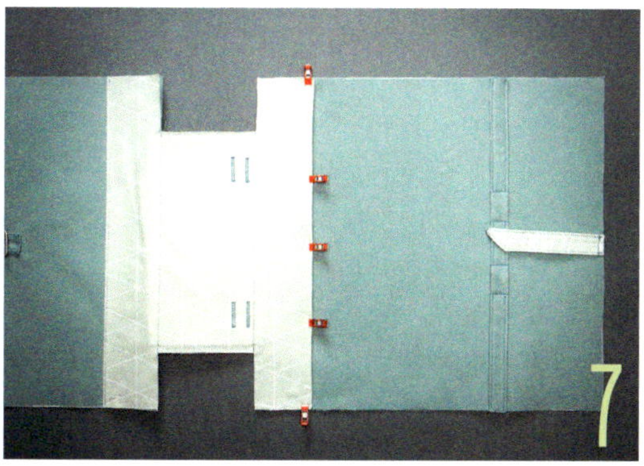
7

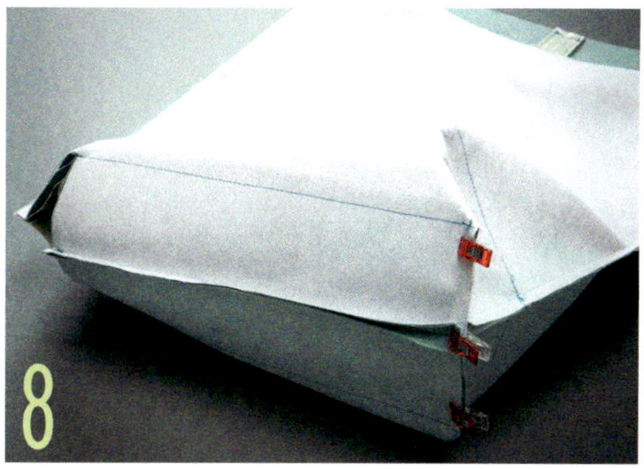
8

9

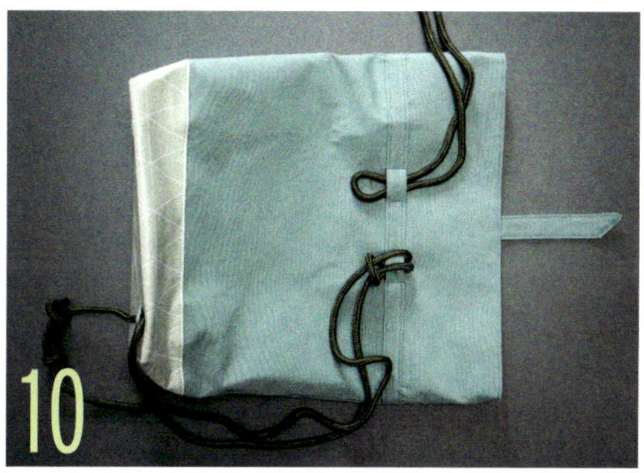
10

ELASTISCHE STOFFE

Elastische Stoffe wie zum Beispiel Jersey, Lycra oder Sweat sind sehr beliebt. Dies liegt vor allem an ihrem Tragekomfort. Diese Stoffe lassen sich auf unterschiedliche Art und Weise verarbeiten.

ELASTISCHE STICHE AN DER NÄHMASCHINE

Elastische Stoffe werden nicht mit dem Standard-Geradstich vernäht, da dieser nicht elastisch ist und die Naht ansonsten reißt. Nähen Sie diese Stoffe immer mit einer speziellen Jersey-Nähnadel – diese hat eine abgerundete Spitze.

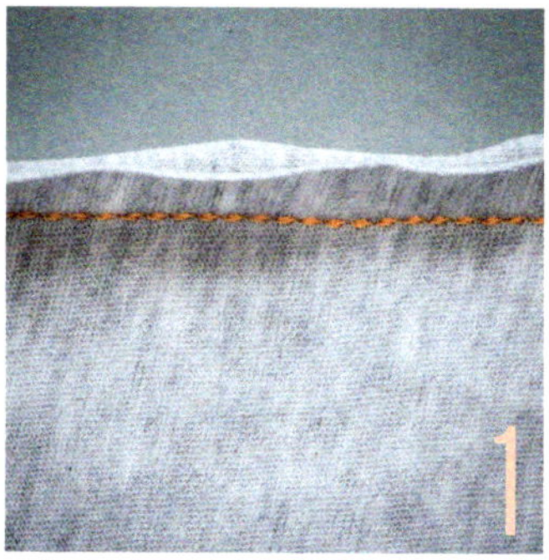

1. **Stretchstich oder transportgesteuerter Stich**
Optisch ähnelt dieser Stich dem Standard-Geradstich. Bei mechanischen Maschinen ist die Stichlänge meist vorgegeben, bei elektronischen kann man sie verstellen. Im Unterschied zum Standard-Geradstich werden hier immer 2 Vorwärts- und 1 Rückwärtsstich genäht, dadurch erhält die Naht Elastizität. Durch die Vorwärts- und Rückwärtsbewegung ist der Stich etwas langsamer, das Nähen von langen Strecken kann mühsamer sein. Wenn der verwendete Stoff franst, sollten Sie die Kanten zusätzlich noch versäubern.

2. **Zickzackstich**
Ein vielseitig verwendbarer Stich. Verstellen Sie die Stichbreite, wird die Breite der Zacken entsprechend verändert. Die Stichlänge bestimmt den Abstand der Zacken zueinander. Sie können mit dem Zickzackstich elastische Stoffe zusammennähen oder offene Kanten versäubern. Zum Verbinden von elastischen Stoffen verwenden Sie einen schmalen und engen Zickzackstich (evtl. hat Ihre Maschine einen separaten Zickzackstich dafür). Beim Versäubern liegen die Zacken dicht an der Kante. Verwenden Sie bei stark fransenden Stoffen einen breiten, engen Stich. Bei dünnen bzw. feinen Stoffen arbeiten Sie mit einer schmalen Stichbreite und großer Stichlänge. Ein Nachteil am Zickzackstich ist, dass er nicht sehr professionell aussieht.

3. **Overlock- und Coverlock-Ersatzstiche**
Anstatt mit der Overlock-Maschine Kanten zu versäubern, können Sie an Ihrer Haushalts-Nähmaschine den Überwendlingsstich (im Bild oben) verwenden und, falls vorhanden, auch den entsprechenden Überwendlings-Nähfuß. Mit Dekorstichen (z. B. Hexen- oder Wabenstich, im Bild die beiden unteren Stiche) können Sie einen Coverlock-Stich ersetzen, da die meisten Dekorstiche die offene Saumkante auf der linken Seite schön versäubern und auf der rechten Seite als Zierstich dienen. Großer Nachteil an all diesen Stichen ist, dass sie sehr langsam sind. Die gleiche Strecke dauert also viel länger als mit der Overlock- oder Coverlock-Maschine, aber dennoch ist es schön, diese Option verwenden zu können.

STICHE AN DER OVERLOCK-MASCHINE

Nutzen Sie alle vier Fäden, um Schnittteile zusammenzunähen (im Bild oben). Die Overlock näht sehr schnell und die Teile sind nicht nur miteinander verbunden, sondern auch gleichzeitig versäubert. Nähen Sie allerdings nur elastische Stoffe mit der Overlock zusammen, da der Standard-Geradstich reißfester und stabiler ist und somit bevorzugt für nicht elastische Stoffe eingesetzt werden sollte. Zum Versäubern von offenen Kanten (bei allen Stoffarten) werden nur drei Fäden benötigt (im Bild mittig). Sie müssen den vierten Faden aber nicht zwingend entfernen, es dient nur dazu, Garn zu sparen. Mit einem Rollsaum (im Bild unten) können Sie feine Stoffe wie Chiffon oder Seide versäumen.

NÄHEN MIT DER OVERLOCK-MASCHINE

Wenn Sie eine Overlock-Maschine besitzen, sollten Sie sie immer bevorzugt für elastische Stoffe verwenden, weil die Kante gleichmäßig und sauber wird.

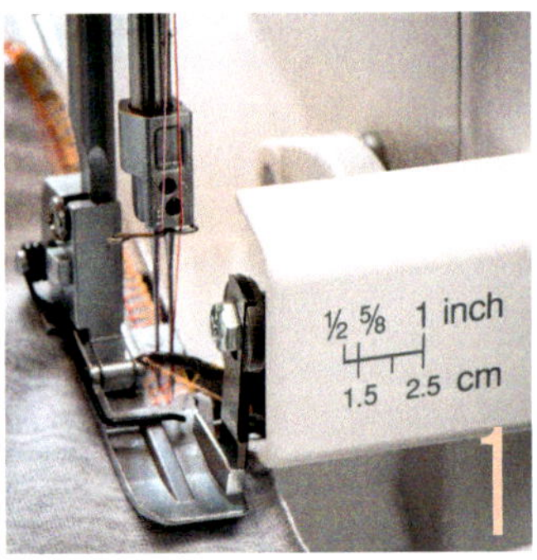

1. Eine Besonderheit an dieser Maschine ist das integrierte Messer. Der Stoff wird ein Stück abgeschnitten, sodass Sie schön sauber und gleichmäßig direkt an der Kante nähen können. Ist eine Nahtzugabe mit 1 cm angegeben, sollten Sie den Overlock-Stich 0,7 cm breit einstellen und ca. 0,3 cm Stoff an der Kante mit dem Maschinenmesser abschneiden.

2. Wenn Sie das Messer entfernen (dies sollte immer möglich sein), können Sie flache Overlock-Nähte nähen (Flatlock/Flachnaht genannt – im Bild 2 sind links die Rückseite, rechts die Vorderseite der Flachnaht zu sehen). Der Vorteil ist, dass man keine Nahtzugabe hat. Allerdings sieht diese Naht nicht sehr elegant aus. Sie ist zum Beispiel praktisch für Sportbekleidung.

3. Beim Nähen an der Overlock ist es sehr wichtig, dass Sie den Stoff nur führen. Wenn Sie zu stark am Stoff ziehen, wellt er sich (im Bild 3 oben). Wenn Sie den Stoff zu sehr in die Maschine schieben, kann er sich kräuseln (im Bild unten).

SÄUMEN VON ELASTISCHEN STOFFEN

Doppelte Steppnaht (mit Zwillingsnadel oder Coverlock-Maschine)

Dies ist (auch in der Industrie) die gängigste Methode, elastische Stoffe zu säumen. Die doppelte Steppnaht ist sehr unauffällig und sieht professionell aus. Wenn Sie oft elastische Stoffe verarbeiten, könnte es sich lohnen, in eine Coverlock-Maschine zu investieren. Die »normale« Nähmaschine erzielt erfahrungsgemäß aber auch sehr gute Ergebnisse! Verwenden Sie einfach eine Jersey-Zwillingsnadel und setzen eine zweite Garnrolle ein. Wie Sie genau dabei vorgehen, sollte in der Nähmaschinen-Gebrauchsanweisung beschrieben sein – es ist von Maschine zu Maschine unterschiedlich. Für welchen Nadelabstand Sie sich bei der Zwillingsnadel entscheiden, ist Geschmacksache. Wir empfehlen einen Abstand von 4 bis 6 mm. Mit der Zwillingsnadel können Sie den Standard-Geradstich verwenden. Probieren Sie die verschiedenen Einstellungen und Nähte zunächst auf einem Stoffrest aus und entnehmen Sie der Gebrauchsanweisung, welche weiteren Stiche Sie mit der Zwillingsnadel verwenden können. Sollte es dazu kommen, dass die Nähmaschine den Stoff »frisst«, das heißt, dass er

nach unten in die Nähmaschine gezogen wird, sollten Sie zu einer neuen Nähnadel wechseln.
Zum Säumen klappen Sie die Saumkante 1 bis 2 cm nach innen um und nähen von rechts rundherum an der Saumkante entlang. Sie können auch direkt über der Saumkante nähen.

Ziernaht

Bei Stichen wird zwischen Nutz- und Zierstichen unterschieden. Auch wenn jeder Nutzstich an der Nähmaschine einem bestimmten Zweck dient, können diese auch hervorragend als Zierstiche eingesetzt werden. Zierstiche sollten auf Ihrem Nähprodukt sichtbar sein (▸ Seite 48) und als gestalterisches Element dienen, etwa mit einem Garn in Kontrastfarbe. Je nach Nähmaschinen-Modell stehen Ihnen eine kleinere oder größere Auswahl an Nutz- und Zierstichen zur Verfügung. Aber selbst bei einfacheren Modellen können Sie zum Beispiel den Zickzack-, Hexen- oder Standard-Versäuberungsstich kreativ einsetzen. Umfangreiche Nähmaschinen besitzen viele Zierstiche – von der Blumenranke bis zur Herzchenleiste.
Sollte die Nähmaschine den Stoff »fressen«, das heißt, der Stoff wird nach unten in die Nähmaschine gezogen, sollten Sie eine neue Nähnadel nehmen.
Zum Säumen klappen Sie die Saumkante Ihres Projektes um 1 bis 2 cm nach innen um, stecken sie fest und

nähen dann von rechts rundherum an der Saumkante entlang. Sie können allerdings auch direkt über der Saumkante nähen.

JOGGINGHOSE

Mit tiefem Schritt und eng zulaufendem Hosenbein ist diese Hose nicht nur ein Lieblingsstück für die Couch. Der lässige Klassiker kann auch hervorragend zu Ausgeh-Outfits kombiniert werden.

GRÖSSE Konfektionsgröße 34 bis 44

➳ **Schnittmuster unter www.gu.de/diy/51780**

MATERIAL Sweatstoff, Größe 34 bis 38: 140 cm (bei 140 cm Breite); Größe 40 bis 44: 210 cm (bei 140 cm Breite) | Gummiband, 3 cm breit: ca. 1 m | farblich passendes Garn

INFO ZUM NÄHEN

Wenn nicht anders angegeben,

- → nähen Sie stets mit Geradstich und Stichlänge 2,5.
- → versäubern Sie wie auf Seite 25 angegeben.
- → verriegeln Sie die Nähte (► Seite 24).
- → gilt eine Nahtzugabe von 1 cm. Sie ist im Schnitt bereits enthalten.

VORBEREITUNG

Bereiten Sie den Stoff vor (► Seite 16).
Schneiden Sie alle Teile des Schnittmusters wie angegeben aus und übertragen Sie sie auf den Stoff (► Seite 19). Übernehmen Sie alle Markierungen. Dann schneiden Sie den Stoff zu.
Wenn nicht anders angegeben, nähen Sie stets mit der Overlock-Maschine oder mit einem elastischen Stich (► Seite 159) an Ihrer Nähmaschine.

ANLEITUNG

1. Sie starten mit den Eingrifftaschen. Legen Sie dazu das Schnittteil »Taschenbeutel Außen« rechts auf rechts auf das jeweilige Vorderteil. Achten Sie auf die Markierungen. Nähen Sie die Schnittteile nur an der schrägen Kante mit 1 cm Abstand zur Kante zusammen. Im Anschluss versäubern Sie diese Naht.

2. Klappen Sie die Taschenbeutel nach außen, legen Sie die zugehörigen Schnittteile »Taschenbeutel Innen« rechts auf rechts darauf und stecken Sie die Lagen fest. Steppen Sie jeweils beide Lagen entlang der Rundung. Die geraden Seiten bleiben offen. Anschließend versäubern Sie diese Naht.

1

2

3

4

5

6

7

8

9

10

3. Stecken Sie den linken Taschenbeutel an der linken Seite an das Vorderteil und steppen Sie ihn oben und an der Seite mit 0,5 cm Abstand zur Kante. Dann wiederholen Sie diesen Schritt für den rechten Taschenbeutel.

4. Für die Rückseite der Hose legen Sie die beiden Hosenbeine am Gesäß bündig rechts auf rechts. Stecken Sie die Kante fest und steppen Sie dann mit 1 cm Abstand zur Kante.

5. Nun legen Sie das Rückteil und das Vorderteil rechts auf rechts aufeinander. Zunächst widmen Sie sich der Innenbeinnaht: Achten Sie darauf, dass die Markierungen übereinanderliegen. Nun stecken Sie die Kante, steppen sie mit 1 cm Abstand zum Rand und versäubern die Kante. Danach schließen Sie auf die gleiche Weise die beiden Außenbeinseiten.

6. Für den Bund legen Sie die kurzen Seiten rechts auf rechts aufeinander und steppen sie mit 1 cm Abstand zur Kante zusammen. Falten Sie den Bund nun wie im Foto zu sehen in der Hälfte links auf links, sodass die Kanten aufeinanderliegen. Kennzeichnen Sie die bestehenden Markierungen zusätzlich mit Stecknadeln, sodass diese den Bund in 4 gleiche Teile teilen: die erste Nadel an der Naht, die zweite genau gegenüber, die beiden anderen an den Seitenbrüchen.

7. Stülpen Sie den Bund nun um die Oberkante der Hose, sodass die offenen Kanten rechts auf rechts übereinanderliegen. Markierungen an Bund und Hosenbund müssen ebenfalls übereinanderliegen. Mit den »Markierungs-Stecknadeln« stecken Sie nun die beiden Teile fest. Sie können noch weitere Stecknadeln hinzufügen, indem Sie den Bund soweit dehnen, dass er die gleiche Weite hat wie die Oberkante der Hose. Dehnen Sie dazu Viertel für Viertel vom Bund und fügen Sie weitere Stecknadeln hinzu. Nun steppen Sie diese Kante rundherum mit 1 cm Abstand zum Rand. An der Seite lassen Sie eine zirka 5 cm lange Öffnung für das Gummiband. Achten Sie beim Nähen darauf, dass die Stofflagen glatt aufeinanderliegen und dass Sie nicht zu sehr am Stoff ziehen.

8. Fädeln Sie mithilfe einer Sicherheitsnadel das Gummiband ein. Achten Sie darauf, dass es sich dabei nicht verdreht. Es schauen nun beide Enden des Bands aus der Öffnung heraus. Legen Sie die Enden des Gummibands aufeinander, sodass sie ca. 2 cm überlappen. Nähen Sie mit einem Zickzackstich kreuz und quer über die überlappende Stelle, um das Band zu schließen. Verteilen Sie den Stoff vom Tunnel gleichmäßig um das Gummiband und schließen Sie die Öffnung mit der Maschine, wie Sie den Bund angenäht haben.

9. Nun kommen die Bein-Bündchen dran. Legen Sie jeweils die kurzen Seiten rechts auf rechts aufeinander und schließen Sie die beiden Bündchen zu zwei Ringen. Bügeln Sie die Nahtzugaben zur Seite. Schlagen Sie jedes Bündchen links auf links in der Hälfte um, sodass beide Kanten bündig übereinanderliegen. Kennzeichnen Sie die Markierungen zusätzlich mit 4 Stecknadeln wie in Schritt 6 beschrieben.

10. Stülpen Sie die Bein-Bündchen jeweils rechts auf rechts um ein Hosenbein, sodass die Kanten und die Markierungen übereinanderliegen. Mit den »Markierungs-Stecknadeln« stecken Sie nun die beiden Teile fest. Wie beim Bund in Schritt 7 können Sie weitere Stecknadeln hinzufügen. Nähen Sie rundherum und bügeln Sie die Nahtzugabe in Richtung Hosenbein. Wenn Sie mit einer Overlock-Maschine gearbeitet haben, sind Sie nun fertig. Haben Sie mit einem elastischen Stich an der normalen Nähmaschine genäht, müssen Sie die Kanten nun zusätzlich noch mit einem Überwendlings- oder Saumstich (▸ Seite 26) oder mit einem Zickzackstich versäubern. Nähere Informationen hierzu finden Sie auf Seite 25.

1

2

SWEATSHIRT

Ein lässiger Wohlfühl-Liebling und durch die Kellerfalte im Rückteil herrlich bequem! Das Design dieses Klassikers wird durch den geprägten Stoff, die versetzte Schulternaht und die »falsche« Paspel in Kontrastfarbe aufgepeppt.

GRÖSSE Konfektionsgröße 34 bis 44

➸ Schnittmuster unter www.gu.de/diy/51780

MATERIAL Sweatstoff, Größe 34 bis 44: 140 cm (bei 140 cm Breite) | Bündchen-Stoff, Größe 34 bis 44: 40 cm (ab 90 cm Stoffbreite) | farblich passendes Garn

INFO ZUM NÄHEN

Wenn nicht anders angegeben,

- nähen Sie stets mit Geradstich und Stichlänge 2,5.
- versäubern Sie wie auf Seite 25 angegeben.
- verriegeln Sie die Nähte (▸ Seite 24).
- gilt eine Nahtzugabe von 1 cm. Sie ist im Schnitt bereits enthalten.

VORBEREITUNG

Bereiten Sie den Stoff vor (▸ Seite 16).
Schneiden Sie alle Teile des Schnittmusters wie angegeben aus und übertragen Sie sie auf den Stoff (▸ Seite 19). Übernehmen Sie alle Markierungen. Dann schneiden Sie den Stoff zu.
Wenn nicht anders angegeben, nähen Sie dieses Projekt entweder mit einem elastischen Stich (▸ Seite 159) an Ihrer Nähmaschine oder – wenn Sie haben – mit der Overlock-Maschine.

ANLEITUNG

1. Als Erstes bereiten Sie die »falschen« Paspeln (▸ Seite 111) für die Schulternaht-Verzierung vor. Dazu legen Sie die langen Seiten der beiden Stoffteile links auf links aufeinander und bügeln sie.

2. Stecken Sie nun eines der gefalteten »Paspel«-Schnittteile rechts auf rechts an eine Schulterkante des Vorderteils. Nähen Sie dann mit einem elastischen Stich (▸ Seite 159) und mit 0,5 cm Abstand zur Kante die »falsche« Paspel fest. Bitte beachten Sie, dass Sie hier nicht mit der Overlock-Maschine nähen dürfen!
Diesen Schritt wiederholen Sie nun für das zweite Paspel-Schnittteil an der anderen Schulterkante.

NÄHEN MIT BÜNDCHEN-STOFF

Das Bündchen ist ein dehnbarer Strickstoff mit Rippen und ist grundsätzlich enger als der Saum, an dem das Bündchen angebracht wird. Je nachdem, wie elastisch das Bündchen ist, sollte es ca. 10 bis 20 Prozent enger sein, damit es schön anliegt.
Dabei ist wichtig, die Bündchen gleichmäßig einzunähen. Das heißt, die Vorbereitung – also das exakte Übertragen der Markierungen auf den Stoff und das Einhalten der Markierungen – ist sehr entscheidend.
Bündchen sind entweder als Schlauch gestrickt oder normal mit Webkante, dadurch liegt die Breite des Stoffes ganz unterschiedlich zwischen 40 und 70 cm (doppellagig im Bruch).

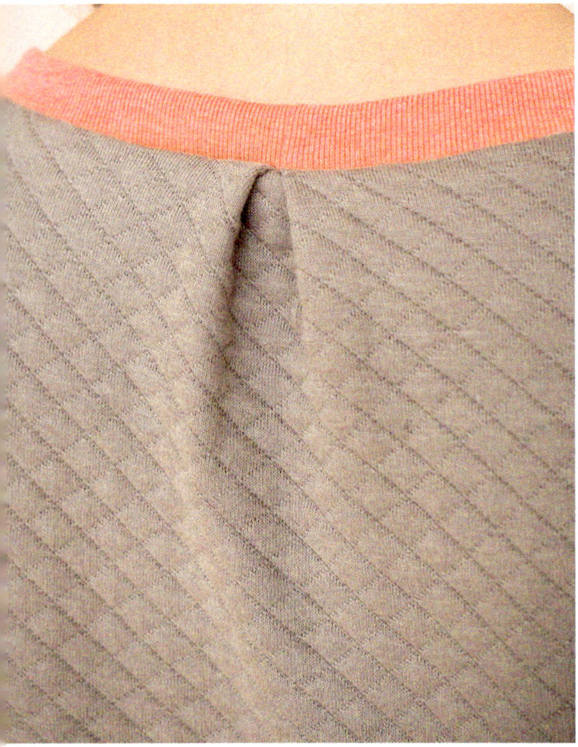

Die Kellerfalte im Rückteil ist ein Hingucker und nimmt dem Sweatshirt ein wenig vom sportlichen Image.

3. Legen Sie nun das Vorderteil und das Rückteil rechts auf rechts aufeinander, sodass die Schulterkanten bündig liegen, und stecken beide Lagen mit der dazwischenliegenden »Paspel« fest. Steppen Sie die Lagen dann mit 1 cm Abstand zur Kante zusammen (ggf. versäubern Sie). Nun stecken Sie die Seiten bündig aufeinander und steppen sie mit 1 cm Abstand zur Kante zusammen (ggf. versäubern). Alle Nahtzugaben bügeln Sie in Richtung Rückteil.

4. Stecken Sie die langen Seiten der Ärmel jeweils rechts auf rechts aufeinander und steppen Sie sie mit 1 cm Abstand zur Kante (ggf. versäubern). Wenden Sie die Ärmel auf rechts und stecken sie rechts auf rechts in das Ärmelloch. Achten Sie dabei auf die Markierungen, sodass die Ärmel akkurat positioniert sind. Wenn die Markierungen übereinanderliegen, wissen Sie, dass Sie den richtigen Ärmel am zugehörigen Ärmelloch positioniert haben. Steppen Sie dann mit 1 cm Abstand zur Kante rundherum (ggf. versäubern).

5. Saum, Ärmelsaum und Halsausschnitt werden mit einem Bündchen (▸ Info, Seite 167) versehen. Dabei ist wichtig, die Bündchen gleichmäßig einzunähen. Legen Sie bei den einzelnen Bündchen-Schnittteilen jeweils die kurzen Seiten rechts auf rechts aufeinander und steppen Sie diese Seite mit 1 cm Abstand zur Kante, sodass ein Ring entsteht. Bügeln Sie die Nahtzugabe jeweils auseinander. Nun schlagen Sie die Bündchen in der Höhe links auf links um die Hälfte um, dass die Kanten aufeinanderliegen.

6. Kennzeichnen Sie die bestehenden Markierungen in den Bündchen noch zusätzlich mit Stecknadeln, sodass alle in 4 gleiche Teile geteilt sind. Nun bringen Sie die Bündchen an. Sie starten mit den Ärmeln: Stülpen Sie ein Ärmel-Bündchen um einen beliebigen Ärmelsaum, sodass die offenen Kanten rechts auf rechts übereinanderliegen. Markierungen an Bündchen und Bund liegen ebenfalls übereinander. Mit den »Markierungs-Stecknadeln« stecken Sie nun die beiden Teile fest. Das weitere Zusammennähen lesen Sie auf Seite 87. Nun steppen Sie rundherum. Nähen Sie nach diesem Prinzip das zweite Ärmelbündchen an sowie den Bund am Saum.

7. Legen Sie die Kellerfalte im Rückteil nach den Markierungen wie im Schnitt angegeben. Stecken und nähen Sie die Falte mit einem Geradstich (Stichlänge 2,5) und 0,5 cm Abstand zur Kante fest (weitere Informationen zu Kellerfalten ▸ Seite 69).

8. Platzieren Sie das Bündchen für den Ausschnitt rechts auf rechts auf dem Sweatshirt. Achten Sie darauf, dass die Bündchennaht über der hinteren Mitte (Mitte der Falte) platziert ist. Legen Sie auch hier zunächst die Markierungen übereinander und stecken das Bündchen an den Ausschnitt. Fügen Sie weitere Stecknadeln hinzu und nähen Sie rundherum mit 1 cm Abstand zur Kante (ggf. versäubern).

3

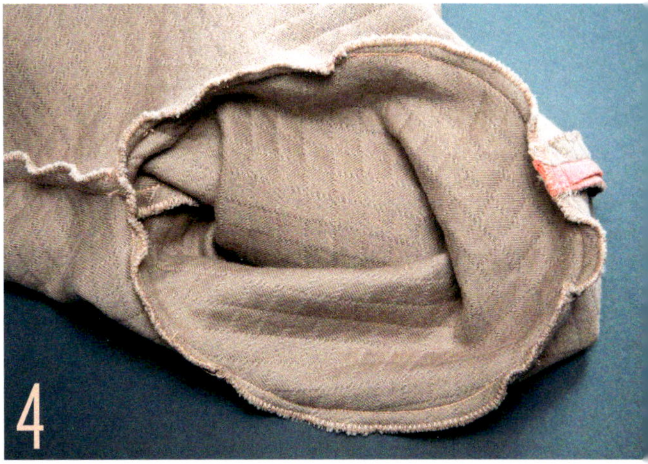
4

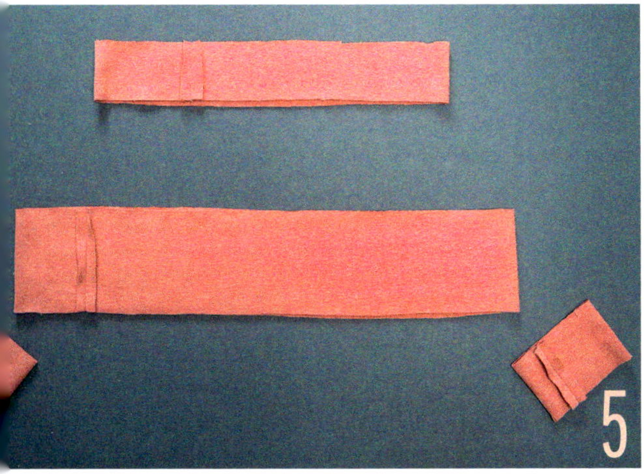
5

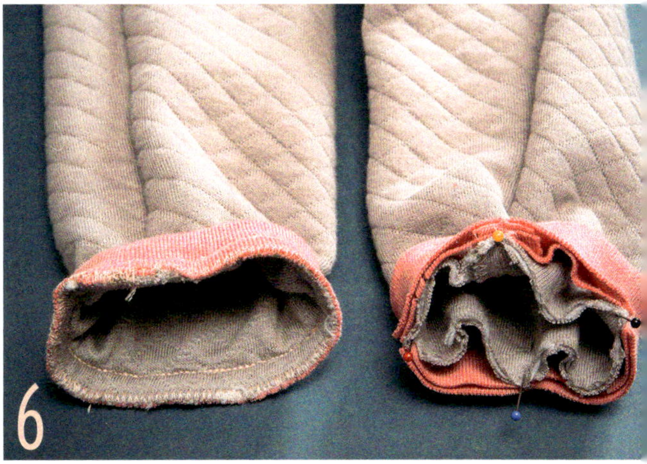
6

7

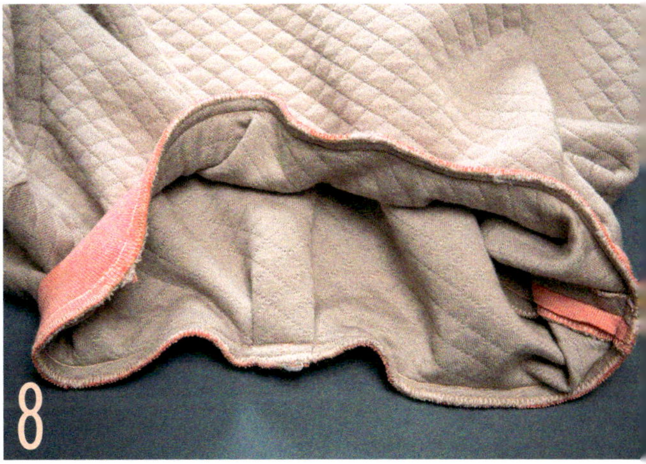
8

QUILTEN

Quilts bestehen aus zwei Lagen Stoff, zwischen denen sich eine Lage Volumenvlies befindet – das Quilt-Sandwich. Dies erzeugt beim Nähen einen plastischen Effekt. Quilten kommt aus dem Englischen und bedeutet »Absteppen«.

MATERIAL ZUM QUILTEN

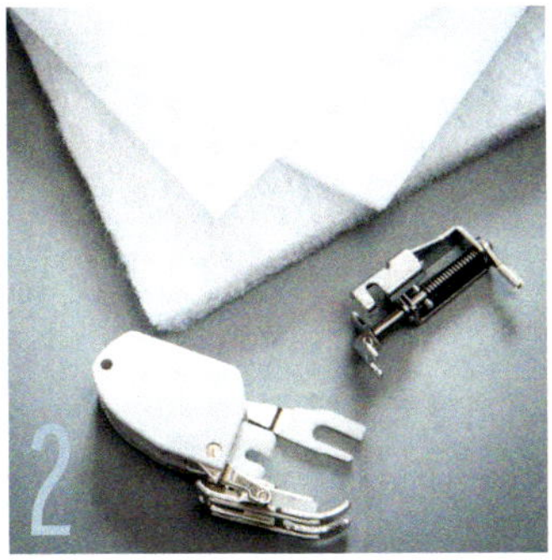

1. Spezielles Werkzeug erleichtert so einiges und ergänzt Ihr bestehendes Nähkästchen, um für das Quilten gut gewappnet zu sein:

- Langes, breites Quilt-Lineal: zum einfachen Abmessen und als Schneidehilfe geeignet. Die gängigsten Größen sind 15 x 60 cm und 10 x 45 cm. Das Lineal sollte aus durchsichtigem Plexiglas sein, damit Sie Abstände genau bemessen können.
- Lange Stecknadeln (ca. 43 mm lang): Damit können Sie auch dickeres Volumenvlies abstecken.
- Stoffklammern: An Kanten können sie sehr hilfreich sein, wenn Sie mehrere Lagen abstecken möchten.
- Quilt-Sicherheitsnadeln: Um das Quilt-Sandwich (▸ Seite 172) zu heften, gibt es speziell für das Quilten gebogene Sicherheitsnadeln.
- Sprühkleber: Damit verbinden Sie vorübergehend Stofflagen oder das Quilt-Sandwich, bis es vernäht wird. Achten Sie darauf, Sprühkleber nicht in geschlossenen Räumen zu verwenden!
- Markierstift und Schneiderkreide: Für helle Stoffe und eine genauere Linienführung sind Markierstifte gut geeignet. Für dunkle Stoffe und grobe Skizzen eignet sich Schneiderkreide. Beides kann durch Bügeln oder Waschen entfernt werden. Achtung: Nur spezielle Stoff-Markierstifte verwenden, nicht mit »normalen« Textilmalstiften verwechseln.
- Weiteres Zubehör: Rollschneider und Schneidematte sind bei kleineren Stoffzuschnitten sehr hilfreich.

2. Volumenvlies dient als wattierte Einlage und Füllschicht. Dieses Vlies gibt es in verschiedenen Stärken, teilweise auch aufbügelfertig (mit Klebeschicht). Je dicker das Volumenvlies ist, desto voluminöser wird auch der Quilt. Hochbauschiges und leichtes Volumenvlies besteht aus synthetischen Fasern, wohingegen Volumenvlies aus Baumwolle eher kompakter und weniger voluminös ist. Beide Vliesarten sind wärmeisolierend und atmungsaktiv. Achten Sie beim Kauf darauf, dass es Ihrem Verwendungszweck entsprechend voluminös ist und auch ähnlich gereinigt werden kann.
Mit dem Freihand-Nähfuß (im Bild rechts) können Sie Freihand-Quiltmuster nähen. Zudem haben Sie einen besseren Blick auf Ihr Nähwerk, da es nicht durch einen Nähfuß verdeckt ist. Mit dem Oberstofftransporteur verschieben sich die Quiltlagen des Sandwiches nicht, was sehr hilfreich sein kann, um ein gleichmäßiges Quiltmuster zu nähen. Der Oberstofftransporteur ist kein »Must-have«, aber viele Quilterinnen schwören auf ihn. Erkundigen Sie sich bei Ihrem Nähmaschinen-Händler, ob der Transporteur für Ihr Nähmaschinenmodell erhältlich ist.

QUILTEN PLANEN

Die Vorbereitung ist wichtig, sie bedarf der Überlegung und darf zeitlich nicht unterschätzt werden. Denn auch beim Quilten gilt: Gut überlegt ist halb genäht!

1. Das Volumenvlies sollten Sie abhängig von der Verwendung Ihres Quilts wählen. Für Quilts, die hitzebeständig sein müssen (wie zum Beispiel Bügelbrettüberzug oder Topflappen), verwenden Sie Thermolam. Ansonsten können Sie zu herkömmlichem Volumenvlies greifen. Breiten Sie das Volumenvlies vor der Verarbeitung immer einen Tag vorher aus, damit es sich ausdehnen kann.

2. Wenn Sie sich nach einer Vorlage richten, übertragen Sie Ihr Quiltmuster immer auf die rechte Seite des oberen Stoffes (= Quilt-Top). Nutzen Sie dafür einen speziellen Stoff-Markierstift oder Schneidekreide. Beides kann durch Bügeln entfernt werden.

3. Quilts bestehen immer aus drei Lagen: zwei Stofflagen (kein dehnbarer Stoff!) und das dazwischenliegende Volumenvlies. Dies nennt man Quilt-Sandwich. Das Volumenvlies und der Bodenstoff werden größer zugeschnitten als das Top, da sie sich durch das Quilten zusammenziehen.

4. Verbinden Sie die drei Lagen mit langen Stecknadeln oder speziellen Quilt-Sicherheitsnadeln. Sprühkleber kann hier auch sehr zeitsparend sein – verwenden Sie ihn aber nicht in geschlossenen Räumen.

5. Beim Nähen entsteht der gewünschte »Quilt-Effekt«. Je kleiner der Abstand der Nähte zueinander ist, umso deutlicher wird dieser »Quilt-Effekt«. Wenn Sie lieber größere Abstände wünschen, sollten Sie zu dünnem Volumenvlies greifen. Dies dient nicht nur der Optik, sondern es verzieht sich auch nicht, wenn Sie das Nähgut waschen.

QUILTEN MIT DEM STANDARD-NÄHFUSS

Für geometrische Muster wie zum Beispiel Linien können Sie den Standard-Nähfuß mit dem Geradstich verwenden. Hilfreich ist hier ein Oberstofftransporteur (▸ Seite 171). Je nach Art des Volumenvlieses stellen Sie eine höhere Stichlänge zwischen 3 und 4 ein. Sie sollte so eingestellt sein, dass sich 10 bis 12 Stiche auf 2,5 cm befinden. Bei Bedarf müssen Sie auch die Fadenspannung nachjustieren, damit die Stiche auf der Ober- und Unterseite akkurat sind. Bei großflächigen Quilts wie Decken nähen Sie immer von der Mitte nach außen, damit sich der Stoff nicht verzieht. Zum Anzeichnen der Linien ist das Quilt-Lineal (▸ Seite 171) sehr hilfreich. Es ermöglicht einen einfachen und schnellen Arbeitsablauf.

QUILTEN MIT DEM FREIHAND-NÄHFUSS

Wichtig ist, dass Sie den Transporteur versenken, um Ihr Quilt-Sandwich entsprechend der aufgezeichneten Vorlage frei bewegen zu können. Wenn die Stofflagen nicht zu dick sind, können Sie das Quilt-Sandwich in einen Stickrahmen klemmen. Je schneller Sie den Stoff bewegen, desto größere Stiche erhalten Sie, umgekehrt kurze Stiche bei langsamen Bewegungen. Wenn Sie noch nie freihandgequiltet haben, sollten Sie vorher an einem Übungsquilt trainieren, bevor Sie sich an das eigentliche Stück machen – Freihandquilten bedarf einiger Übung.
Auch hier gilt: Je enger die Nähte, desto deutlicher wird der »Quilt-Effekt«.

HANDQUILTEN

Traditionell wird das Quilten mit dem Handstich durchgeführt. Seinen Ursprung hat dieses Handwerk in Kombination mit Patchworken (= Textiltechnik, bei der unterschiedliche Stoffflicken aneinandergenäht werden) in den USA. Per Hand quiltet man meist mit Heftstichen. Wichtig ist dabei, dass diese gleichmäßig sind, um ein stimmiges Ergebnis zu erzielen. Welche Stichlänge dabei gewählt wird, ist Geschmacksache. Stickgarn und ein gemütlicher Winterabend am Kamin eignen sich sehr gut zum Quilten per Hand.

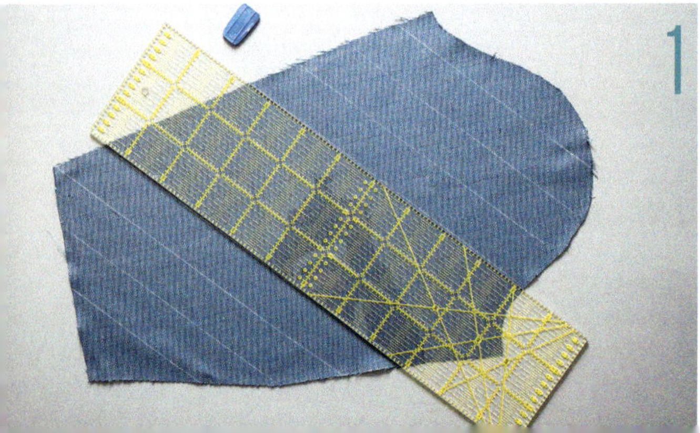

1

2

COLLEGE-JACKE

Diese College-Jacke ist der perfekte Begleiter in der Übergangszeit! Durch das Quilten bekommt diese Jacke nicht nur einen coolen Look – sie hält dank der Wattierung auch schön warm.

GRÖSSE Konfektionsgröße 34 bis 44

➸ **Schnittmuster unter www.gu.de/diy/51780**

MATERIAL Außenstoff Canvas oder Wollstoff, Größe 34 bis 38: 160 cm (bei 140 cm Breite); Größe 40 bis 44: 180 cm (bei 140 cm Breite) | Quiltstoff aus Baumwolle (zum Beispiel Popeline, nicht sichtbar), Größe 34 bis 38: 160 cm (bei 140 cm Breite); Größe 40 bis 44: 180 cm (bei 140 cm Breite) | gemusterter Futterstoff, Größe 34 bis 38: 160 cm (bei 140 cm Breite); Größe 40 bis 44: 180 cm (bei 140 cm Breite) | festes Schlauchbündchen, Größe 34 bis 44: 25 cm (ab 70 cm Umfang) | Volumenvlies, Stärke P120, Größe 34 bis 44: 160 cm (bei 150 cm Breite) | Bügelvlies, Stärke H200: 15 cm (bei 90 cm Breite) | Kunststoff-Reißverschluss, trennbar: 50 cm | farblich passendes Garn

INFO ZUM NÄHEN

Wenn nicht anders angegeben,

- → nähen Sie stets mit Geradstich und Stichlänge 3.
- → versäubern Sie wie auf Seite 25 angegeben.
- → verriegeln Sie die Nähte (▸ Seite 24).
- → gilt eine Nahtzugabe von 1 cm. Sie ist im Schnitt bereits enthalten.

VORBEREITUNG

Bereiten Sie den Stoff vor (▸ Seite 16).
Übertragen Sie alle Teile des Schnittmusters auf den Stoff (▸ Seite 19). Dann schneiden Sie den Stoff zu. Das Bügelvlies bügeln Sie auf die äußere Reißverschluss-Leiste. Legen Sie bei Bedarf Backpapier zwischen Vlies und Bügeleisen.

ANLEITUNG

1. Als Erstes bereiten Sie das Rückteil, das Vorderteil und die Ärmel aus dem Außenstoff zum Quilten vor: Dazu zeichnen Sie die Linien, die Sie später quilten werden, auf. Sie können sich entweder nach der Quiltvorlage im Schnittmuster richten oder die Linien nach Ihrem Geschmack abändern. Achten Sie bei Ihrem selbst gewählten Abstand lediglich darauf, dass die Linien immer parallel verlaufen.
Legen Sie dann das Schnittteil aus Quiltstoff (in den Bildern braun) für einen Ärmel mit der linken Seite nach oben vor sich. Darauf legen Sie das entsprechende Volumenvlies-Schnittteil und wiederum darauf das Außenstoff-Schnittteil mit der rechten Seite nach oben. Dieses dreilagige »Sandwich« fixieren Sie mit Quilt-Stecknadeln. Stecken Sie dazu die Nadeln zwischen die zu quiltenden Linien. Das Volumenvlies und der Quiltstoff sind größer als die Außenstoff-Schnittteile – das ist üblich beim Quilten, denn diese Stofflagen ziehen sich beim Nähen zusammen.

2. Da nur gerade Linien genäht werden, nähen Sie mit dem Standard-Nähfuß. Steppen Sie nun entlang der eingezeichneten Linien. Vergessen Sie nicht, jede Naht am Anfang und Ende zu verriegeln. Durch die Steppnähte entsteht bereits der gewollte Quilt-Effekt. Danach verfahren Sie auch mit den anderen Schnittteilen wie in Schritt 1 und 2 beschrieben.

Oh là là! Beim Jackenfutter können Sie mit auffälligen Mustern und Farben Akzente setzen. Achten Sie darauf, dass der Stoff rutschig ist.

3. Für die Jackentaschen legen Sie das linke Taschen-Schnittteil aus Außenstoff und das entsprechende aus gemustertem Futterstoff rechts auf rechts aufeinander. Stecken Sie die Lagen an der oberen Kante sowie an der schrägen und an der kurzen Seite ab und schließen Sie diese drei Seiten mit einer Steppnaht mit 1 cm Abstand zur Kante. Schneiden Sie die beiden Ecken 2 mm neben der Naht ab, wenden Sie die Tasche und bügeln Sie sie von rechts. Wiederholen Sie diesen Schritt für die rechte Jackentasche.

4. Platzieren Sie eine Jackentasche auf dem zugehörigen Vorderteil und fixieren Sie alle Seiten bis auf die schräge Kante mit Stecknadeln. Nähen Sie die Tasche knappkantig an. Wiederholen Sie diesen Schritt mit der zweiten Jackentasche.

5. Legen Sie Jackenvorder- und -rückteil (Quilt-Sandwich) rechts auf rechts. Zuerst legen Sie die Schulterkanten bündig aufeinander, stecken sie ab und schließen die Schultern mit 1 cm Abstand zur Kante. Nun legen Sie die Seiten aufeinander. Die Markierungen müssen übereinanderliegen. Stecken Sie die Schichten fest und nähen Sie die Seiten mit 1 cm Abstand zur Kante. Wenn das »Sandwich« nicht zu dick ist, sollten die Nahtzugaben auseinandergebügelt werden. Wiederholen Sie diesen Schritt mit den Vorder- und Rückteilen aus dem Futterstoff.

6. Es folgen die Ärmel. Legen Sie bei einem der Ärmel-Schnittteile (Quilt-Sandwich) die langen Seiten rechts auf rechts aufeinander und schließen Sie diese Seite mit einer Naht mit 1 cm Abstand zur Kante. Wiederholen Sie diesen Schritt beim zweiten Ärmel sowie bei den beiden Ärmeln aus Futterstoff. Lassen Sie bei einem der Futter-Ärmel allerdings – wie im Schnittmuster angezeigt – eine Öffnung von 25 cm. Vergessen Sie nicht, immer am Anfang und Ende (auch bei der Öffnung) zu verriegeln.

7. Jetzt nähen Sie die fertigen Ärmel an das Hauptteil an. Dazu wenden Sie das Jacken-Hauptteil (Quilt-Sandwich) auf links, den Ärmel (Quilt-Sandwich) auf rechts und stecken ihn durch das Armloch des Hauptteils. So liegen die beiden Kanten von Armloch und Ärmel rechts auf rechts übereinander. Stecken Sie die Lagen rundherum fest, dann steppen Sie sie mit 1 cm Abstand zur Kante. Die Nahtzugabe bügeln Sie in Richtung Hauptteil. Nun nähen Sie auf die gleiche Weise den anderen Ärmel ein, außerdem die Futter-Ärmel an das Futter-Hauptteil.

8. Ärmel-Bündchen vorbereiten: Legen Sie die kurzen Seiten rechts auf rechts und schließen Sie sie mit einem elastischen Stich oder mit der Overlock zu einem Schlauch. Bügeln Sie die Nahtzugaben ggf. auseinander und falten Sie den Bund nun in der Höhe zur Hälfte links auf links, sodass die Kanten aufeinanderliegen. Markieren Sie die bestehenden Markierungen noch zusätzlich mit Stecknadeln, sodass diese die Ärmel-Bündchen in 4 gleiche Teile teilen.

3

4

5

6

7

8

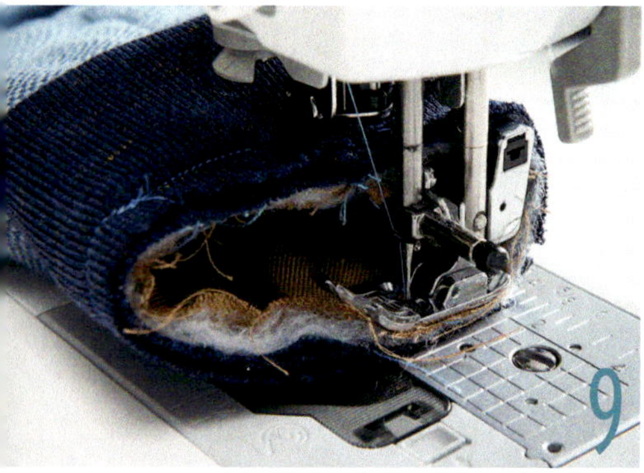

9. Stülpen Sie einen gefalteten Ärmelbund nun um einen Ärmelsaum, sodass die drei oberen Kanten rechts auf rechts übereinanderliegen. Die Markierungen an Bündchen und Ärmelsaum liegen übereinander. Mit den »Markierungs-Stecknadeln« fixieren Sie nun die beiden Teile. Sie können noch weitere Stecknadeln hinzufügen, indem Sie das Bündchen so weit dehnen, dass es die gleiche Weite wie der Ärmelsaum hat. Dehnen Sie Viertel für Viertel vom Bündchen und fügen Sie weitere Stecknadeln hinzu. Nun steppen Sie rundherum. Dabei dehnen bzw. ziehen Sie das Bündchen Stück für Stück immer so weit, bis es glatt auf dem Stoff liegt (Näheres dazu ▸ Seite 87). Wiederholen Sie diesen Schritt mit dem zweiten Ärmel-Bündchen.

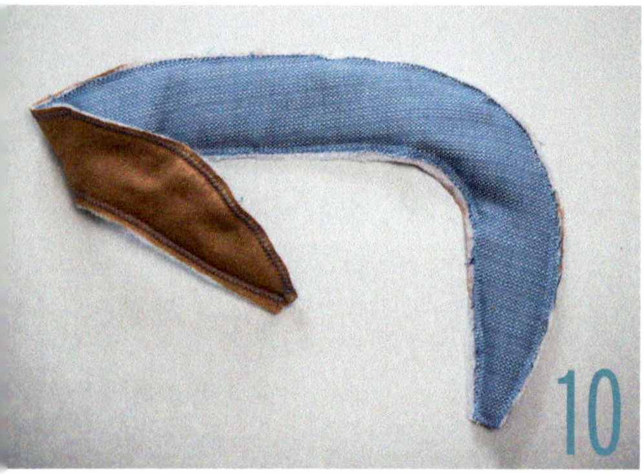

10. Um den Kragen vorzubereiten, legen Sie folgendes »Sandwich« zusammen: das Quiltstoff-Schnittteil mit der linken Seite nach oben, darauf das Volumenvlies und auf dieses den Oberkragen (Außenstoff) mit der linken Seite nach unten. Alle Lagen fixieren Sie mit Quilt-Stecknadeln, dann steppen Sie mit einem Zickzackstich (Stichlänge 1,8, Stichbreite 5) rundherum direkt an der Kante.

11. Nun legen Sie das Kragen-Sandwich rechts auf rechts auf den Unterkragen, stecken die Lagen nur an der inneren Kante ab und steppen sie mit 1 cm Abstand zur Kante zusammen. Wenden Sie den Kragen auf rechts und bügeln Sie ihn an der eben genähten Naht. Steppen Sie dann von außen mit 0,5 cm Abstand zur Kante an der Innenseite entlang.

12. Jetzt kommt der Jackenbund dran. Klappen Sie dazu die Jacke auf und legen Sie den Bund rechts auf rechts an die untere Jackenkante. Stecken Sie beide Lagen ab und nähen Sie den Bund mit 1 cm Abstand zur Kante fest. Die gegenüberliegende lange Seite des Bunds legen Sie nun rechts auf rechts auf die untere Jackenkante des Futterteils. Stecken Sie sie ebenfalls ab und steppen Sie sie dann mit 1 cm Abstand zur Kante fest.

13. Nun erstellen Sie die Reißverschluss-Leiste. Legen Sie dazu jeweils ein Leisten-Schnittteil mit Vlies und eines ohne Vlies rechts auf rechts und schließen Sie eine der kurzen Seiten mit 1 cm Abstand zur Kante. Bügeln Sie anschließend die Nahtzugaben auseinander. Sie haben nun zwei lange Streifen hergestellt, von denen jeweils eine Hälfte kein Vlies enthält.

14. Legen Sie nun diese beiden langen Streifen rechts auf rechts, sodass die Streifenteile mit Vlies übereinanderliegen. Fixieren Sie die Streifen an einer der langen Seiten mit Stecknadeln und nähen Sie die Streifen mit einem großen Geradstich (Stichlänge 5) und mit 1,5 cm Abstand zur Kante zusammen. Bei dieser Naht bitte am Anfang und Ende nicht verriegeln, da es nur eine Hilfsnaht für den Reißverschluss ist, die später wieder aufgetrennt werden muss. Bügeln Sie die Nahtzugaben auseinander.

15. Klappen Sie den langen Streifen nun zuerst auseinander und dann an der mittleren kurzen Naht links auf links um. Legen Sie den geschlossenen Reißverschluss zwischen die beiden Lagen exakt mittig auf die Nahtzugabe – arbeiten Sie hier sehr präzise! Die Zähne vom Reißverschluss zeigen nach oben zur Leiste mit dem Bügelvlies. Der Endstopper (unteres Ende des Reißverschlusses) liegt an der kurzen Seite des Streifens mit der Naht. An der offenen kurzen Seite steht der Reißverschluss ein Stück über. Stecken Sie die drei Lagen am Reißverschluss ab.

16. Nähen Sie nun je einmal links und rechts 5 mm neben der mittleren Naht entlang, um den Reißverschluss zu fixieren. Dafür starten Sie jeweils 2 cm unterhalb der offenen kurzen Kante und nähen komplett bis zur unteren geschlossenen kurzen Kante. Am Anfang und Ende verriegeln nicht vergessen.

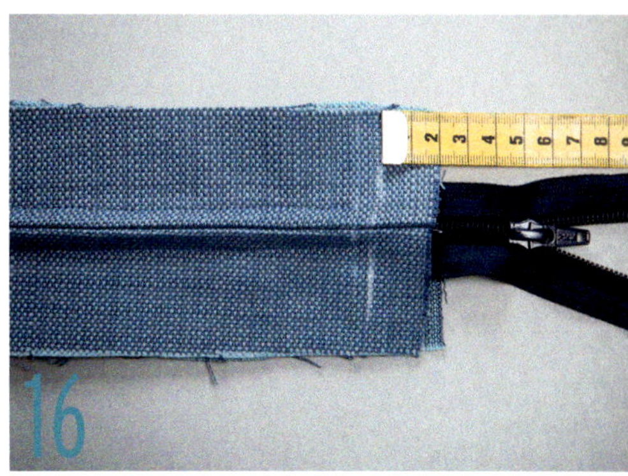

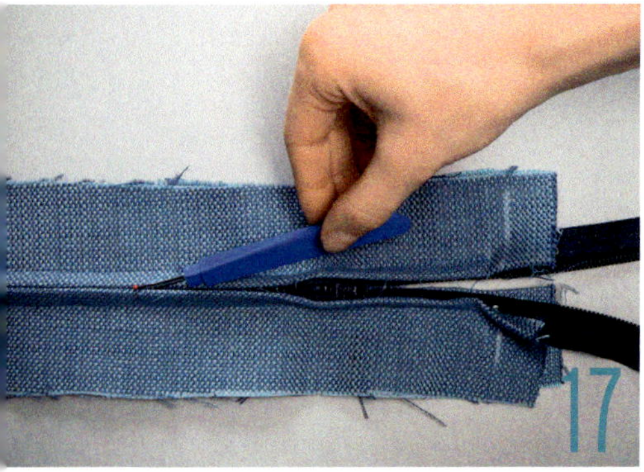

17. Trennen Sie nun vorsichtig die mittleren lockeren Hilfsnähte an der Vorder- und Rückseite des Reißverschlusses mit einem Nahttrenner auf. Entfernen Sie dann die kleinen Fäden und öffnen Sie den Reißverschluss.

18. Fassen Sie die umgeklappten Reißverschlussenden jeweils mit den beiden Lagen der Reißverschluss-Leiste ein und stecken Sie die Lagen fest. Die überstehenden Enden des Reißverschlusses werden zur Seite geklappt (nicht abgeschnitten), damit nicht die Gefahr besteht, dass der Schieber beim späteren Auf- und Zumachen hinausgeschoben wird. Später wird hier auch der Kragen mit eingenäht und somit werden die Laschen fixiert.

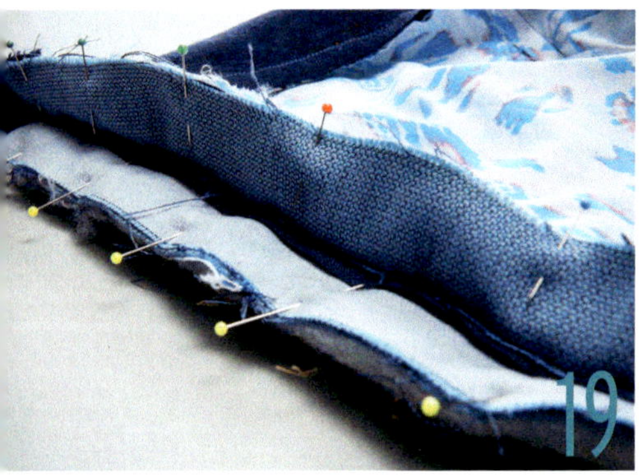

19. Die Reißverschluss-Leiste besteht aus zwei Teilen, die Sie nun mit dem Hauptteil der Jacke verbinden. Starten Sie mit einem Teil der beiden Leisten. Legen Sie die Leiste mit der Außenseite (Seite mit Bügelvlies) rechts auf rechts auf den Außenstoff bündig an der Kante der Jackenöffnung. Die Zähnchen des Reißverschlusses zeigen nach innen. Achten Sie auf die Markierungen und stecken Sie alles ab. Die Innenseite der Leiste legen Sie rechts auf rechts auf das Futter (auch bei der Jackenöffnung). Achten Sie auch hier auf die Markierungen und stecken Sie alles ab.

20. Nun steppen Sie beide Seiten in einem Zug. Wenn Sie am Bündchen angekommen sind, achten Sie darauf, nicht zu sehr daran zu ziehen, damit sich der Stoff nicht zu sehr verzieht und infolge der Reißverschluss sich wellt. Wiederholen Sie die Schritte 19 und 20 für die zweite Leistenseite.

21. Stecken Sie das Schnittteil für den Kragen rechts auf rechts auf den Halsausschnitt der Jacke (Außenstoff). Nähen Sie den Kragen dann mit 0,5 cm Abstand zur Kante fest.

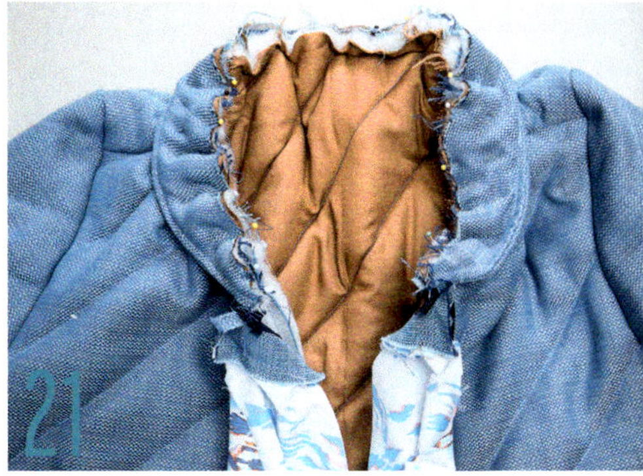

22. Platzieren Sie den Halsausschnitt vom Futterteil rechts auf rechts auf dem Kragen (auf dem Bild liegt er unter dem Futter). Den Kragen fassen Sie auch in die Reißverschlussleiste mit ein. Stecken Sie ab und steppen Sie die Lagen mit 1 cm Abstand zur Kante fest.

23. Am Bund legen Sie die Nahtzugaben des Bündchens am Futterstoff und am Außenstoff (Quilt-Sandwich) aufeinander. Stecken Sie die komplette Strecke ab und nähen Sie mit 1 cm Abstand zur Kante. Am Anfang und Ende kommt man (auf Höhe des Reißverschlusses) beim Nähen nicht unbedingt gut hin mit dem Nähfuß. Es ist nicht weiter schlimm, wenn Sie diese Stellen aussparen. Dann wenden Sie die Jacke und die Futterjacke auf links.

24. Den Saum im Futter-Ärmel ein Stück auf die linke Seite umschlagen. Die umgeschlagene Ärmelseite in den Ärmel aus Oberstoff stecken, sodass die Ärmelsäume rechts auf rechts liegen, das Bündchen ist dabei nach innen geklappt. Stecken Sie und steppen Sie dann rundherum. Wiederholen Sie diesen Schritt mit dem zweiten Ärmel. Dann wenden Sie alles durch die Öffnung im Ärmel auf rechts. Dies erscheint zunächst unmöglich – aber mit ein wenig Herumprobieren klappt es! Schließen Sie die Öffnung im Ärmel mit einem Matratzenstich. Dann stecken Sie die Futterärmel in die Jacke.

GEQUILTETE LAPTOP-TASCHE

Könnte ein Laptop frieren, würde er sich in dieser Tasche wohlig warm fühlen. Durch das Volumenvlies ist er sicher verstaut und transportbereit. Da mit dem Freihand-Nähfuß gequiltet wird, können Sie auch ein eigenes Muster wählen.

GRÖSSE Für 15 Zoll: 38 x 30 x 3,5 cm; für 13 Zoll: 34 x 24 x 3,5 cm; weitere Größen können berechnet werden (Angabe dazu im Schnittmuster)

➻ **Schnittmuster unter www.gu.de/diy/51780**

MATERIAL Wollstoff: 45 x 90 cm | Baumwollstoff (zum Beispiel Popeline) zum Quilten (nicht sichtbar): 45 x 90 cm | Futterstoff (zum Beispiel Baumwolle): 45 x 90 cm | Gummiband, 5 mm breit: 2-mal 18 cm | Volumenvlies, Stärke P140: 45 x 90 cm | Garn in verschiedenen Farben

INFO ZUM NÄHEN

Wenn nicht anders angegeben,

→ nähen Sie stets mit Geradstich und Stichlänge 3.
→ verriegeln Sie die Nähte (▸ Seite 24).
→ gilt eine Nahtzugabe von 1 cm. Sie ist im Schnitt bereits enthalten.

VORBEREITUNG

Bereiten Sie den Stoff vor (▸ Seite 16).
Schneiden Sie alle Teile des Schnittmusters wie angegeben aus und übertragen Sie sie auf den Stoff (▸ Seite 19). Übernehmen Sie alle Markierungen vom Schnittmuster. Dann schneiden Sie den Stoff zu. Versäubern ist nicht nötig.
Machen Sie sich eine grobe Skizze Ihrer Applikationen auf Papier – oder verwenden Sie unsere Vorlage.

VARIATIONEN

→ Fügen Sie im Futter Innentaschen hinzu. Es eignet sich eine flache aufgesetzte Eingrifftasche (▸ Seite 51) oder eine unauffälligere Paspeltasche (▸ Seite 52).

→ Lassen Sie die Gummibänder weg und nähen Sie stattdessen mittig in den Deckel ein Knopfloch ein und an der gegenüberliegenden Seite am Hauptteil einen Knopf (▸ Seite 27).

→ Verwenden Sie dünneres Volumenvlies, um das Quilt-Sandwich mit weniger Volumeneffekt zu gestalten. Nehmen Sie dazu entweder ein Volumenvlies in der Stärke P120 oder ein Baumwollvlies in der Stärke 275.

Wenn Sie die Vorderseite der Tasche mit einem aufwendigen Quiltmuster versehen, bringt ein unifarbenes Futter wieder mehr Ruhe rein.

1. Übertragen Sie das Muster mit Schneiderkreide auf die rechte Seite des Außenstoffs. Die Stoffhälfte mit der unteren kurzen Seite ist später die Oberseite der Tasche. Legen Sie danach die drei Lagen für das »Quilt-Sandwich« aufeinander: Legen Sie den Baumwollstoff mit der linken Seite nach oben vor sich. Platzieren Sie darauf das Volumenvlies. Legen Sie darauf den Außenstoff mit der linken Seite nach unten. Stecken Sie dann die drei Lagen mit Quilt-Stecknadeln oder gebogenen Sicherheitsnadeln zusammen. Dabei sollten Sie die Nadeln auf der Fläche, nicht aber auf den Linien Ihrer Zeichnungen platzieren.

2. Setzen Sie an der Nähmaschine den Freihand-Nähfuß ein. Steppen Sie an Ihren Zeichnungen entlang. Sie können dabei auch mehrere Male – leicht versetzt – über die Linien nähen. Sie können auch mehrere »Quilt-Durchgänge« mit verschiedenen Garnfarben machen. Lassen Sie hier Ihrer Kreativität freien Lauf. **Wichtig:** Sollten Sie das erste Mal den Freihand-Nähfuß verwenden, empfehlen wir Ihnen, an Stoffresten ein wenig zu üben, um ein Gefühl für den Nähfuß zu erhalten. Weitere Infos dazu lesen Sie auf Seite 173.

3. Legen Sie die beiden Futterteile rechts auf rechts, an der Bodenkante liegen sie bündig aufeinander. Stecken Sie die beiden Teile fest und markieren Sie die Bodenöffnung mit Schneiderkreide. Steppen Sie nun mit 1 cm Abstand zur Kante jeweils von der Begrenzung für die Wendeöffnung zum Rand, um die Bodenkante zu schließen. Vergessen Sie nicht, vor und nach der Öffnung zu verriegeln. Bügeln Sie anschließend die Nahtzugabe (auch bei der Öffnung) auseinander.

4. Platzieren Sie die beiden Gummibänder an den kurzen, schrägen Seiten auf der rechten Seite vom Futter, jeweils 1,5 cm neben der Kante. Nähen Sie die Gummibänder mit der Maschine an den Enden fest (ca. 5 mm neben der Kante, ca. 2- bis 3-mal hin und her) und schneiden Sie die überstehenden Ecken des Gummibands ab.

5. Legen Sie das Außenteil und das Futter rechts auf rechts aufeinander und stecken Sie die Lagen an den kurzen Seiten ab. Steppen Sie dann diese Seiten mit 1 cm Abstand zur Kante. Schneiden Sie die Ecken zirka 2 mm neben der Naht ab.

6. Nun folgt der knifflige Part: Klappen Sie die gerade kürzere Seite sowohl vom Futter als auch vom gequilteten Außenstoff soweit nach innen, dass die Wendeöffnung im Futter nun am Taschenboden liegt. (Das Bild hilft weiter!). Stecken Sie die Seiten fest (mit Quilt-Stecknadeln oder Stoffklammern) und steppen Sie die Seiten mit 1 cm Abstand zur Kante. Nun wenden Sie die Tasche durch die Öffnung und schließen sie entweder knappkantig mit der Maschine oder per Hand mit einem Matratzenstich (▸ Seite 26). Mit den Gummibändern können Sie die Tasche schließen.

1

2

3

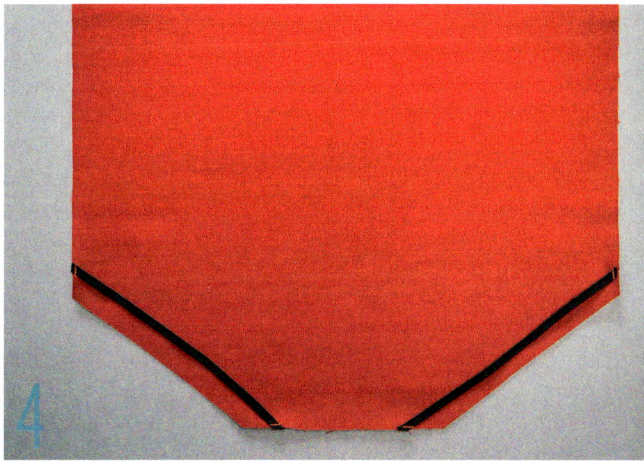
4

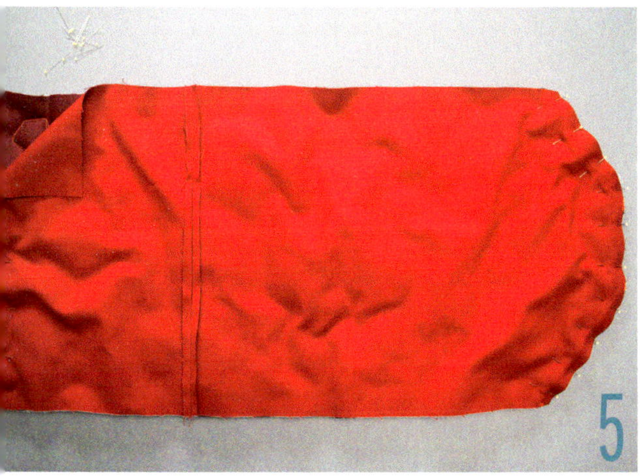
5

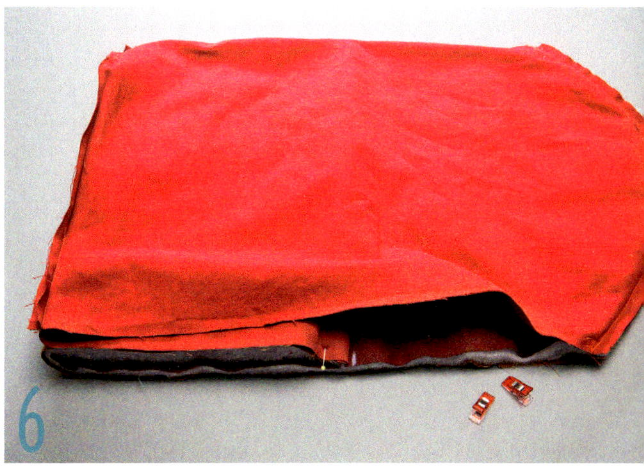
6

DIE SCHNITTMUSTER
SO EINFACH GEHT'S

Alle Schnittmuster in diesem Buch sind als kostenloser Download verfügbar. Sie können diese bei Bedarf als praktische Einzelschnittbögen herunterladen – lästiges Kopieren der Schnitte aus einem unübersichtlichen Mehrschnittbogen entfällt und Sie können nach dem Ausschneiden sofort loslegen.

UND SO GEHT'S:

Unter **www.gu.de/diy/51780** das jeweilige Schnittmuster **kostenlos** herunterladen.

→ Als **Pdf im praktischen DIN A4 Format** zum Ausdrucken auf dem Heimprinter oder im Copyshop:
Die Seiten laut Anleitung auf der ersten Seite im Schnittmuster aneinanderkleben, ausschneiden und sofort loslegen.

→ Als **Pdf in Originalgröße** zum Plotten auf einem großen Papierbogen: Hier entfällt das Zusammenkleben, allerdings fallen beim Plotservice Gebühren für den Druck an. Adressen von Online-Plotservices finden Sie auf Seite 187.

DAS BESONDERE EXTRA:
SCHNITTMUSTER-SERVICE DER AUTORINNEN

Die bereits fertig gedruckten Einzelschnittbögen auf qualitativem Plotterpapier können Sie gegen Gebühr im Online-Shop der Autorinnen unter www.louloute.de ganz bequem nach Hause bestellen.

SERVICE

TIPPS UND TRICKS

CUT – Leute machen Kleider
→ Do-it-yourself und Lifestyle Blog
www.cut-magazine.com

Louloute | Laden & Nähatelier
→ Nähkurse für Anfänger und Fortgeschrittene
www.louloute.de

Spoonflower
→ Eigene Stoffdesigns drucken lassen und bestellen
www.spoonflower.com

Sew Over It
→ Nähblog mit Tutorials, Videos und Schnittmustern (auf Englisch)
www.sewoverit.co.uk

BÜCHER, DIE WEITERHELFEN

Fashionary Sketchbook
https://fashionary.org
→ Skizzenbücher in verschiedenen Größen und zu unterschiedlichen Themen, kleines Nachschlagewerk im Bereich Mode

Massieu, Claire/Peter, Monika:
Taschen nähen. Lieblingsstücke für jede Gelegenheit. GRÄFE UND UNZER VERLAG, München
→ Alle Modelle – von der Clutch bis zum Shopper – mit vielen Schritt-für-Schritt-Bildern anschaulich erklärt

Müller, Andrea:
Nähen. So einfach geht's. GRÄFE UND UNZER VERLAG, München,
→ Nähkurs für Anfänger mit Videos und Illustrationen zu wichtigen Techniken

Wisniewski, Claudia:
Wörterbuch des Kostüms und der Mode
Reclam, Ditzingen
→ Über 1000 Modefachbegriffe fachmännisch erklärt

BEZUGSADRESSEN

Christian Fischbacher
→ Hochwertige Einrichtungs- und Wäschestoffe
www.fischbacher.com

Il Coccolino
→ Laden mit kleiner Stoffauswahl und Nähzubehör in München
Schwanthalerstr. 168,
80339 München
www.il-coccolino.de
(mit Online-Shop)

Louloute | Laden & Nähatelier
→ Kleine Auswahl an Stoffen und Nähkits sowie Nähkurse
Gollierstr. 33,
80339 München
www.louloute.de

Stoff & Co.
→ Zwei Filialen in München
Augustenstraße 76,
80333 München
Humboldtstraße 22,
81543 München
www.stoff-and-co.de
(mit Online-Shop)

Stoff & Stil
→ Läden in Berlin, Köln, Hamburg und Lübeck
www.stoffundstil.de
(mit Online-Shop)

SCHNITTMUSTER DRUCKEN

Lassen Sie Schnittmuster »plotten«, da es günstiger ist als die herkömmlichen, großformatigen Druckerzeugnisse. Meistens werden Plotservices für Baupläne oder technische Zeichnungen in Anspruch genommen – nun auch für Schnittmuster!

www.schnittstellehamburg.de
→ Plotter-Mietplätze und Plotservice in Hamburg

www.reproeins.de
→ Plotservice in München

www.dieplotterei.de
→ Plotservice in Berlin (und online!)

www.plotboxx.de
→ Online Plotservice

www.repro-online.de
→ Online Plotservice

REGISTER

Die halbfett gesetzten Seitenzahlen verweisen auf Abbildungen.

DIE AUTORINNEN

Monika Peter & Claire Massieu

Salut! Wir sind zwei Freundinnen und haben im Sommer 2013 »louloute«, unseren Laden mit Nähatelier, im Münchner Westend eröffnet. Gefunden haben wir uns, weil wir gern nähen und weil wir beide Mode entwerfen wollten, die alltagstauglich, aber trotzdem etwas Besonderes ist – weg von der Stangenware.

In unserem gemütlichen Nähatelier mit »Wohnzimmer«-Atmosphäre geben wir Nähkurse für Anfänger und Fortgeschrittene. Wichtig ist uns, nicht nur darüber zu reden, was man alles gern machen würde, sondern die Kreativität jedes Einzelnen herauszukitzeln.

Claire ist Modedesignerin und kümmert sich um den Nähpart bei louloute, entwickelt die Kursinhalte und -produkte. In ihrem eigenen Label – »Claire Massieu« – fertigt sie jedes Stück, vom Design bis zur letzten Naht, selbst an und bietet es bei louloute an. Monika kümmert sich um die Organisation sowie um das Grafikdesign und die Webseite. Somit ergeben wir ein super Team! Weitere Infos zu uns und louloute finden Sie unter **www.louloute.de.**

DANK

Der Verlag dankt für die Unterstützung der Fotoproduktion:

- → & other stories, www.stories.com, Seite: 30, 70, 174, 182
- → Ambiente Direct, www.ambientedirect.de, Seite: 12, 40
- → Benetton über Nana Mohr PR, Seite: 30, 54, 60, 82, 90, 136, 162
- → Bloomingville, www.bloomingville.com, Seite: 2, 20
- → Burda Style, www.burdastyle.de, Seite: 18, 20
- → Carrera über Network PR, Seite: 82, 166
- → Comma über Schoeller & v. Rehlingen PR, Seite: 20, 90, 94, 136, 132
- → Cos über www.cosstores.com, Seite: 34
- → Ecco über On Time PR, Seite: 82, 162
- → Esprit über Häberlein & Mauerer AG, Seite: 104
- → Gerdismänner, www.gerdismaenner.de, Seite: 2, 20, 114
- → Guess über Häberlein & Mauerer AG, Seite: 20, 120, 132
- → Hay, www.hay.dk, Seite: 20, 28
- → H&M, www.hm.com, Seite: 20, 30, 34, 54, 104, 136, 174, 182
- → House Doctor, www.housedoctor.dk, Seite: 28
- → Ikea, www.ikea.com, Seite: 2, 12, 20, 28, 40
- → Jewelberry, www.jewelberry.de, Seite: 124
- → Kokolores, www.kokolores-muenchen.de, Seite: 2, 8, 20
- → Levi's über Silk Relations GmbH, Seite: 82, 174
- → Littlegreene, www.littlegreene.com, Seite: 2 und folgende mit Rückwand
- → Louloute, www.louloute.de, Seite: 6, 8, 10, 14, 16, 17, 18, 19, 20
- → Luk-Mal-Shop, www.luk-mal-shop.de, Seite: 2, 20
- → Lui Jo über Schoeller & v. Rehlingen PR , Seite: 44, 70
- → Claire Massieu über www.louloute.de, Seite: 124
- → nähPark, www.naehpark.de, Seite: 2, 12, 13, 20
- → Rich & Royal über Schoeller & v. Rehlingen PR, Seite: 30, 60, 74, 104
- → S. Oliver über Schoeller & v. Rehlingen PR, Seite: 144, 162, 166, 182
- → Sence Copenhagen über We Love PR, Seite: 120
- → Sisley über Nana Mohr PR, Seite: 120
- → The Bridge über Sallinger Consult & Press, Seite: 90, 174
- → Tobs, www.tobs-beauty.com, Seite: 114
- → Vero Moda über On Time PR, Seite: 154

ADRESSEN

Ambiente Direct GmbH
Janina Schier
Zielstattstraße 32
81379 München
Tel.: 089-200 600 0
www.ambientedirect.de

Gerdismänner
Gerdi Tiroch
Josephspitalstraße, 15
80331 München
Tel.: 089-23 88 94 18
www.gerdismaenner.de

Häberlein & Mauerer AG – Esprit, Guess, Super Dry
Sophia Bloch
Franz-Josef-Straße 1
80801 München
Tel.: 089-381 080

Jewelberry
Lily Sielaff
Utzschneiderstraße 10
80469 München
Tel.: 089-13 93 71 92
www.jewelberry.de

Kokolores
Katrin Göbel/Ulrike Brugger
Wörthstraße 8
81667 München
Tel.: 089-448 32 51
www.kokolores-muenchen.de

Louloute
Claire Massieu/Monika Peter
Gollierstraße 33
80339 München
Tel.: 089-660 63 456
www.louloute.de

Markenkultur Public Relations – Little Greene
Lisa Perlitz
Ruffinistraße 7
80637 München
Tel.: 089-51 00 97 84
www.littlegreene.com

nähPark
Rodinger Straße 15
93413 Cham
www.naehpark.com

Nana Mohr PR – Benetton, Sisley
Schleißheimer Straße 68
80797 München
Tel.: 089-52 30 40-0

Network PR – Carrera
Wagmüllerstraße 23
80538 München
Tel.: 089-20 00 11 80

On Time PR – Ecco, Vero Moda
Lisa Marie Sandau
Im Wasserschloss
Schlesische Straße 26/Aufgang D
10997 Berlin
Tel.: 030- 616 27 300

Sallinger Consult & Press – The Bridge
Julia Kiritschuk
Friedrichstraße 32
80801 München
Tel.: 089-38 88 84 5-0

Schoeller & v. Rehlingen PR – Comma, Lui Jo, Rich & Royal, S. Oliver
Nadine Wolf/Lucy Oldendorf
Pienzenauerstraße 4
81679 München
Tel.: 089-99 84 27 18

IMPRESSUM

Projektleitung: Vanessa Lotz
Lektorat: Angelika Lang
Bildredaktion: Petra Ender
Umschlaggestaltung und Layout:
Kral&Kral Design, München
Herstellung: Petra Roth
Satz: Marion Feldmann
Reproduktion: Medienprinzen GmbH, München
Druck und Bindung:
Firmengruppe APPL, aprinta druck, Wemding

Printed in Germany
ISBN ISBN 978-3-8338-5178-0

1. Auflage 2016

Umwelthinweis: Dieses Buch ist auf PEFC-zertifiziertem Papier aus nachhaltiger Waldwirtschaft gedruckt.

DER FOTOGRAF

Jochen Arndt arbeitet seit vielen Jahren weltweit als Fotograf für internationale Kunden und Verlage. Wenn er nicht auf Reisen ist, verbringt er seine Freizeit gerne mit Kochen und mit seinem Hund. Infos unter www.jochenarndt.com

BILDNACHWEIS

Alle Fotos in diesem Buch stammen von Jochen Arndt. Hintergrundbild Millimeterpapier von Shutterstock; Vor- und Nachsatz von Petra Ender.

Seasons Agency:
www.seasons.agency

QUALITÄTS G|U GARANTIE

Liebe Leserin, lieber Leser,

haben wir Ihre Erwartungen erfüllt? Sind Sie mit diesem Buch zufrieden? Haben Sie weitere Fragen zu diesem Thema? Wir freuen uns auf Ihre Rückmeldung, auf Lob, Kritik und Anregungen, damit wir für Sie immer besser werden können.

GRÄFE UND UNZER Verlag
Leserservice
Postfach 86 03 13
81630 München
E-Mail:
leserservice@graefe-und-unzer.de

Telefon: 00800 / 72 37 33 33*
Telefax: 00800 / 50 12 05 44*
Mo–Do: 9.00 – 17.00 Uhr
Fr: 9.00 – 16.00 Uhr
(gebührenfrei in D, A, CH)*

Ihr GRÄFE UND UNZER Verlag
Der erste Ratgeberverlag – seit 1722.

GRÄFE UND UNZER

Ein Unternehmen der
GANSKE VERLAGSGRUPPE

www.facebook.com/gu.verlag